Basiskonzepte als Grundlage des Fachwissens. Der Umfang des Fachwissen in der Chemie wächst heute schneller an als je zuvor: Weltweit werden täglich rund 1000 Forschungsarbeiten aus den verschiedensten Teilbereichen der Chemie veröffentlicht.

Im Chemieunterricht kann es deshalb nicht um den aktuellen Stand der Forschung gehen, sondern um einige wenige grundlegende und gut überschaubare Fragestellungen. Dazu werden die Eigenschaften wichtiger Stoffe und ihr Reaktionsverhalten zunächst auf einfache Weise erklärt. Später werden sie dann in neuen Zusammenhängen aufgegriffen und mit weiteren Erkenntnissen verknüpft. Die dabei zu beantwortenden Fragen können einigen wichtigen Basiskonzepten zugeordnet werden.

Die folgende Übersicht zeigt, um welche Basiskonzepte es sich handelt.

Wichtige Stoffe und ihre Eigenschaften

Die Bedeutung von Stoffen für Natur und Technik hängt von Eigenschaften ab, die der Stoff hat.

Wir fragen zum Beispiel:
- Aus welchen Stoffen ist Luft zusammengesetzt?
- Wie lässt sich Luft verflüssigen?
- Welche Stoffe aus der Luft werden technisch genutzt?
- Wie unterscheidet sich Trinkwasser von destilliertem Wasser?
- Welche Eigenschaften machen Wasser zu einem außergewöhnlichen Stoff?
- Welche Eigenschaften haben Metalle?
- Welche Eigenschaften bestimmen die Verwendung von Metallen?
- Welche Eigenschaften haben Salze?
- Welche Stoffe gefährden die Gesundheit oder die Umwelt?

Stoffe und ihr Aufbau aus Teilchen

Die Eigenschaften der Stoffe hängen mit der Art der Teilchen zusammen, aus denen sie aufgebaut sind.

Wir fragen zum Beispiel:
- Warum lassen sich aus einem Reaktionsprodukt die Ausgangsstoffe zurückgewinnen?
- Welche verschiedenen Arten von Teilchen gibt es?
- Wie hängt die Art der Teilchen mit dem Aufbau von Atomen zusammen?
- Wie lassen sich die außergewöhnlichen Eigenschaften von Wasser erklären?
- Welche Symbole verwendet man, um den Aufbau von Teilchen und Stoffen zu beschreiben?
- Wie sind Salzkristalle aufgebaut?
- Nach welchen Gesichtspunkten kann man die Elemente ordnen?

Chemische Reaktionen

Stoffe lassen sich durch chemische Reaktionen in andere Stoffe umwandeln.

Wir fragen zum Beispiel:
- Woran erkennt man chemische Reaktionen?
- Warum unterscheidet man zwischen Elementen und Verbindungen?
- Wie beschreibt man chemische Reaktionen in Kurzform?
- Wie lässt sich der Ablauf einer Reaktion beeinflussen?
- Welche Produkte entstehen bei der Verbrennung verschiedener Stoffe?
- Wie lassen sich Metalle gewinnen?
- Wie kann man Wasserstoff herstellen?
- Welche Stoffe reagieren unter Bildung von Salzen?

Energieumwandlung bei chemischen Reaktionen

Bei Stoffumwandlungen wird Energie frei oder es muss Energie hinzugeführt werden.

Wir fragen zum Beispiel:
- Was versteht man unter exothermen Reaktionen bzw. endothermen Reaktionen?
- Welche Reaktionen werden zur Gewinnung von Energie genutzt?
- Wie kann Energie mit Hilfe chemischer Reaktionen gespeichert werden?
- Welche Schadstoffe entstehen bei der Gewinnung von Energie durch chemische Reaktionen?
- Welcher Zusammenhang besteht zwischen dem Energieumsatz bei chemischen Reaktionen und der Anwendung von Katalysatoren?

Inhaltsverzeichnis

★ Wahlbereich

Laborgeräte 5
Chemie: Pro und Contra 6

1 Chemie – eine Naturwissenschaft 8

Methode: Richtig experimentieren 9
Methode: Sicher experimentieren 10
Methode: Richtig entsorgen 11
Praktikum: Umgang mit dem Gasbrenner..........12
Methode: Wie Naturwissenschaftler arbeiten:
Von der Beobachtung zur Theorie 14
Praktikum: Rotkraut oder Blaukraut? 15
Methode: Richtig protokollieren 16
Methode: Diagramme lesen und erstellen 17
Methode: Recherchieren im Internet..................18
Chemie-Recherche: Chemikalien im Alltag 19
Rückblick: Stoffe und ihre Eigenschaften 20
Rückblick: Teilchenmodell und
Aggregatzustände 21
Rückblick: Trennverfahren 22

2 Am Anfang war das Feuer 24

2.1 Von der Feuerstelle zur Zentralheizung..............25
Praktikum: Brennbare Stoffe..........................26
Chemie-Recherche: Brennbare Stoffe
im Alltag 27

2.2 Woran sind chemische Reaktionen zu
erkennen? 28
Exkurs: Streichhölzer – eine zündende Idee........30

2.3 Mit Sauerstoff bilden sich Oxide..........................31
Chemie-Recherche: Chemische Reaktionen
im Alltag (1) 32
Chemie-Recherche: Chemische Reaktionen
im Alltag (2) 33
Praktikum: Chemische Reaktion 34
Praktikum: Massenerhaltung und Energieumsatz
bei chemischen Reaktionen 35

2.4 Energie bei chemischen Reaktionen 36

2.5 Elemente und Verbindungen............................38
Praktikum: Elemente und Verbindungen 39

2.6 DALTONs Atommodell 40

2.7 Elementsymbole und Verhältnisformeln 42

2.8 Moleküle – miteinander verbundene Atome........43

2.9 Reaktionsgleichungen – Reaktionen in der
Formelsprache 44

2.10 Wie schwer ist ein Atom? 45
Prüfe dein Wissen 46
Basiswissen 47

3 Luft – ein Gasgemisch 48

3.1 Die Zusammensetzung der Luft 49

3.2 Stickstoff und Sauerstoff in Labor und Technik ..50
Exkurs: Schweißen und Schneiden..................51

Exkurs: Luftverflüssigung 51

3.3 ★ Edelgase 52
Chemie-Recherche: Edelgase 53
Exkurs: Die Lufthülle...............................54
Exkurs: Kohlenstoffkreislauf und
Treibhauseffekt 55

3.4 Atmen und Rosten – langsame
Oxidationsvorgänge 56

3.5 Reaktionsbedingungen und Reaktionsverlauf 57
Praktikum: Luft und Verbrennungsvorgänge 58

3.6 Brände und Brandbekämpfung........................60
Praktikum: Brandbekämpfung 61
Exkurs: Was macht die Berliner Luft? 62
Exkurs: Tauchen Luft aus Flaschen 62
Praktikum: Kohlenstoffdioxid als Treibgas 63
Chemie-Recherche: Spurengase in der Luft (1) ..64
Chemie-Recherche: Spurengase in der Luft (2) ..65
Projekt: Wir untersuchen die Luft 66
Prüfe dein Wissen 68
Basiswissen 69

4 Schätze der Erde – Metalle 70

4.1 Eigenschaften der Metalle............................71

4.2 Bedeutung und Verwendung der Metalle 72
Praktikum: Eigenschaften der Metalle 74

4.3 Gewinnung von Metallen 75
Chemie-Recherche: Legierungen: Eigenschaften
auf Wunsch 76
Praktikum: Legierungen 77

4.4 Reduktion – Redoxreaktion..........................78
Theorie: Die Redoxreaktion im Teilchenmodell
Reduktion – Redoxreaktion..........................79

4.5 Vom Eisenerz zum Roheisen 80
Exkurs: Vom Roheisen zum Stahl 82
Praktikum: Redoxreaktionen 83

4.6 ★ Natrium ein ungewöhnliches Metall 84

4.7 ★ Alkalimetalle und Erdalkalimetalle 85
Prüfe dein Wissen 86
Basiswissen 87

5 Wasser – Element oder Verbindung? 88

5.1 Der Kreislauf des Wassers...........................89

5.2 Trinkwasser – (k)ein Naturprodukt? 90

5.3 Kläranlagen reinigen Abwässer 92
Exkurs: Kann Schmutzwasser „von allein"
sauber werden?...93
Exkurs: Muscheln kontrollieren das Wasser 93

5.4 Wasser – der etwas andere Stoff 94
Chemie-Recherche: Wasser – alltäglich und
doch außergewöhnlich 95

5.5 Wasser löst Vieles 96

5.6 ... aber nicht beliebig viel 97
Praktikum: Wasser als Lösungsmittel 98

3

★ Wahlbereich

Chemie-Recherche: Lösungen – verdünnt und
konzentriert 99
5.7 Wasser = Wasserstoffoxid...................................100
5.8 Wasserstoff in Labor und Technik.....................101
Praktikum: Wasserstoff 101
Chemie-Recherche: Wasserstoff – früher
und heute 102
Exkurs: Wasserstoff-Technologie 103
Prüfe dein Wissen 104
Basiswissen..105

6 Quantitative Betrachtungen – klare Verhältnisse 106
6.1 H$_2$O – vom Experiment zur Formel 107
6.2 Mit der Waage zählen 108
6.3 Von der Reaktionsgleichung zum Stoffumsatz ..110
6.4 AVOGADRO und die Gase 112
Prüfe dein Wissen 114
Basiswissen..115

7 Schätze der Erde – Salze 116
Chemie-Recherche: Kochsalz im Alltag 117
7.1 Bildung von Salzen 118
7.2 Das Periodensystem der Elemente 120
Exkurs: Der lange Weg zum Periodensystem
der Elemente 121
7.3 Das Kern/Hülle-Modell des Atoms...................122
7.4 Ionen – geladene Teilchen 124
7.5 Die Elektrolyse 125
7.6 Schalenmodell der Atomhülle 126
Theorie: Ionisierungsenergie und
Schalenmodell..127
7.7 ★ Atombau und Periodensystem 128
7.8 Ionen und Edelgaskonfiguration.......................129
7.9 Die Formeln salzartiger Stoffe 130
7.10 Salze – Ionen hinter Gitter 131
Übersicht: Salzartige Stoffe..............................132
Exkurs: Salzgewinnung aus Steinsalz 133
Chemie-Recherche: Halogene 134
Praktikum: Nachweisreaktionen für Anionen 135
Exkurs: Leuchtspuren der Elemente 136
Exkurs: Karies – ein Säureanschlag
auf die Zähne 136
Praktikum: Alkalimetalle und
Erdalkalimetalle 137
Prüfe dein Wissen 138
Basiswissen..139

8 Vom Atom zum Molekül...........................140
8.1 Was Atome in Molekülen zusammenhält 141
8.2 LEWIS-Formeln für Moleküle 142

Übersicht: LEWIS-Formeln 143
8.3 Die räumliche Struktur der Moleküle 144
Übersicht: Das Elektronenpaarabstoßungs-
Modell 145
8.4 Das Wasser-Molekül – neutral oder geladen?....146
Theorie: Elektronegativität 147
8.5 Die Wasserstoffbrückenbindung – eine Basis
des Lebens 148
Praktikum: Rekorde des Wasser 149
8.6 Das Salz in der Suppe – eine Betrachtung im
Modell 150
Praktikum: Wasser – ein ideales
Lösungsmittel 151
Praktikum: Kochsalz und Kerzenwachs –
ein Vergleich 152
Theorie: Chemische Bindungen im Vergleich 153
Prüfe dein Wissen 154
Basiswissen..155

9 ★ Schätze der Erde – Nichtmetalle und ihre Verbindungen 156
9.1 Entstehung von Kohle, Erdöl und Erdgas 157
9.2 Gewinnung von Kohle......................................158
9.3 Gewinnung von Erdöl und Erdgas 159
9.4 Kohlekraftwerke 160
9.5 Kohlenstoff in drei Formen 162
Exkurs: Vom Bleistift zum Graphit 163
Exkurs: Vom Graphit zum Diamant 163
Exkurs: Der größte Diamant 163
9.6 Schwefel – ein wichtiger Rohstoff der Chemie ..164
Exkurs: Schwefel – ein Element mit
ungewöhnlichen Eigenschaften..........................165
9.7 *Exkurs:* Oxide des Schwefels 166
Exkurs: Schwarzpulver 166
Exkurs: Saurer Regen 167
9.8 Silicium – das Element der Elektronik 168
Exkurs: Glas – ein technisches Silicat...............169
Autos fahren mit Wasserstoff 170
Prüfe dein Wissen 171
Basiswissen..171

Anhang
Gefahrenhinweise und Sicherheitsratschläge 172
Stoffliste...174
Die chemischen Elemente 175
Tabellen 176
Kleines Lexikon der Chemie 178
Stichwortverzeichnis 180
Bildquellen..182

Ein Tag mit Chemie: Pro ...

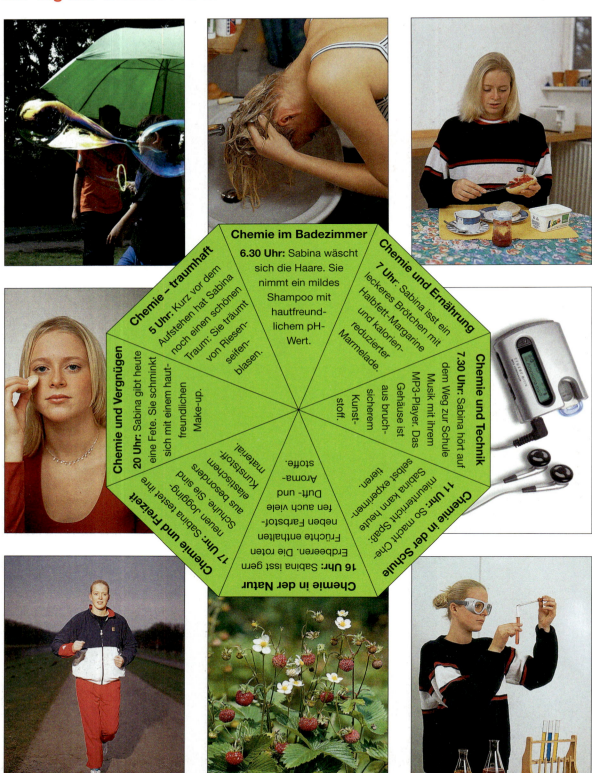

Chemie im Badezimmer
6.30 Uhr: Sabina wäscht sich die Haare. Sie nimmt ein mildes Shampoo mit hautfreundlichem pH-Wert.

Chemie und Ernährung
7 Uhr: Sabina isst ein leckeres Brötchen mit Halbfett-Margarine und kalorienreduzierter Marmelade.

Chemie und Technik
7.30 Uhr: Sabina hört auf dem Weg zur Schule Musik mit ihrem MP3-Player. Das Gehäuse ist aus bruchsicherem Kunststoff.

Chemie in der Schule
11 Uhr: So macht Chemieunterricht Spaß: Sabina kann heute selbst experimentieren.

Chemie in der Natur
16 Uhr: Sabina isst gern Erdbeeren. Die roten Früchte enthalten neben Farbstoffen auch viele Duft- und Aromastoffe.

Chemie und Freizeit
17 Uhr: Sabina testet ihre neuen Jogging-Schuhe. Sie sind aus besonders elastischem Kunststoff-material.

Chemie und Vergnügen
20 Uhr: Sabina gibt heute eine Fete. Sie schminkt sich mit einem hautfreundlichen Make-up.

Chemie - traumhaft
5 Uhr: Kurz vor dem Aufstehen hat Sabina noch einen schönen Traum: Sie träumt von Riesenseifenblasen.

... und Contra

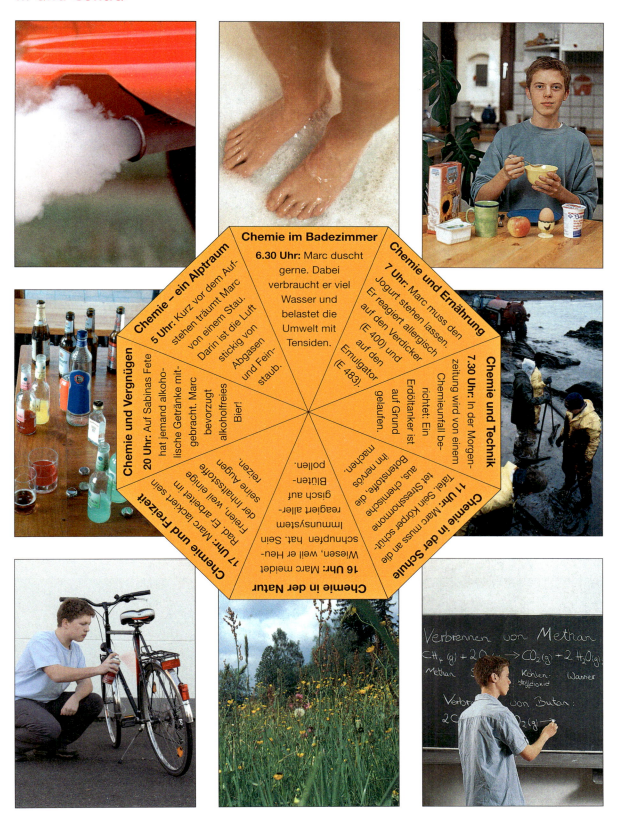

Chemie im Badezimmer
6.30 Uhr: Marc duscht gerne. Dabei verbraucht er viel Wasser und belastet die Umwelt mit Tensiden.

Chemie und Ernährung
7 Uhr: Marc muss den Jogurt stehen lassen. Er reagiert allergisch auf den Verdicker (E 400) und auf den Emulgator (E 483).

Chemie und Technik
7.30 Uhr: In der Morgenzeitung wird von einem Chemieunfall berichtet: Ein Erdöltanker ist auf Grund gelaufen.

Chemie in der Schule
11 Uhr: Marc muss an die Tafel. Sein Körper schüttet Stresshormone aus, chemische Botenstoffe, die ihn nervös machen.

Chemie in der Natur
16 Uhr: Marc meidet Wiesen, weil er Heuschnupfen hat. Sein Immunsystem reagiert allergisch auf Blütenpollen.

Chemie und Freizeit
17 Uhr: Marc lackiert sein Rad. Er arbeitet im Freien, weil einige der Inhaltsstoffe seine Augen reizen.

Chemie und Vergnügen
20 Uhr: Auf Sabinas Fete hat jemand alkoholische Getränke mitgebracht. Marc bevorzugt alkoholfreies Bier!

Chemie – ein Alptraum
5 Uhr: Kurz vor dem Aufstehen träumt Marc von einem Stau. Darin ist die Luft stickig von Abgasen und Feinstaub.

1 Chemie – eine Naturwissenschaft

Jeder kennt den Spruch „Chemie ist, wenn es knallt oder stinkt" und jeder weiß, dass das längst nicht immer stimmt. Bei physikalischen Vorgängen knallt es oft lauter als bei chemischen. Ein Beispiel dafür ist der Donner, der bei einem Gewitter die elektrischen Entladungen in der Atmosphäre begleitet. Andererseits laufen viele chemische Vorgänge still und leise ab, etwa das Rosten von Eisen oder das Vergilben von Papier. Und der Gestank in einem Schweinestall hat nicht nur chemische, sondern auch biologische Ursachen.

Die Wissenschaften Physik, Chemie und Biologie sind eng miteinander verwandt; es sind **Naturwissenschaften.** Sie beschäftigen sich mit der systematischen Erforschung der Natur. Neben diesen drei Naturwissenschaften gibt es noch zahlreiche andere. Dazu gehören beispielsweise die Geologie, die Meteorologie und die Astronomie. Jede dieser Naturwissenschaften beschäftigt sich mit einem bestimmten Teilbereich der Natur: So befasst sich die Biologie mit der belebten Natur, die Meteorologie mit den Wettervorgängen in der Atmosphäre und die Astronomie mit den Sternen.

Chemie. Der Name Chemie leitet sich von dem ägyptischen Wort „ch'mi" (schwarz) ab. Noch im 15. Jahrhundert sprach man von der Alchemie als von der „Schwarzen Kunst". Gemeint war die Beschäftigung mit scheinbar geheimnisvollen und nur schwer durchschaubaren Vorgängen. Dazu gehörte die Suche nach dem „Stein der Weisen", mit dessen Hilfe unedle Metalle in Gold verwandelt werden sollten.

Heute versteht man unter Chemie die Naturwissenschaft, die sich mit *Stoffen,* ihren *Eigenschaften* und ihrem *Aufbau* sowie mit *Stoffänderungen* beschäftigt. Der Begriff Stoff darf hier nicht missverstanden werden, denn er hat im täglichen Leben viele Bedeutungen. So spricht man im Deutschunterricht vom Stoff einer Lektüre; im Textilgeschäft versteht man darunter das Material, aus dem Hosen und Hemden genäht werden, und in der Drogenszene meint man mit Stoff wiederum etwas anderes. In der Chemie versteht man unter einem *Stoff* eine Substanz wie Salz, Alkohol oder Sauerstoff, die durch ihre Eigenschaften charakterisiert ist.

Die Aufgabe der Naturwissenschaften liegt darin, die Erscheinungen und Vorgänge in der Natur zu beobachten, ihre Gesetzmäßigkeiten zu ergründen und mittels geeigneter Theorien zu beschreiben. Darüber hinaus sollen die so gewonnenen Erkenntnisse durch technische Anwendungen für den Menschen nutzbar gemacht werden.

> Die Chemie ist eine Naturwissenschaft. Sie beschäftigt sich mit Stoffen, ihren Eigenschaften und ihrem Aufbau sowie mit Stoffänderungen.

1 Was versteht man unter Naturwissenschaften?
2 Womit beschäftigt sich die Naturwissenschaft Chemie?
3 Was versteht man in der Chemie unter einem Stoff?
4 Schlage nach, womit sich die Geologie beschäftigt.
5 Worin liegt der Unterschied zwischen Astronomie und Astrologie?

Ein Alchemist sucht nach dem „Stein der Weisen".

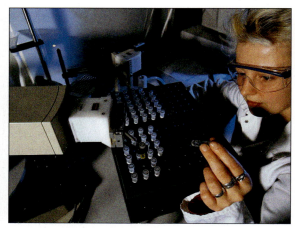

Eine Chemikerin untersucht verschiedene Proben.

Richtig experimentieren

Methode

Der britische Philosoph FRANCIS BACON, einer der Väter der modernen Naturwissenschaften, schrieb zu Beginn des 17. Jahrhunderts in seinem grundlegenden Werk *Novum Organum:* „Der Mensch als Diener und Ausleger der Natur wirkt und weiß so viel, als er von der Ordnung der Natur durch Versuche oder durch Beobachtungen bemerkt hat; weiter weiß und vermag er nichts." Damit hatte BACON die grundlegende Bedeutung des Experimentes in den Naturwissenschaften beschrieben: In den Labors der Forschungszentren der ganzen Welt nutzt man auch heute Experimente dazu, neue Erkenntnisse über die Natur zu gewinnen, Zusammenhänge besser zu verstehen und Gesetzmäßigkeiten zu finden.

In den Naturwissenschaften werden Erkenntnisse aus Experimenten nur dann wissenschaftlich anerkannt, wenn die Versuche *reproduzierbar* sind. Es muss also sichergestellt sein, dass auch andere Wissenschaftler die Versuche durchführen können und zu den gleichen experimentellen Ergebnissen kommen. Aus diesem Grund muss jeder Versuch exakt schriftlich protokolliert werden. Wissenschaftler verwenden dazu ein Labortagebuch.

Experimente im Chemieunterricht haben eine ähnliche Bedeutung wie Experimente in der Forschung: Sie sollen uns ermöglichen, durch direktes Beobachten Kenntnisse zu erlangen, Zusammenhänge zu sehen oder auch Vermutungen und Voraussagen zu machen und zu überprüfen. Dazu muss jedes Experiment gründlich vorbereitet und sauber durchgeführt werden. Dabei ist es wichtig, alles genau zu beobachten, und dann daraus die richtigen Schlussfolgerungen zu ziehen. Die folgenden Hinweise sollen helfen, Experimente richtig durchzuführen, auszuwerten und zu protokollieren.

Durchführung von Experimenten

1. Lies die *gesamte* Versuchsanleitung und kläre die Zielsetzung des Experimentes.
2. Überlege, warum und in welcher Reihenfolge die Einzelschritte zu erledigen sind.
3. Informiere dich über eventuelle Gefahren und die notwendigen Sicherheitsmaßnahmen.
4. Stelle alle notwendigen Geräte und Chemikalien bereit.
5. Beginne erst dann mit dem Experiment, wenn deine Lehrerin oder dein Lehrer es erlaubt.

Beobachtung von Experimenten

1. Kläre vorab, welche Beobachtungsaufträge sich aus der Zielsetzung des Versuchs ergeben.
2. Skizziere den Versuchsaufbau und notiere die Eigenschaften der Ausgangsstoffe (Farbe, Aggregatzustand, Geruch, Glanz usw.).
3. Beobachte den Verlauf des Versuchs ganz genau. Notiere anschließend sofort jede Beobachtung. Wiederhole den Versuch, wenn du etwas nicht genau erkennen konntest.
   Beachte: Schreibe nur das auf, was du siehst, hörst, riechst und eventuell fühlst. Notiere hier noch keine Deutungen oder Schlussfolgerungen!
4. Überlege dann, ob alle notierten Beobachtungen für die Aufgabenstellung wichtig sind und ob alle Beobachtungsaufträge erledigt werden konnten.

Auswertung von Experimenten

1. Gib, soweit wie möglich, für alle Beobachtungen eine Erklärung an. Berücksichtige dabei die Zielsetzung des Versuchs. Nutze dazu die Kenntnisse über die Eigenschaften von Stoffen. Beziehe auch deine Erfahrungen aus dem Alltag mit ein.
2. Welche Stoffe sind entstanden? Werte dazu die Beobachtungen zu den Eigenschaften der Reaktionsprodukte aus. Gib die Namen und gegebenenfalls die Formeln der entstandenen Stoffe an. Stelle, wenn möglich, ein Reaktionsschema oder eine Reaktionsgleichung auf.
3. Welche weiteren Erscheinungen wurden festgestellt? Sind Aussagen zu energetischen Veränderungen oder physikalischen Vorgängen möglich?
4. Überdenke zum Schluss noch einmal die Zielsetzung und die Aufgabenstellung und formuliere einen abschließenden Satz, der das Ergebnis des Versuchs zusammenfasst.

Chemie – eine Naturwissenschaft **9**

Methode — Sicher experimentieren

Gefahrensymbole. Von vielen Stoffen, die im Chemieunterricht verwendet werden, gehen Gefahren aus. Die Gefahrensymbole geben Hinweise auf diese Gefahren.

 Stoffe, die beim Verschlucken oder Einatmen oder bei Aufnahme durch die Haut schwere Gesundheitsschäden oder gar den Tod bewirken können.

T: Giftig
T+: Sehr giftig

 Stoffe, die beim Verschlucken oder Einatmen oder bei Aufnahme durch die Haut beschränkte Gesundheitsschäden hervorrufen können.

Xn: Gesundheitsschädlich

 Stoffe, die das Hautgewebe an der betroffenen Stelle innerhalb weniger Minuten vollständig zerstören können.

C: Ätzend

 Stoffe, die auf der Haut nach mehrstündiger Einwirkung deutliche Entzündungen hervorrufen können.

Xi: Reizend

 Stoffe, die brennbare Materialien entzünden können oder mit diesen explosive Gemische ergeben.

O: Brandfördernd

 Stoffe, die schon durch kurzzeitige Einwirkung einer Zündquelle entzündet werden können oder sich an der Luft von alleine entzünden.

F: Leichtentzündlich
F+: Hochentzündlich

 Stoffe, die explodieren können.

E: Explosionsgefährlich

 Stoffe, die selbst oder in Form ihrer Umwandlungsprodukte geeignet sind, sofort oder später Gefahren für die Umwelt herbeizuführen.

N: Umweltgefährlich

Sicherheitshinweise. Wegen der besonderen Gefahren sind im Chemieunterricht besondere Sicherheitshinweise zu beachten:

1. Schülerinnen und Schüler dürfen Geräte und Chemikalien nicht ohne Genehmigung berühren. Die Anlagen für elektrische Energie, Gas und Wasser dürfen nur nach Aufforderung eingeschaltet werden.
2. In Experimentierräumen darf weder gegessen noch getrunken werden.
3. Versuchsvorschriften und Hinweise müssen genau befolgt werden. Die Geräte müssen in sicherem Abstand von der Tischkante standfest aufgebaut werden. Der Versuch darf erst dann durchgeführt werden, wenn dazu aufgefordert wurde.
4. Werden Schutzbrillen oder Schutzhandschuhe ausgehändigt, so müssen sie beim Experimentieren getragen werden.
5. Geschmacks- und Geruchsproben dürfen nur dann vorgenommen werden, wenn die Lehrerin oder der Lehrer dazu auffordert. Chemikalien sollen nicht mit den Händen berührt werden.
6. Pipettieren mit dem Mund ist verboten.
7. Chemikalien dürfen nicht in Gefäße umgefüllt werden, die nicht eindeutig und dauerhaft beschriftet sind. Auf keinen Fall dürfen Gefäße benutzt werden, die üblicherweise zur Aufnahme von Speisen und Getränken bestimmt sind.
8. Die Haare sind so zu tragen, dass sie nicht in die Brennerflamme geraten können.
9. Der Arbeitsplatz muss stets sauber gehalten werden. Nach Beendigung des Versuchs sind die Geräte zu reinigen.
10. Chemikalienreste müssen vorschriftsmäßig entsorgt werden.

Sicherheitsleiste. Die im Buch beschriebenen Praktikumsversuche sind mit einer Sicherheitsleiste versehen, die mit Hilfe von acht Symbolkästchen Hinweise zu den Gefahren und zur Entsorgung gibt.

Die drei zuerst angegebenen Symbole enthalten die Gefahrensymbole der verwendeten Stoffe. Die Kästchen 4 und 5 geben Hinweise auf Sicherheitsvorkehrungen beim Experimentieren: Das Symbol „Abzug" bedeutet, dass der Versuch unter dem Abzug durchgeführt werden muss. Man erkennt außerdem, ob Schutzbrillen zu tragen sind. Die letzten drei Kästchen beschreiben die korrekte Entsorgung.
Die genaue Zuordnung der Symbole zu bestimmten Stoffen lässt sich der Stoffliste im Anhang entnehmen.

Richtig entsorgen

Methode

Wir wissen alle, dass man Chemikalienreste nicht ohne weiteres in den Abfluss oder den Abfalleimer geben darf. Gefährliche Stoffe müssen vielmehr ordnungsgemäß entsorgt werden. Das gilt besonders für Stoffe, die bei chemischen Experimenten anfallen. Um möglichst wenig Sorgen mit solchen Stoffen zu haben, sollte man folgende Regeln beachten:

Gefährliche Abfälle vermeiden. Zu den wichtigsten Regeln für einen verantwortungsbewussten Umgang mit Stoffen gehört es, *die Entstehung von unnötigen Abfällen oder unnötig großen Mengen an Abfällen zu vermeiden.* Die Anwendung dieser Regel setzt eine sorgfältige Planung der experimentellen Arbeit im Hinblick auf Art und Menge der verwendeten Stoffe voraus.

Gefährliche Abfälle umwandeln. Nicht vermeidbare gefährliche Abfallstoffe sollen in weniger gefährliche Stoffe umgewandelt werden: Säuren und Basen werden neutralisiert. Lösliche Stoffe können zu schwer löslichen umgesetzt werden.
Es ist zweckmäßig, Säuren und Laugen in einem gemeinsamen Behälter zu sammeln. Sie brauchen dann nicht portionsweise neutralisiert zu werden. Dies entspricht der ersten Regel, denn auf diese Weise bleiben die Abfallmengen klein.

Gefährliche Abfälle sammeln. Abfälle, die nicht an Ort und Stelle in ungefährliche Produkte umgewandelt werden können, sind zu sammeln. Von Zeit zu Zeit werden die Abfallbehälter dann durch ein *Entsorgungsunternehmen* abgeholt. Durch das Sammeln in getrennten Behältern wird zum einen die endgültige Beseitigung erleichtert und zum anderen eine Wiederaufbereitung ermöglicht.
Der Fachhandel bietet für das Sammeln gefährlicher Abfälle geeignete Behälter an; es können auch entsprechend beschriftete leere Chemikalienflaschen verwendet werden.

Entsorgungskonzept. Abfallchemikalien müssen nach Stoffklassen getrennt gesammelt werden, damit die ordnungsgemäße endgültige Entsorgung vereinfacht wird. Der folgende Sortiervorschlag ist einfach und übersichtlich und er garantiert eine angemessene endgültige Entsorgung:

Behälter 1 (B1):   Säuren und Laugen
Behälter 2 (B2):   giftige anorganische Stoffe
Behälter 3 (B3):   halogenfreie organische Stoffe
Behälter 4 (B4):   halogenhaltige organische Stoffe

Im **Behälter 1** werden saure und alkalische Lösungen gesammelt. Der Inhalt von Behälter 1 sollte neutralisiert werden, bevor der Behälter ganz gefüllt ist. Der neutralisierte Inhalt kann dann in den Ausguss geschüttet werden. Deshalb dürfen giftige Verbindungen wie saure oder alkalische Chromat-Lösungen *nicht* in diese Behälter gegeben werden.

Im **Behälter 2** werden giftige anorganische Stoffe wie Schwermetallsalze und Chromate gesammelt.
Die endgültige Entsorgung erfolgt hier durch ein Entsorgungsunternehmen.

Im **Behälter 3** werden wasserunlösliche und wasserlösliche halogenfreie organische Stoffe gesammelt. Das gemeinsame Sammeln wasserunlöslicher und wasserlöslicher Stoffe erspart ein weiteres Sammelgefäß und vereinfacht damit das Entsorgungskonzept. Damit sich kein zu großes Volumen an leicht entzündlichen Flüssigkeiten ansammelt, ist durchaus zu erwägen, *geringe Mengen* nicht giftiger wasserlöslicher organischer Abfälle wie Ethanol oder Aceton in den Ausguss zu geben.

Behälter 3 muss von einem Entsorgungsunternehmen ordnungsgemäß entsorgt werden.

In den **Behälter 4** gehören alle Halogenkohlenwasserstoffe, alle sonstigen halogenhaltigen organischen Stoffe sowie die Abfälle aus Halogenierungsreaktionen organischer Stoffe.

Behälter 4 muss von einem Entsorgungsunternehmen ordnungsgemäß entsorgt werden.

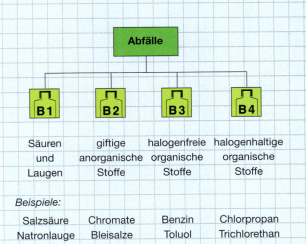

Chemie – eine Naturwissenschaft 11

Praktikum: Umgang mit dem Gasbrenner

Bei Versuchen im naturwissenschaftlichen Unterricht müssen häufig Stoffe erhitzt werden. Man verwendet dazu Gasbrenner für Erdgas oder Propangas. Damit man mit diesen Brennern gefahrlos umgehen kann, sind bestimmte Regeln zu beachten.

V1: Führerschein für den Gasbrenner

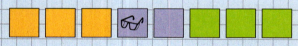

Materialien: Gasbrenner.

Durchführung:
Vorbereitung
1. Stelle den Gasbrenner kippsicher auf eine feuerfeste Unterlage.
2. Schließe den Gasschlauch des Brenners an die Gaszuleitung des Tisches an.
3. Schließe die Gas- und die Luftzufuhr des Brenners.

Achtung: Binde lange Haare zusammen und trage immer eine Schutzbrille.

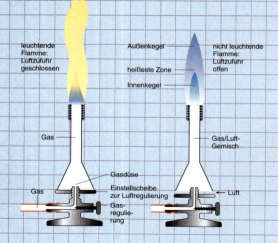

4. Öffne zuerst die Gaszufuhr am Brenner und dann das Ventil an der Gaszuleitung. Entzünde das ausströmende Gas. Arbeite dabei zügig, aber ohne Hektik!
5. Verändere die Höhe der Gasflamme mit der Gasregulierschraube am Brenner, bis die Flamme kräftig gelb leuchtet.
6. Öffne dann die Luftzufuhr, bis du eine blaue nicht leuchtende Flamme erhältst.
7. Die Höhe der Brennerflamme soll der Breite deiner Hand entsprechen. Arbeite nur mit der blauen, aber noch nicht rauschenden Brennerflamme.
8. Um den Brenner zu löschen, schließt du das Ventil an der Gaszufuhr. Die Flamme erlischt.
9. Wiederhole den Ablauf, bis du ihn sicher beherrschst. Jetzt hast du den Führerschein für den Gasbrenner absolviert.

Achtung: Der Gasbrenner darf während der Arbeit nicht unbeaufsichtigt bleiben.

V2: Untersuchung der Brennerflamme

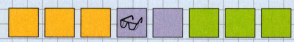

Materialien: Gasbrenner, Magnesiastäbchen.

Durchführung:
1. Entzünde den Gasbrenner und stelle eine blaue, leicht rauschende Flamme ein. Die Flamme besteht aus einem inneren, hellblauen und aus einem äußeren, dunkelblauen Kegel.
2. Untersuche mit Hilfe eines Magnesiastäbchens die beiden Flammenkegel. Halte das Stäbchen zunächst einige Zeit ruhig in den inneren Kegel. Ziehe es dann langsam von unten nach oben durch die Flamme.

Aufgaben:
a) Beschreibe deine Beobachtungen.
b) Wo ist die heißeste Zone der Flamme? Achte besonders auf die Ränder der Flamme und auf den Übergang vom inneren zum äußeren Flammenkegel.

V3: Schmelzen von Glas

Materialien: Gasbrenner, Glasrohr.

Durchführung:
1. Halte ein 30 cm langes Glasrohr an beiden Enden fest und erhitze die Mitte oberhalb des inneren Flammenkegels. Das Glasrohr sollte dabei gleichmäßig gedreht werden.
2. Sobald das Glas anfängt weich zu werden, ziehe beide Enden außerhalb der Flamme zügig auseinander.
3. Schmelze ein weiteres Glasrohr an einem Ende zu. Drehe es dabei und erhitze das Ende so lange, bis das Glas rot glühend ist.

Aufgabe: Beschreibe deine Beobachtungen.

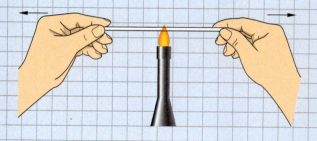

12 Chemie – eine Naturwissenschaft

Der Kartuschenbrenner

Ein anderer Brennertyp, der häufig verwendet wird, ist der Kartuschenbrenner. Er wird mit Butan betrieben, das in einem Metallbehälter, der Kartusche, unter erhöhtem Druck flüssig ist. Beim Öffnen des Ventils tritt Butan als Gas aus. Für die Zufuhr von Luft gibt es – je nach Modell – technisch unterschiedliche Lösungen.

Ein Kartuschenbrenner muss unbedingt kippsicher auf einer feuerfesten, waagerechten Unterlage aufgestellt werden. Vor dem Anzünden des Gases wird beim Kartuschenbrenner die Luftzufuhr leicht geöffnet. Erst danach öffnet man das Gasventil. Das ausströmende Gas-Luft-Gemisch muss sofort entzündet werden.

Auch hier gilt: Arbeite zügig, aber ohne Hektik!

Achtung: Butangas ist schwerer als Luft und fließt deshalb beim Ausströmen nach unten. Wird das Gas nicht sofort entzündet, sammelt sich das schwerere Butangas auf der Tischplatte. Beim Anzünden des Gases kann es dann zu einer Stichflamme kommen.

Kartuschenbrenner für Butangas

Achtung: Nicht verwenden bei Experimenten mit brennbaren Materialien.

V4: Schmelzen von Kerzenwachs

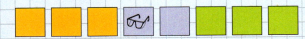

Materialien: Gasbrenner; Kerzenwachs (geraspelt).

Durchführung:
1. Fülle ein Reagenzglas etwa 4 cm hoch mit Kerzenwachs.
2. Halte das Reagenzglas schräg in die Flamme und erhitze zunächst den oberen Teil des Wachses so lange, bis es geschmolzen ist. Erwärme dann auch den restlichen Teil des Wachses.
3. Beende das Erhitzen, wenn alles Wachs flüssig ist.

V5: Erhitzen von Wasser

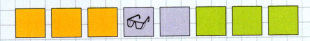

Materialien: Gasbrenner, Siedesteinchen.

Durchführung:
1. Fülle ein Reagenzglas zu einem Viertel mit Wasser. Gib ein Siedesteinchen hinein.
2. Beginne mit dem Erhitzen in Höhe des Flüssigkeitsspiegels. Halte das Reagenzglas schräg in die Flamme und schüttle es dabei leicht hin und her.
3. Beende den Versuch, sobald das Wasser gleichmäßig siedet.

Regeln für das Erhitzen von Stoffen im Reagenzglas

1. Fülle das Reagenzglas immer nur zu einem Viertel.
2. Gib bei Flüssigkeiten ein Siedesteinchen hinein.
3. Halte das Reagenzglas mit einem Reagenzglashalter an seinem oberen Ende fest und führe es schräg in die Flamme.
4. Beginne mit dem Erhitzen in Höhe des Flüssigkeitsspiegels. Schüttle dabei das Reagenzglas leicht, damit der Inhalt gleichmäßig erwärmt wird.
5. Richte die Reagenzglasöffnung niemals auf dich oder andere Personen.

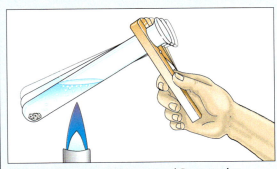

Richtiger Umgang mit Brenner und Reagenzglas

Chemie – eine Naturwissenschaft **13**

| Methode | Wie Naturwissenschaftler arbeiten: Von der Beobachtung zur Theorie |

Rotkraut ist manchmal rot und manchmal blau. Beim Kochen wird Rotkraut blau.

Die Farbe ist abhängig von äußeren Bedingungen.

Wir beobachten Vorgänge und Erscheinungen in der Umwelt.

Gibt man ein Stück Apfel in blaues Rotkraut, so tritt die rote Farbe wieder auf.

Frage: Wodurch wird der Farbumschlag bewirkt?

Vermutung: Der Zucker aus dem Fruchtfleisch des Apfels bewirkt den Farbumschlag.

Wir fragen nach den Ursachen der Erscheinungen und vermuten bestimmte Zusammenhänge.

Wir überprüfen die Vermutungen durch Experimente. Dabei beobachten wir die Erscheinungen genau.

Experiment: Blaues Rotkraut wird mit Fruchtzucker versetzt.

Beobachtung: Es erfolgt keine Farbänderung.

Schlussfolgerung: Die Vermutung war falsch.

Neue Vermutung: Die Säure aus dem Fruchtfleisch des Apfels bewirkt den Farbumschlag.

Bestätigen die Experimente die Vermutungen nicht, so müssen wir die Vermutungen als falsch ansehen.

Experiment: Blaues Rotkraut wird mit Essig oder mit Zitronensaft versetzt.

Beobachtung: Die Farbe schlägt nach rot um.

Theorie: Saure Stoffe bewirken im Farbstoff des Rotkrauts einen Farbumschlag von blau nach rot.

Bestätigen die Experimente die Vermutungen, so können wir die Vermutungen als richtig ansehen.

Eine vielfach bestätigte Vermutung wird zu einer Theorie. Mit Hilfe einer Theorie lassen sich Beobachtungen vorhersagen.

Rotkraut oder Blaukraut?

Praktikum

Zerkleinern und Aufkochen

Filtrieren

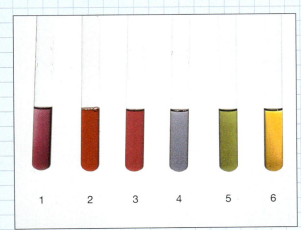
Rotkohlsaft (1). Nach Zugabe von: Essig (2), Zitronensaft (3), Natron (4), Kernseife (5), Natriumhydroxid (6).

V1: Herstellung von Rotkrautsaft

Materialien: Heizplatte, Messer, Becherglas (400 ml, breit), Becherglas (250 ml, hoch), Trichter, Filtrierpapier; Rotkraut.

Hinweis: Geräte, die zu der experimentellen Grundausstattung gehören, werden hier nicht jedes Mal einzeln aufgeführt (Reagenzgläser, Reagenzglashalter, Reagenzglasständer, Spatel, Stativmaterial usw.).

Durchführung:
1. Zerkleinere das Rotkraut und gib die Schnitzel in das große Becherglas.
2. Gib etwa 200 ml Wasser dazu, koche kurz auf und filtriere den Rotkrautsaft ab.

V2: „Rot"kraut contra „Blau"kraut

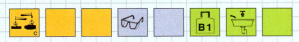

Materialien: Tropfpipette, Spatel; Rotkrautsaft, Zitronensaft, Haushaltsessig, Natron (Natriumhydrogencarbonat), Kernseife, Natriumhydroxid (C).

Durchführung:
1. Fülle fünf Reagenzgläser jeweils zu einem Viertel mit Rotkrautsaft.
2. Gib zu der ersten Probe tropfenweise Haushaltsessig, bis sich die Farbe nicht mehr ändert.
3. Versetze die zweite Probe mit Zitronensaft.
4. Gib in die dritte Probe eine Spatelspitze Natron und schüttle. Wiederhole die Natronzugabe, bis sich die Farbe nicht mehr ändert.
5. Gib in die vierte Probe nach und nach kleine Stückchen Kernseife und schüttle jeweils.
6. Gib in die fünfte Probe mit dem Spatel vorsichtig drei Natriumhydroxid-Plätzchen. Das Natriumhydroxid darf dabei nicht mit den Fingern berührt werden. Entsorge die Lösung im Behälter B1.

Experimentelle Hausaufgabe:
1. Untersuche Rotkohlsaft und schwarzen Tee mit folgenden Stoffen: Zitronensaft, Essig, Kernseife, Salz, Zucker, Wein.
   Gieße die Lösungen anschließend in den Ausguss.
2. Beschreibe deine Beobachtungen und stelle Vermutungen über die Farbänderungen auf.

Chemie – eine Naturwissenschaft 15

Methode — Richtig protokollieren

In den Naturwissenschaften werden Erkenntnisse aus Experimenten nur dann anerkannt, wenn die Versuche reproduzierbar sind, d. h. es muss sichergestellt sein, dass auch andere Wissenschaftler die Versuche durchführen können und zu den gleichen Ergebnissen kommen. Aus diesem Grund muss jedes Experiment genau protokolliert werden. Wissenschaftler verwenden dazu ein Labortagebuch. Ganz ähnlich sollten auch bei Versuchen im Chemieunterricht alle Beobachtungen sorgfältig protokolliert werden.

V1: Schmelztemperatur von Stearinsäure

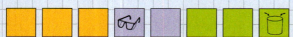

Materialien: Dreifuß mit Drahtnetz, Gasbrenner, Stoppuhr, großes Becherglas, Thermometer; Stearinsäure.

Durchführung:
1. Fülle etwa 2 cm hoch Stearinsäure in ein Reagenzglas.
2. Befestige das Reagenzglas am Stativ. Stelle ein Becherglas mit Wasser auf den Dreifuß und tauche das Reagenzglas ein.
3. Erhitze das Wasserbad. Stelle ein Thermometer in die Stearinsäure und miss alle 30 Sekunden die Temperatur, bis die Stearinsäure vollständig geschmolzen ist.

Aufgaben:
a) Übertrage die Messwerte in eine Tabelle und erstelle ein Diagramm (x-Achse: Zeit; y-Achse: Temperatur).
b) Lies aus dem Diagramm die Schmelztemperatur ab. Vergleiche den Wert mit der im nebenstehenden Versuchsprotokoll angegebenen Schmelztemperatur.
c) Bildet den Mittelwert aller im Praktikum gemessenen Werte. Trage den Mittelwert in das Diagramm ein.
d) Ermittelt den Literaturwert und überlegt in Gruppen, wodurch unterschiedliche Ergebnisse entstehen können.

Protokoll eines Versuchs

Versuchsprotokolle im Chemieunterricht werden immer nach dem gleichen Gliederungsschema erstellt:

1. Die Versuchsüberschrift gibt die *Aufgabenstellung* oder die *Zielsetzung* des Versuchs an.
2. Eine Aufzählung der benötigten *Materialien* informiert über die verwendeten Geräte und Chemikalien.
3. Unter *Durchführung* wird detailliert beschrieben, wie der Versuch durchgeführt wird.
4. Anschließend werden die *Beobachtungen* notiert.
5. In der *Auswertung* erklärt man die beobachteten Veränderungen.

Versuchsprotokoll: Schmelztemperatur von Stearinsäure

Materialien: Thermometer (0 °C bis 100 °C), Becherglas, Gasbrenner, Dreifuß mit Drahtnetz, Stoppuhr; Stearinsäure.

Versuchsaufbau:

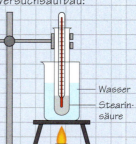

Durchführung:
1. Wir haben 2 cm hoch Stearinsäure-Kristalle in ein Reagenzglas gegeben und es dann am Stativ befestigt.
2. Ein Becherglas mit Wasser wurde als Wasserbad auf den Dreifuß gestellt und das Reagenzglas eingetaucht.
3. Dann wurde das Wasserbad erhitzt. Bei etwa 50 °C haben wir das Thermometer in das Reagenzglas gestellt, die Stoppuhr gestartet und alle 30 Sekunden die Temperatur gemessen, bis die Stearinsäure geschmolzen war. Vor dem Ablesen der Temperatur haben wir die Schmelze jeweils mit dem Thermometer umgerührt.

Beobachtungen: Als die ersten Stearinsäure-Kristalle anfingen zu schmelzen, zeigte das Thermometer eine Temperatur von 65 °C. Bei 70 °C blieb die Temperatur einige Zeit nahezu konstant, bis alle Kristalle zu einer farblosen Flüssigkeit geschmolzen waren. Danach stieg die Temperatur der Schmelze rasch an.

Auswertung: Die Schmelztemperatur der Stearinsäure beträgt 70 °C. Beim Schmelzen wird Wärmeenergie aufgenommen, deshalb steigt die Temperatur erst dann wieder stärker an, wenn alles geschmolzen ist.

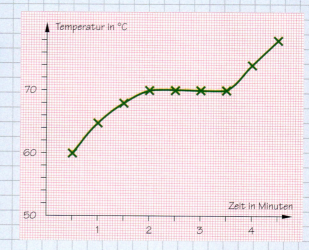

Diagramme lesen und erstellen

Methode

Baden im Toten Meer

Meer	Salzgehalt pro Liter
Ostsee	15 g
Nordsee	30 g
Atlantik	35 g
Mittelmeer	38 g
Rotes Meer	40 g
Totes Meer	280 g

Salzgehalt der Meere

Salzgehalt ausgewählter Meere

Zahlen spielen in unserem Leben eine immer größere Rolle. Aber meist verwirren sie mehr als dass sie aufklären. Erst wenn man diese Daten grafisch darstellt, zeigen sich Zusammenhänge, die sich aus den reinen Zahlenwerte oft nicht erkennen lassen.
Auch viele naturwissenschaftliche Texte enthalten Diagramme, um die Fülle von Informationen anschaulich darzustellen. So wird es einfacher, wichtige Inhalte zu erfassen und Zusammenhänge zu erkennen.

Das **Lesen** von Diagrammen erfordert etwas Übung. Es ist nicht immer leicht, die Aussagen des Diagramms sofort zu erkennen. Oft muss man schrittweise vorgehen, um Schlussfolgerungen zu ziehen. Will man selber Diagramme **erstellen**, muss man sich genau überlegen, was man mit der Darstellung aussagen will. Nur dann kann man sich für eine geeignete grafische Darstellung entscheiden.

Die wichtigsten Möglichkeiten zur Darstellung von Daten sind Kreisdiagramme, Säulendiagramme und Kurven:

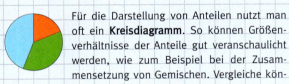

Für die Darstellung von Anteilen nutzt man oft ein **Kreisdiagramm**. So können Größenverhältnisse der Anteile gut veranschaulicht werden, wie zum Beispiel bei der Zusammensetzung von Gemischen. Vergleiche können mit Kreisdiagrammen aber nicht dargestellt werden.

Das **Säulen-** oder **Balkendiagramm** ist besonders geeignet, wenn Angaben miteinander *verglichen* werden soll, wie beispielsweise bei den Salzgehalten der Meere.

Um den Verlauf von Ereignissen darzustellen, sind **Kurven** besser geeignet. Sie zeigen Zusammenhänge zwischen Angaben auf der x-Achse und der y-Achse. So kann auch der energetische Verlauf einer Reaktion dargestellt werden. Es können aber auch *mehrere* Kurven in einem Koordinatensystem dargestellt werden, wie bei dem energetischen Verlauf einer Reaktion mit und ohne Katalysator. So kann man zusätzlich noch vergleichen.

Vorgehen beim Lesen von Diagrammen

1. Lies den Titel des Diagramms und überlege, welche Aussagen veranschaulicht werden.
2. Bestimme die Art der graphischen Darstellung.
3. Lies die Bezeichnungen der Achsen und beachte ihre Einteilung. Beginnen die Werte bei Null? Werden alle Werte gezeigt oder wird nur ein Ausschnitt dargestellt?
4. Bestimme die Maßeinheit der Achsen. Werden absolute, relative oder prozentuale Zahlenangaben verwendet? Sind es die Originalwerte oder wurden die Werte umgerechnet?
5. Kläre die Zusammenhänge der Daten. Wie ist die Wechselwirkung von Inhalt und Form? Werden die Zusammenhänge mit der gewählten Darstellung deutlich?
6. Ziehe deine Schlussfolgerungen aus dem Diagramm.

Übung: Interpretiere die Abbildung oben rechts.

Vorgehen beim Erstellen von Diagrammen

1. Überlege, welche Aussage du veranschaulichen willst und benenne dein Diagramm.
2. Bestimme den Diagrammtyp, mit dem deine Aussage am besten dargestellt werden kann. Achte dabei auf die Wechselwirkung von Inhalt und Form.
3. Bestimme die Achsen und benenne sie. Überlege, wie du die Achsen einteilen willst. Willst du alle Werte zeigen oder wird nur ein Ausschnitt benötigt, der deine Aussage verdeutlicht?
4. Bestimme die Maßeinheit der Achsen. Willst du absolute, relative oder prozentuale Zahlen angeben? Kannst du deine Werte direkt übernehmen oder musst du sie umrechnen?
5. Erstelle nun das Diagramm. Überlege, wie groß es werden muss, damit es jeder erkennen kann. Wähle auffällige Farben, um deine Aussage zu unterstreichen.

Übung: Stelle die Zusammensetzung von trockener Luft in einem Diagramm dar (Stickstoff, Sauerstoff, Restgase). Veranschauliche durch ein zweites Diagramm das Volumenverhältnis der wichtigsten Restgase (Kohlenstoffdioxid, Argon, sonstige Edelgase).

Chemie – eine Naturwissenschaft

Methode — Recherchieren im Internet

Klimakiller Kohlenstoffdioxid?
Erschreckende Nachrichten gehen um die Welt: der Nordpol ist eisfrei! Schuld daran ist – so die Experten – der Treibhauseffekt durch den hohen Ausstoß an Kohlenstoffdioxid …

Immer wieder stößt man in Zeitungen oder beim Fernsehen auf interessante Aussagen, zu denen man gern mehr wissen möchte. Auch zum Thema eines Referats im Unterricht oder für eine Projektarbeit müssen Informationen beschafft werden.

Wo kannst du sie am besten finden? Außer Lexika, Fachbüchern und Fachzeitschriften liefern Experten, die sich mit dem Thema beschäftigen, verlässliche Informationen. Am schnellsten geht es aber meistens mit dem Internet. Unabhängig von der Art der Quellen ist das Verfahren ähnlich. Bei einer **Internet-Recherche** gehst du am besten folgendermaßen vor:

Suchbegriffe festlegen:
- Notiere alle Stichwörter, die mit dem Thema zusammenhängen.
- Überlege dazu genau, mit welchen Begriffen du suchen willst. Welche Begriffe interessieren nicht?

Tipp: Gibt man nur ein Stichwort ein, dann werden oft Tausende von Seiten angezeigt. Schließt du Begriffe aus oder kombinierst du verschiedene Begriffe, wird die Trefferanzahl überschaubar.

Suche durchführen:
- Rufe eine Suchmaschine auf.
- Gib die Suchbegriffe ein. Du kannst dabei Begriffe miteinander verbinden (+) oder ausschließen (–). Informiere dich mit der Hilfe-Funktion über weitere Suchmöglichkeiten. Nutze auch die „erweiterte Suche".
- Öffne von den angezeigten Ergebnissen nur die Seiten, die wirklich zum Thema passen.
- Prüfe, ob die Seiten das enthalten, was du suchst.
- Nutze die auf den Internetseiten angegeben Links zu anderen Seiten, um weitere Informationen zu finden.

Suchmaschinen
www.google.de
www.yahoo.de
www.blinde-kuh.de
www.altavista.de

Tipp: Oft ist es hilfreich, mehrere Suchen mit verschiedenen Kombinationen der Suchbegriffe durchzuführen.
Manchmal musst du auch mehrere Suchmaschinen ausprobieren, da nicht alle Suchmaschinen für Fachbegriffe gleich gut geeignet sind.

Ergebnisse sichten, bewerten und auswerten:
- Lies die Dokumente genau und kopiere die wichtigsten Abschnitte in ein Textdokument. Notiere dir unbedingt die Internetadressen der Texte.
- Ducke die ausgewählten Texte aus und notiere die wesentlichen Fakten stichpunktartig und stelle die Zusammenhänge schematisch dar.
- Überprüfe, ob die Suchergebnisse von verschiedenen Seiten übereinstimmen. Verlasse dich nie auf nur eine Quelle.
- Hinterfrage die Informationsquellen immer kritisch. Im Internet gibt es niemanden, der die Angaben auf den verschiedenen Seiten überprüfen könnte.
- Stelle die wichtigsten Ergebnisse der Recherche kurz und übersichtlich dar.
- Beachte, dass du fremde Texte und Bilder nicht als deine eigenen ausgeben darfst. Gib die Quelle an.

Tipp: Achte besonders darauf, wie alt und wie verlässlich die Informationen sind: Interessenverbände oder Firmen machen meist Werbung. Die Angaben sind dabei manchmal nicht sicher belegt oder Argumente sind nicht nachvollziehbar. Texte aus wissenschaftlichen Quellen geben die Information unverfälscht wieder; sie sind aber häufig auch schwer verständlich. Zeitungsartikel für Laien werden dagegen oft so vereinfacht, dass fachliche Informationen nicht richtig wiedergegeben werden oder ein falsches Bild entsteht.

Recherche im Internet

1. Lege die Suchbegriffe und mögliche Kombinationen fest.
2. Starte die Suche mit einer gut bekannten Suchmaschinen.
3. Wähle passende Seiten aus und kopiere die Adresse und wichtige Abschnitte. Folge den Links.
4. Sichte und bewerte die Ergebnisse, fasse zusammen.
5. Gib bei fremden Texten und Bildern die Quelle an.

Übung 1: Recherchiere im Internet die Eigenschaften und Verwendung von Edelgasen. Vergleiche diese mit den Informationen aus diesem Buch.
Übung 2: Recherchiere die Wirkung und die Verwendung von Sorbinsäure im Alltag.

Chemikalien im Alltag

→ **Gefährliche Stoffe**
Im Alltag begegnen uns viele gefährliche Stoffe. So können *gesundheitsschädliche* oder *giftige* Stoffe beim Verschlucken, beim Einatmen oder bei der Aufnahme durch die Haut teilweise zu schweren Gesundheitsschäden führen. *Reizende* und *ätzende* Stoffe greifen die Haut und die Schleimhäute an. Andere Substanzen sind *leicht entzündlich*, *brandfördernd* oder sogar *explosionsgefährlich*. Nur bei Kenntnis dieser Eigenschaften ist der richtige Umgang mit diesen Substanzen ungefährlich.

→ **Haushaltschemikalien – reizend oder „echt ätzend"?**
Haushaltsreiniger mit dem Symbol für *reizend* oder *ätzend* enthalten neben waschaktiven Substanzen und Duftstoffen auch meist Säuren. In Kinderhände gehören solche Haushaltsreiniger auf keinen Fall.
Reiniger mit dem Symbol für „reizend" können bei längerem Kontakt mit der Haut und den Augen zu Hautrötungen oder gar zu Entzündungen führen. Steht das Symbol für „ätzend" auf der Verpackung, so ist noch größere Vorsicht geboten: Diese sehr aggressiven Reiniger können bei Kontakt mit der Haut oder den Augen das Gewebe innerhalb weniger Minuten ernsthaft schädigen.
In den letzten Jahren hat man gefährlichere Inhaltsstoffe von Haushaltsreinigern konsequent durch weniger gefährliche und umweltfreundlichere Stoffe ersetzt. Ein Beispiel sind die Sanitärreiniger: Während man früher häufig chlorhaltige Bleichmittel verwendete, setzt man heute fast ausschließlich das weniger gefährliche Wasserstoffperoxid ein.

→ **Striktes Rauchverbot auf Tankstellen**
„Rauchen verboten!" – Dieses Schild hat sicherlich jeder schon einmal an einer Tankstelle gesehen. Die Kraftstoffe, die im Motor zusammen mit der Luft explosionsartig verbrennen, können jederzeit sehr leicht entzündet werden.
Benzin gehört zu den *leicht entzündlichen*, Erdgas zu den *hochentzündlichen* Stoffen. Um sie zu entzünden, reicht vielfach schon ein winziger Funke aus einem Feuerzeug oder einer Zigarette. Diesel-Kraftstoff lässt sich bei normaler Raumtemperatur nicht entflammen, er ist „nur" entzündlich. Benzin ist allerdings nicht nur ein leicht entzündlicher Gefahrstoff, sondern es wird auch mit dem Gefahrensymbol *giftig* gekennzeichnet, da es u. a. das Krebs erzeugende Benzol enthält.

→ **Sekundenkleber**
Will man Porzellan, Kunststoffe, Metall und andere Stoffe fest verkleben, so benutzt man Sekundenkleber, Hauptbestandteil ist meist Cyanacrylat. Kommt dieser Stoff mit Luft in Kontakt, beginnt sofort das Aushärten. Daher müssen die auf der Packung stehenden Gebrauchs- und Warnhinweise unbedingt beachtet werden.

> Warnhinweis: Enthält Cyanacrylat. Gefahr! Klebt innerhalb von Sekunden Haut und Augenlider zusammen. Darf nicht in die Hände von Kindern gelangen. *Reizt* die Augen, die Atmungsorgane und die Haut. Dampf nicht einatmen. Berührung mit den Augen und der Haut vermeiden. Bei Berührung mit den Augen sofort mit Wasser ausspülen und Arzt konsultieren.

→ **Batterien – „Do not throw in fire! Not rechargeable!"**
Batterien enthalten oft *gesundheitsschädliche* Stoffe. Beim Erhitzen können diese Stoffe freigesetzt werden. Dabei besteht sogar die Gefahr, dass die Batterie *explodiert*. Deshalb steht auf jeder Batterie der Warnhinweis: Nicht ins Feuer werfen! Nicht wiederaufladbar! Batterien gehören daher nicht in den Hausmüll, sie müssen zurückgegeben und vom Händler entsorgt werden.

Experimentelle Hausaufgabe:
1 Suche bei euch zu Hause nach weiteren Gefahrstoffen. Erstelle eine Liste.

Rückblick: Stoffe und ihre Eigenschaften

Steckbrief: Kochsalz

Die bekannteste Eigenschaft des Kochsalzes ist der salzige Geschmack: Es wird deshalb zum Würzen von Speisen verwendet. Kochsalz ist auch als Konservierungsmittel geeignet. So können Fisch oder Gurken in Salzlösung eingelegt und haltbar gemacht werden, Fleisch wird mit Kochsalz eingerieben.

Dichte: 2,16 $\frac{g}{cm^3}$
schmilzt bei 801 °C
siedet bei 1465 °C
Löslichkeit: 35,8 g
in 100 g Wasser (20 °C)

Steckbrief: Gold

Zu allen Zeiten wurde Gold in Form von Nuggets oder Goldstaub gefunden und wegen seines schönen Glanzes und seines Wertes geschätzt. Aufgrund der hohen Dichte lässt es sich aus dem Sand von Flussbetten auswaschen: Goldwäscher schwemmen in einer Pfanne so lange den leichteren Sand mit Wasser weg, bis Goldkörner übrig bleiben.

Dichte: 19,3 $\frac{g}{cm^3}$
schmilzt bei 1064 °C
siedet bei ≈ 2600 °C
Leitfähigkeit für Wärme und elektrischen Strom: besser als bei Kupfer

Die Chemie beschäftigt sich mit Stoffen und ihren Eigenschaften. Obwohl es unglaublich viele Stoffe gibt, kann man jeden Stoff an seinen Eigenschaften erkennen. Zunächst sind es unsere Sinne, mit denen wir im Alltag Stoffe beurteilen: Gold und Silber glänzen, haben aber verschiedene Farben. Essig und Zitronensaft erkennt man an ihrem Geruch.
Die für die Unterscheidung von Stoffen wichtigen Eigenschaften sind unabhängig von der äußeren Form:

- **Leitfähigkeit**
  Metalle, Säuren und Salzlösungen sind elektrisch leitfähig. Metalle sind gleichzeitig gute Wärmeleiter. Porzellan, Holz, Glas und viele Kunststoffe leiten den elektrischen Strom nicht, sie sind Isolatoren.

- **Dichte**
  Stoffe können sehr unterschiedliche Dichten aufweisen. Bei Gold hat 1 cm^3 eine Masse von 19,3 g, bei Aluminium sind es 2,7 g, bei Luft nur 0,0012 g.

- **Löslichkeit**
  Viele Stoffe lösen sich in Wasser. Andere Stoffe sind in Benzin oder Alkohol löslich. Die Löslichkeit vieler Stoffe ist begrenzt. Es entstehen dann gesättigte Lösungen.

- **Schmelztemperatur und Siedetemperatur**
  Stoffe besitzen eine charakteristische Schmelztemperatur und Siedetemperatur. Beim Erhitzen bleibt die Temperatur eines Stoffes so lange konstant, bis er vollständig geschmolzen oder verdampft ist.

- **Härte**
  Die Härte lässt sich durch die Ritzprobe vergleichen: Der härtere Stoff ritzt den weicheren. Die größte Härte aller Stoffe hat der Diamant.

Stoffgruppen. Stoffe, die sich in mehreren wesentlichen Eigenschaften ähneln, können zu einer Stoffgruppe zusammengefasst werden. Beispiele dafür sind die Metalle, die diamantartigen, die salzartigen und die flüchtigen Stoffe.

- **Metalle**
  Gemeinsame Eigenschaften: metallischer Glanz bei kompakten Stücken, überwiegend hohe Schmelztemperatur und hohe Siedetemperatur, plastisch verformbar, gute Leitfähigkeit für Wärme und elektrischen Strom.

  Beispiele: Gold, Eisen, Silber, Blei, Kupfer, Zink

- **Diamantartige Stoffe**
  Gemeinsame Eigenschaften: Kristallbildung, große Härte, hohe Schmelz- und Siedetemperatur, völlig unlöslich, keine elektrische Leitfähigkeit.

  Beispiele: Diamant, Quarz, Edelsteine

- **Salzartige Stoffe**
  Gemeinsame Eigenschaften: Kristallbildung, relativ große Härte, hohe Schmelztemperatur und hohe Siedetemperatur, keine elektrische Leitfähigkeit im festen Zustand, leitfähig jedoch als Schmelze oder in wässeriger Lösung.

  Beispiele: Kochsalz, Alaun, Gips

- **Flüchtige Stoffe**
  Gemeinsame Eigenschaften: niedrige Schmelztemperatur und niedrige Siedetemperatur, häufig schon bei Zimmertemperatur flüssig oder gasförmig, meist schlechte Leitfähigkeit für den elektrischen Strom oder Nichtleiter.

  Beispiele: Wasser, Kohlenstoffdioxid

Rückblick: Teilchenmodell und Aggregatzustände

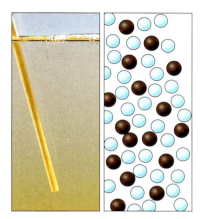

Lösen von Zucker im Teilchenmodell

Teilchenmodell. Um das Auflösen von Zucker in Wasser zu erklären, greifen Naturwissenschaftler auf eine einfache *Modellvorstellung* zurück. Nach dieser Vorstellung sind alle Stoffe aus kleinsten, kugelförmigen Teilchen aufgebaut. Deshalb spricht man auch vom Teilchenmodell:

- Alle Stoffe bestehen aus kleinsten Teilchen und der Raum zwischen den Teilchen ist völlig leer.
- Die Teilchen unterscheiden sich bei verschiedenen Stoffen in ihrer Größe und in ihrer Masse.
- Alle Teilchen sind ständig in Bewegung.
- Zwischen den Teilchen gibt es Anziehungskräfte.

Aggregatzustände. Je nach Temperatur können die meisten Stoffe fest, flüssig oder gasförmig auftreten. So sind Eis, flüssiges Wasser und Wasserdampf unterschiedliche Zustandsformen des gleichen Stoffes. Die Übergänge zwischen diesen *Aggregatzuständen* können mit dem Teilchenmodell beschrieben werden.

Schmelzen. Im Eis sind die Wasser-Teilchen regelmäßig angeordnet. Jedes Teilchen hat seinen Platz und schwingt nur wenig hin und her. Erwärmt man das Eis, so werden die Schwingungen heftiger. Beim Schmelzen bricht schließlich die Ordnung vollständig zusammen.

Sieden. Im flüssigen Wasser bewegen sich die Teilchen hin und her und verschieben sich dabei gegeneinander. Erwärmt man das Wasser, so wird die Bewegung der Teilchen heftiger. Bei 100 °C ist die Siedetemperatur erreicht: Im Wasser bilden sich dann Dampfblasen; das Wasser siedet.

Sublimieren. Den direkten Übergang vom Festen in den gasförmigen Zustand bezeichnet man als *Sublimation*. Eis sublimiert ganz allmählich unter Bildung von Wasserdampf. Bekannter ist der umgekehrte Vorgang, die Resublimation: Bei Frost bildet sich Raureif aus dem Wasserdampf der Luft.

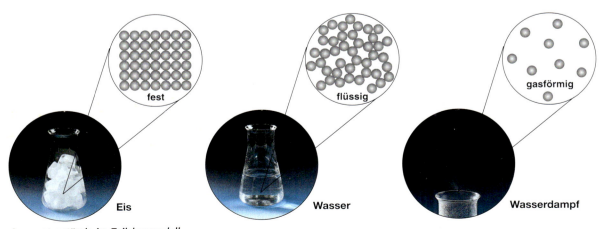

Aggregatzustände im Teilchenmodell

Rückblick: Trennverfahren

Sedimentieren. Aus einer Suspension lässt sich der Feststoff durch *Sedimentation* von der Flüssigkeit trennen. Der Feststoff muss dazu eine größere Dichte als die Flüssigkeit haben. Nachdem sich der Feststoff abgesetzt hat, kann man die Flüssigkeit vorsichtig abgießen.

Trennprinzip: Unlösliche Feststoffe, die eine höhere Dichte als die Flüssigkeit haben, sinken wegen der Schwerkraft nach unten. Die Absetzgeschwindigkeit hängt dabei von der Dichte und Größe der Feststoffpartikel ab. Das Verfahren lässt sich nur anwenden, wenn die Dichte des Feststoffs wesentlich größer ist als die Dichte der Flüssigkeit. Sehr kleine Teilchen setzen sich nur langsam ab.

Beispiel: Mechanische Klärung von Wasser im Absetzbecken einer Kläranlage.

Filtrieren. Eine andere häufig eingesetzte Methode, um bei einer Suspension Feststoff und Flüssigkeit zu trennen, ist die *Filtration*. Dazu müssen die Poren im Filter kleiner sein als die Feststoffpartikel.

Trennprinzip: Die kleinsten Teilchen von Flüssigkeiten und von gelösten Stoffen sind wesentlich kleiner als die Filterporen. Sie gelangen durch den Filter und bilden das *Filtrat*. Dagegen bestehen die ungelösten Feststoffpartikel aus sehr vielen fest zusammenhängenden Teilchen. Diese Aggregate sind so groß, dass sie nicht durch die Poren des Filters passen. Sie bleiben deshalb als Rückstand auf der Filteroberfläche zurück.

Beispiel: Filtrieren von Kaffee.

Eindampfen. Aus der Lösung eines Feststoffs kann ein Feststoff durch *Eindampfen* von Lösungsmitteln abgetrennt werden.

Trennprinzip: Beim Erhitzen verdampft zunächst das Lösungsmittel, da es eine niedrigere Siedetemperatur hat als der gelöste Feststoff. Dadurch steigt die Konzentration des gelösten Stoffs in der Lösung an, bis sich die kleinsten Teilchen des Feststoffs wieder zu Kristallen zusammenfügen.

Beispiel: Gewinnung von Salz aus Meerwasser.

Destillieren. Aus einer Lösung zweier Flüssigkeiten lässt sich die Flüssigkeit mit der niedrigeren Siedetemperatur durch *Destillation* abtrennen. Die Siedetemperaturen der beiden Flüssigkeiten müssen sich deutlich unterscheiden.

Trennprinzip: Wenn eine Lösung siedet, verdampft zuerst der Stoff mit der niedrigeren Siedetemperatur. Er kondensiert im Kühler und wird in der Vorlage aufgefangen. Enthält die Lösung zwei Flüssigkeiten mit ähnlichen Siedetemperaturen, so ist auch der Dampf ein Gemisch aus beiden Stoffen. Allerdings ist der Anteil des Stoffs mit der niedrigeren Siedetemperatur im Dampf größer als in der Lösung. Bricht man die Destillation nach einiger Zeit ab, so ist der leichter verdampfbare Stoff im Destillat angereichert.

Beispiel: Gewinnung von Branntwein aus Wein.

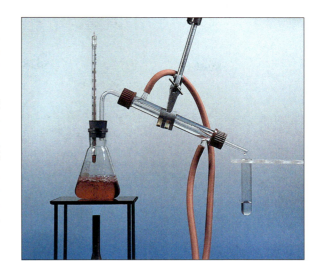

Extrahieren. Häufig lässt sich aus der Mischung zweier Feststoffe ein Feststoff durch *Extraktion* abtrennen. Die Löslichkeiten der beiden Feststoffe müssen sich im Lösungsmittel deutlich unterscheiden. Das Lösungsmittel nennt man in diesem Fall *Extraktionsmittel*.

Trennprinzip: Ein Feststoff löst sich in dem Extraktionsmittel, während der andere abfiltriert werden kann. Anschließend dampft man das Lösungsmittel ab. Auch aus einer Lösung lässt sich ein Stoff extrahieren, wenn er in einem anderen Lösungsmittel besser löslich ist. Dieses Extraktionsmittel darf aber mit der Lösung nicht mischbar sein. Schüttelt man die Lösung mit dem Extraktionsmittel, dann wandert der Stoff in die Flüssigkeit, in der er sich am besten löst.

Beispiel: Teebereitung (Extraktionsmittel: Wasser), Herstellung von alkoholischen Pflanzenauszügen.

Chromatographieren. Stoffgemische lassen sich durch *Chromatographie* in die Reinstoffe zerlegen. Dazu müssen die zu trennenden Stoffe in einem Lösungsmittel, dem *Fließmittel,* löslich sein.

Trennprinzip: Bei der Papierchromatographie wird das Stoffgemisch auf ein saugfähiges Papier als Trägermaterial aufgetragen. Man stellt das Papier in das Fließmittel. Das Fließmittel steigt durch die feinen Poren des Papiers auf. Dabei wird das Stoffgemisch gelöst und mitgenommen. Je nach Stoffart werden die kleinsten Teilchen vom Papier unterschiedlich stark zurückgehalten. Sie wandern verschieden schnell und es bilden sich Zonen, die nur Teilchen eines Stoffs enthalten.

Beispiele: Trennung von Blatt- und Tintenfarbstoffen.

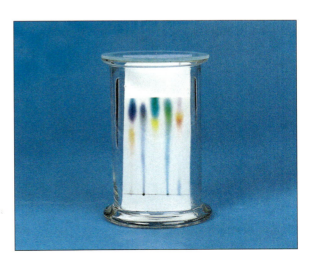

Rückblick **23**

2 Am Anfang war das Feuer

In vielen Städten und Dörfern trifft man sich beim Osterfeuer. Diese Tradition reicht bis in die vorchristliche Zeit zurück: Zum Frühlingsbeginn sollten Licht und Wärme eines großen Feuers die Sonne begrüßen und den Winter endgültig vertreiben.

Die Anziehungskraft lodernder Flammen wirkt auch heute noch auf viele Menschen. Schon ein kleines Lagerfeuer am Abend verzaubert sein Publikum und lässt eine romantische Stimmung aufkommen.

Seit Jahrtausenden nutzt der Mensch das Feuer für die unterschiedlichsten Zwecke: Von der Fackel bis zum Raketentriebwerk – immer war das Feuer ein wichtiger Begleiter der Zivilisation. Bei verheerenden Bränden mussten die Menschen aber auch oft genug die vernichtende Kraft des Feuers erfahren.

Für uns Menschen sind Faszination und Gefahr eng mit dem Feuer verbunden.

Zentrale Fragen:
- Welche Bedeutung haben Verbrennungsvorgänge für unser Leben?
- Welche Reaktionen laufen bei Verbrennungen ab?
- Was versteht man unter *Elementen* und *Verbindungen*?
- Wie lässt sich der Aufbau von Stoffen aus Atomen beschreiben?

2.1 Von der Feuerstelle zur Zentralheizung

Unsere Vorfahren zündeten schon vor Tausenden von Jahren in ihren Höhlen Holzfeuer an, um sich daran zu wärmen und um wilde Tiere abzuschrecken. Das Feuer diente gleichzeitig auch der Zubereitung von Mahlzeiten. Nur mit Hilfe des Feuers ließen sich auch kalte Jahreszeiten überleben. Feuer schützte auch vor Dämonen. Das glaubten jedenfalls die alten Germanen und ließen darum ihr Feuer nie verlöschen.

Später bauten die Menschen Hütten mit festen Feuerstellen. Zum Kochen wurden große Kessel über das Feuer gehängt. Beim Verbrennen des Holzes entstand aber beißender Rauch. Deshalb ließen sie in der Wand oder im Dach der Hütte eine Öffnung, durch die der Rauch abziehen konnte.

Allmählich wurde dann die offene Feuerstelle durch einen Herd ersetzt. Die im Brennstoff enthaltene Energie konnte dadurch viel besser ausgenutzt werden. Außer Holz, Torf und Stroh konnte im Herd nun auch Kohle verbrannt werden. Ein eingebauter Wasserkessel hielt immer einen Vorrat an heißem Wasser bereit.

Heute ist es noch viel bequemer: Die Zentralheizungsanlage sorgt für eine warme Wohnung und liefert meist auch das warme Wasser für Küche und Bad. Man braucht nur noch das Heizungsventil oder den Warmwasserhahn zu öffnen.
Warme Mahlzeiten lassen sich jederzeit zubereiten, denn in jeder Küche stehen ein Elektroherd oder Gasherd sowie ein Mikrowellengerät, die man sofort einschalten kann.

Bei der Entwicklung vom Feuer in der Höhle bis zur Zentralheizung in unseren Wohnungen haben sich viele Veränderungen ergeben. Eines aber ist geblieben: Die Menschen brauchen zum Heizen einen Brennstoff, mit dem sie die gewünschte Wärme gewinnen können. Früher wurde Holz oder Kohle verbrannt; heute wird meist mit Erdgas oder Heizöl geheizt. Kohle wird heute hauptsächlich in Kraftwerken zur Stromerzeugung genutzt.

Brennstoffe werden *Energieträger* genannt, denn durch die Verbrennung wird Wärme erzeugt. Man sagt auch: *Die in den Brennstoffen enthaltene Energie wird bei der Verbrennung in Wärme und teilweise auch in Licht umgewandelt.* Die Verbrennung ist also mit *Energieumwandlung* verbunden.

> Bei der Verbrennung von Energieträgern wie Heizöl, Erdgas und Kohle wird die im Brennstoff enthaltene Energie in Wärme umgewandelt.

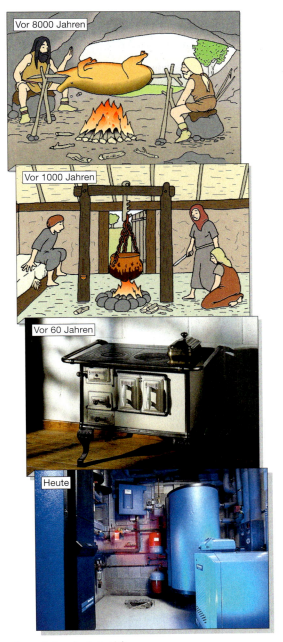

Feuerstellen ändern sich

1 Nenne Energieträger, aus denen durch Verbrennung Wärme erzeugt werden kann.
2 Gib verschiedene Arten von Heizungen an, die genutzt werden. Nenne ihre Vorteile und Nachteile.
3 Erkläre mit Hilfe der Abbildung, wie sich das Heizen im Laufe der Zeit verändert hat.
4 Erkundige dich zu Hause, wie hoch die Kosten für Heizung und warmes Wasser pro Jahr sind.

Praktikum: Brennbare Stoffe

V1: Brennbarkeit von Stoffen

Materialien: Verbrennungslöffel, Tiegelzange, Pipette, Gasbrenner;
Zucker, Holz, Eisennagel, Eisenwolle, Brennspiritus (F), Salz.

Durchführung:
1. Gib etwas Zucker auf den Verbrennungslöffel.
2. Halte die Probe in die Brennerflamme und achte auf alle Veränderungen.
3. Wiederhole den Versuch mit den anderen Stoffproben. (Holz, Eisennagel und Eisenwolle mit der Tiegelzange halten.)

Aufgaben:
a) Notiere deine Beobachtungen.
b) Erkläre, warum sich der Eisennagel und die Eisenwolle unterschiedlich verhalten.

V2: Bestimmung der Entzündungstemperatur von Streichhölzern

Materialien: Temperaturmessfühler,
Reagenzglas mit durchbohrtem Stopfen, Draht, Gasbrenner, Stativmaterial;
3 Streichhölzer.

Durchführung:
1. Schiebe den Messfühler durch die Bohrung des Stopfens und befestige mit einem Draht ein Streichholz an der Spitze des Messfühlers (Holz etwa 2 cm überstehen lassen).
2. Schließe den Messfühler an das Messgerät an.
3. Verschließe das Reagenzglas mit dem Stopfen und erwärme nun mit kleiner Flamme bis sich das Streichholz entzündet. Lies die Temperatur sofort nach der Entzündung am Messgerät ab.
4. Wiederhole den Versuch mit den anderen Streichhölzern.

Aufgabe: Notiere die Messergebnisse.

V3: Verbrennung von Kerzenwachs

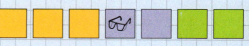

Materialien: Porzellantiegel, Dreifuß, Tondreieck, Gasbrenner, Uhr, Messer, Streichhölzer;
Kerzenwachs.

nach 1 Minute   nach 3 Minuten   nach 5 Minuten

Durchführung:
1. Lege ein kleines Stück Kerzenwachs (etwa 1 cm³) in einen Porzellantiegel.
2. Versuche es mit einem brennenden Streichholz zu entzünden.
3. Erwärme anschließend den Tiegel mit der Brennerflamme und versuche nach 1, 3 und 5 Minuten das Kerzenwachs zu entzünden.

Aufgaben:
a) Notiere deine Beobachtungen. Was geschieht mit dem Wachs?
b) Warum konnte das Kerzenwachs zunächst nicht entzündet werden?
c) Vergleiche das Experiment mit den Vorgängen bei einer normal brennenden Kerze.

V4: Brenndauer von Kerzen

Materialien: 4 Teelichter, 3 unterschiedlich große Standzylinder oder Bechergläser, Uhr.

Durchführung:
1. Entzünde vier Teelichter auf einer feuerfesten Unterlage.
2. Stülpe die unterschiedlich großen Glasgefäße über drei brennende Teelichter.
3. Miss die Zeit, bis die Kerzen unter den Glasgefäßen erlöschen.

Aufgaben:
a) Notiere die Brenndauer der Kerzen unter den verschiedenen Glasgefäßen.
b) Erkläre die unterschiedlichen Brennzeiten.
c) Warum brannte die nicht abgedeckte Kerze weiter?

26 Am Anfang war das Feuer

Chemie-Recherche

Location: http://www.schroedel.de/chemie_heute.html

Brennbare Stoffe im Alltag

Ergebnisse:

→ **Striktes Rauchverbot an Tankstellen**
„Rauchen verboten!" – Dieses Schild hat sicherlich jeder schon einmal an einer Tankstelle gesehen. Der Grund für das strikte Rauchverbot liegt auf der Hand:
Die Kraftstoffe Benzin, Diesel oder Flüssiggas, die im Motor zusammen mit der Luft explosionsartig verbrennen, können auch an der Luft leicht entzündet werden. Benzin und Flüssiggas gehören zu den leicht entzündlichen Stoffen; vielfach reicht schon ein winziger Funke aus einem Feuerzeug oder eine glimmenden Zigarette.
An Tanksäulen wird durch ein Flammensymbol auf orangefarbenem Feld auf diese Gefahr hingewiesen. Ein Totenkopfsymbol zeigt an, dass Benzindämpfe giftig sind.

→ **Lacke und Klebstoffe enthalten brennbare Lösungsmittel**
In vielen Hobbykellern stehen Reste von Lacken, Klebstoffen oder Dichtungsmassen. In diesen Produkten sind Gefahrstoffe enthalten. Auf Verpackungen findet man daher Gefahrensymbole, die auf brennbare, hautreizende oder gesundheitsschädliche Stoffe hinweisen. Leicht entzündliche Lösungsmittel sind Bestandteile vieler Haushaltskleber. Früher enthielten auch viele Lacke solche leicht entzündlichen Lösungsmittel. Heutzutage werden Farben vielfach auch mit Wasser angerührt.

→ **Lampenöl**
Als Alternative zu Kerzen werden in Öllampen spezielle brennbare Öle verwendet. In der Zusammensetzung handelt es sich meist um Erdöldestillate wie Petroleum und Paraffin oder um Alkohole. Meist sind sie noch gefärbt und parfümiert. Bei richtiger Dochteinstellung der Öllampe russt das Öl nicht und auch Geruchsbelästigungen sind ausgeschlossen.

→ **Flambieren mit Alkohol**
Beim Flambieren (franz.: flamber = abflammen) wird die Speise mit hochkonzentrierten alkoholischen Getränken übergossen. Der verdunstende Alkohol wird entzündet. Beim Flambieren nimmt die Speise Aromastoffe des verwendeten Alkohols auf. Zum Flambieren eigenen sich Rum, Cognac oder Weinbrand.

→ **Brennspiritus**
Brennspiritus ist Ethanol (Alkohol), das durch Zugabe eines Vergällungsmittels ungenießbar gemacht wurde. Der Spiritus kann damit ohne Alkoholsteuer als Brennstoff für Spiritusbrenner verkauft werden. Auf keinen Fall sollte man Spiritus zum Anzünden eines Grillfeuers verwenden! Stichflammen können gefährliche Brandverletzungen verursachen.

→ **Grill- und Feueranzünder**
Feueranzünder aus wachsgetränkten Holzspänen brennen geruchlos, extrem lange und bringen jedes Grill- und Kaminfeuer einfach und sicher zum Brennen.

→ **Treibmittel in Spraydosen**
Spraydosen sind bequem und schnell bei der Hand. Ein Druck auf den Sprühknopf genügt und schon sind die gewünschten Wirkstoffe gleichmäßig verteilt – wie auch die in der Spraydose enthaltenen Treibgase. Spraydosen dürfen inzwischen als Treibgase keine ozonschichtzerstörenden FCKW´s (**F**luor**c**hlor**k**ohlen**w**asserstoffe) mehr enthalten. Heute werden als Treibgase häufig Propan und Butan eingesetzt. Diese Gase sind brennbar und ein Gemisch mit Luft kann explodieren. Deshalb niemals in eine offene Flamme sprühen. Es besteht Explosionsgefahr!

2.2 Woran sind chemische Reaktionen zu erkennen?

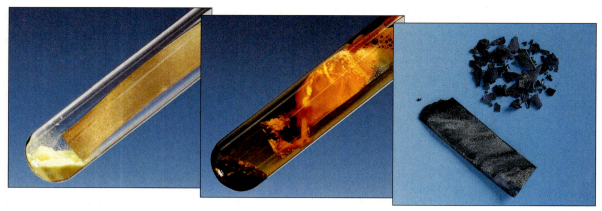

Kupfer reagiert mit Schwefel zu Kupfersulfid.

Eigenschaften von Kupfer:
charakteristisch roter Metallglanz
Dichte: 8,9 $\frac{g}{cm^3}$
Schmelztemperatur: 1083 °C

Eigenschaften von Schwefel:
gelbe Farbe
Dichte: 2,1 $\frac{g}{cm^3}$
Schmelztemperatur: 113 °C

Eigenschaften von Kupfersulfid:
schwarze Farbe
Dichte: 5,8 $\frac{g}{cm^3}$
Schmelztemperatur: 1130 °C

Aus einem Lexikon:

Kupferglanz: Das Mineral ist eines der wichtigsten Kupfererze. Die chemische Bezeichnung lautet Kupfersulfid.
Man findet Kupferglanz in fast allen Kupfer-Lagerstätten, so etwa in Schlesien, Arizona, Utah, Mexico, Sibirien und Cornwall.

Kupfergewinnung: Kupfer wird aus Kupferglanz gewonnen. Das Metall ist in dem Mineral chemisch an Schwefel gebunden. Zuerst wird das Erz an der Luft erhitzt. Man erhält dabei Kupferstein, ein Gemisch aus Kupfersulfid und Kupferoxid, das bei etwa 900 °C geschmolzen wird. Durch Einblasen von Sauerstoff erhält man Rohkupfer, das noch gereinigt werden muss.

Wenn ein Streichholz abbrennt oder wenn sich eine Brausetablette auflöst, kann man Stoffänderungen beobachten. Neue Stoffe mit neuen Eigenschaften entstehen. Man spricht dann von einer **chemischen Reaktion.** Für die genannten Fälle ist es jedoch schwierig, die Stoffänderungen genau zu beschreiben. Beobachtungen an einfachen Experimenten zeigen deutlicher, was für chemische Reaktionen allgemein charakteristisch ist:

Erhitzt man ein Kupferblech in Schwefel-Dampf, so glüht das Blech rot auf und es entsteht ein blauschwarzes Produkt. Schon die Farbe zeigt an, dass kein Kupfer mehr vorliegt. Auch der Schwefel ist verschwunden. Der blauschwarze Streifen lässt sich nicht mehr biegen, er ist spröde und zerbricht sehr leicht in kleine Stücke. Die Masse des Produktes ist gleich der Masse der Ausgangsstoffe; bei chemischen Reaktionen gilt das Gesetz von der **Erhaltung der Masse.**

Stoffumwandlung. Aus *Kupfer* und *Schwefel* bildet sich ein neuer Stoff: *Kupfersulfid.* Es kommt dabei nicht darauf an, ob Kupferblech, Kupferdraht oder Kupferpulver mit Schwefel reagieren – in allen Fällen erhält man als Produkt blauschwarzes Kupfersulfid. Der Name *Kupfersulfid* weist darauf hin, dass sich der neue Stoff aus Kupfer und Schwefel (lat. *sulfur*) gebildet hat.

Kupfersulfid hat weder die Eigenschaften von Kupfer noch die Eigenschaften von Schwefel. Es unterscheidet sich von ihnen beispielsweise in der Farbe, der Dichte und der Schmelztemperatur. Kupfersulfid ist daher *kein Gemisch* der beiden Stoffe Kupfer und Schwefel. Kupfersulfid ist vielmehr ein neuer **Reinstoff,** der durch eine chemische Reaktion aus Kupfer und Schwefel gebildet wird.

Eine chemische Reaktion ist also dadurch gekennzeichnet, dass neue Stoffe mit eigenen charakteristischen Eigenschaften entstehen.

Nur durch chemische Reaktionen kann man aus Kupfersulfid wieder Kupfer zurückgewinnen. So wird Kupfer technisch aus Kupfersulfid hergestellt; man verwendet dazu das Mineral Kupferglanz.

Änderungen des Aggregatzustands sind keine chemischen Reaktionen, denn es entstehen keine neuen Stoffe. Erhitzt man Schwefel, so bildet sich erst eine Schmelze, dann Schwefel-Dampf. Ist die Probe wieder abgekühlt, so liegt der Schwefel wieder unverändert vor.

28 Am Anfang war das Feuer

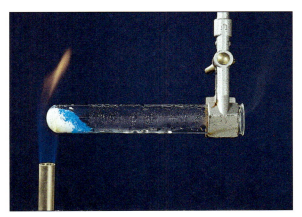
Blaues Kupfersulfat-Hydrat wird erhitzt.

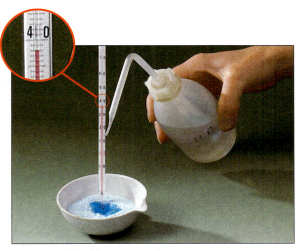
Weißes Kupfersulfat reagiert mit Wasser.

Energieumsatz. Ein Kupferblech glüht auf, wenn es mit Schwefel reagiert. Offensichtlich wird bei der Reaktion von Kupfer mit Schwefel Energie frei. Ein solcher *Energieumsatz* ist neben der Stoffumwandlung charakteristisch für chemische Reaktionen. Häufig wird bei chemischen Reaktionen Energie in Form von *Wärme* ausgetauscht.

Besonders einfach lassen sich Aufnahme und Abgabe von Wärme an Experimenten mit Kupfersulfat untersuchen:
Erhitzt man blaues *Kupfersulfat-Hydrat,* so verschwindet die blaue Farbe; gleichzeitig entstehen Tröpfchen einer farblosen Flüssigkeit. Sie erweist sich als Wasser. Außerdem bildet sich bei dieser Reaktion weißes *wasserfreies Kupfersulfat.*
Tropft man Wasser auf diesen neuen Stoff, so bildet sich der blaue Stoff zurück und die Temperatur steigt an. Eine solche Reaktion, bei der Wärme frei wird, bezeichnet man als **exotherme Reaktion**. Um Wasser aus dem blauen Kupfersulfat-Hydrat abzuspalten, muss dagegen ständig Wärme zugeführt werden. In diesem Fall spricht man von einer **endothermen Reaktion**.

Reaktionsschema. Um chemische Reaktionen kurz und übersichtlich zu beschreiben, formuliert man ein *Reaktionsschema* unter Verwendung eines Reaktionspfeils (⟶), der die Richtung der Reaktion angibt:

Kupfer + Schwefel ⟶ Kupfersulfid; exotherm

Links vom Pfeil notiert man die Ausgangsstoffe und setzt ein Pluszeichen dazwischen; die Endstoffe stehen entsprechend rechts. Angaben zum Energieumsatz werden nach einem Semikolon hinzugefügt.
Ein solches Reaktionsschema bezeichnet man häufig auch als **Wortgleichung,** da man früher anstelle des Reaktionspfeils ein Gleichheitszeichen verwendete. Das Pluszeichen wird als „und" gelesen, der Reaktionspfeil als „reagieren zu":
„Kupfer und Schwefel reagieren zu Kupfersulfid, die Reaktion verläuft exotherm."

Für die Bildung von weißem Kupfersulfat ergibt sich folgende Kurzdarstellung:

Kupfersulfat-Hydrat ⟶
                Kupfersulfat + Wasser; endotherm

„Kupfersulfat-Hydrat reagiert zu Kupfersulfat und Wasser; die Reaktion verläuft endotherm."

> Bei chemischen Reaktionen bilden sich neue Stoffe mit charakteristischen Eigenschaften, die Masse bleibt erhalten. Gleichzeitig findet ein Energieumsatz statt: Bei exothermen Reaktionen wird Wärme abgegeben, bei endothermen Reaktionen wird Wärme aufgenommen.

1 Woran kann man chemische Reaktionen erkennen?
2 Nenne vier Beispiele für chemische Reaktionen.
3 Woran erkennst du, dass nach der Reaktion von Kupfer mit Schwefel ein neuer Stoff vorliegt?
4 a) Was versteht man unter einer exothermen Reaktion, was unter einer endothermen Reaktion?
b) Nenne je zwei Beispiele für exotherme und für endotherme Reaktionen.
5 Gib die Wortgleichung für die Reaktion von weißem Kupfersulfat mit Wasser an.
6 Welche Vorgänge sind chemische Reaktionen?
a) Zucker löst sich in Wasser.
b) Eine Rakete wird gestartet.
c) Ein Wasser/Alkohol-Gemisch wird destilliert.
d) Eisen rostet.
e) Eine Kerze brennt.

Am Anfang war das Feuer

Exkurs

Streichhölzer – eine zündende Idee

Wer das erste Streichholz erfunden hat, ist nicht bekannt. Viele tausend Jahre lang suchten die Menschen nach Hilfsmitteln mit denen sie schnell und ungefährlich Feuer machen konnten. Bis zu den handlichen Streichholz-Päckchen, die es heute überall zu kaufen gibt, war es aber ein langer Weg voller Versuche – und verbrannter Finger.

Für lange Zeit spielte ein an Bäumen wachsender Pilz, der *Zunderschwamm*, eine wichtige Rolle. Dieser Pilz wurde mit einer Salpeterlösung getränkt und getrocknet, sodass er sich schon durch einen Funken entzünden ließ. Den Funken erzeugte man duch Anschlagen eines Feuersteins an Stahl. Der Zunder brannte jedoch nur glimmend. Eine Flamme erhielt man dann im zweiten Schritt: Man entzündete ein mit geschmolzenem Schwefel getränktes Holzstäbchen an dem glimmenden Zunder.

Zunderschwamm

In China wurden Zündhölzer dieser Art schon im 6. Jahrhundert von den Hausfrauen benutzt, um das Herdfeuer schnell und gefahrlos zu entzünden.

Vorläufer der heutigen Zündhölzer wurden in Europa ab 1785 bekannt: Man steckte kleine Holzstäbchen in ein Fläschchen, das eine Mischung mit dem giftigen und leicht entzündlichen weißen Phosphor enthielt. Zog man das mit Phosphor benetzte Hölzchen aus der Flasche, entzündete es sich an der Luft.

Unkontrollierbare Brände und Unfälle waren bei diesem Verfahren immer wieder an der Tagesordnung.

Später entwickelte man Zündholzköpfe mit weißem Phosphor, bei denen durch Beimengungen verhindert wurde, dass sie sich selbst entzündeten. Sie wurden durch Reibung entzündet. Auch diese Streichhölzer waren gefährlich: Erstens, weil sie giftig waren und zweitens, weil sie sich an fast jeder Oberfläche durch Reibung anzünden ließen.

Die heute üblichen **Sicherheitszündhölzer** mit einer speziellen Reibfläche gehen auf eine Erfindung des schwedischen Chemikers Gustav Erik PASCH aus dem Jahr 1841 zurück.

Es war jedoch sehr schwierig, ein kostengünstiges Produktionsverfahren zu entwickeln. Deshalb vergingen weitere 40 Jahre, ehe Zündhölzer dieser Art als „Schwedenhölzer" weltweit berühmt wurden. PASCH setzte statt des gefährlichen weißen Phosphors den ungiftigen roten Phosphor ein. Zudem befindet sich der rote Phosphor nur auf der Reibefläche der Schachtel. Eine unbeabsichtigte Entzündung des Zündholzköpfchens wird dadurch ausgeschlossen.

Neben den Sicherheitszündhölzern gibt es auch die **Überall-Zündhölzer**, die sich an jedem Gegenstand entzünden lassen. Diese Zündhölzer kennt man aus vielen Western-Filmen: der Held entfacht das Zündholz mit lässiger Bewegung am Stiefel des niedergestreckten Gegners. Dass sie sich überall entzünden lassen, verdanken sie einer Beimischung eines sehr leicht entzündlichen Stoffs: Tetraphosphortrisulfid.

2.3 Mit Sauerstoff bilden sich Oxide

Verbrennung von Eisenwolle

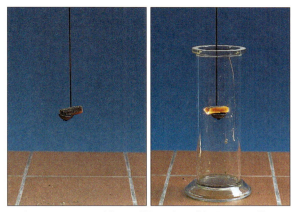

Verbrennung von Kohlenstoff in Luft und in Sauerstoff

Eisenwolle ist silbergrau, metallisch glänzend und verformbar. Erhitzt man sie mit der Brennerflamme, verändert sie sich: Sie wird schwarzblau und spröde. Bei diesem Stoff kann es sich also nicht mehr um Eisenwolle handeln.

Hängt man ein Büschel Eisenwolle an eine Waage und bringt es dann zum Glühen, so kann man eine weitere Beobachtung machen: Das Büschel wird während des Glühens schwerer. Was steckt dahinter?

Eisen bildet zusammen mit dem Sauerstoff der Luft einen neuen Stoff. Dabei wird Wärme frei, deshalb glüht die Eisenwolle weiter. Man sagt: Das Eisen verbrennt mit dem Sauerstoff zu einem neuen Stoff mit neuen Eigenschaften, dem *Eisenoxid*. Dieser neue Stoff ist schwerer als das Eisen vorher, weil der Sauerstoff hinzugekommen ist.

Die hier ablaufende chemische Reaktion lässt sich kurz durch folgende Wortgleichung beschreiben:

Eisen + Sauerstoff $\longrightarrow$ Eisenoxid
Eisen und Sauerstoff reagieren zu Eisenoxid.

Auch ein Stück Holzkohle verbrennt, wenn man es erhitzt. Das Verbrennungsprodukt wird meist gar nicht wahrgenommen; es ist ein farbloses und geruchloses Gas, das *Kohlenstoffdioxid*:

Kohlenstoff + Sauerstoff $\longrightarrow$ Kohlenstoffdioxid.

Oxidation. Ähnlich wie bei Eisen und Kohlenstoff ist auch bei allen anderen Verbrennungsvorgängen Sauerstoff aus der Luft beteiligt. Die dabei entstehenden neuen Stoffe bezeichnet man allgemein als **Oxide,** abgeleitet von *oxygenium,* dem lateinischen Namen für Sauerstoff. Der Vorgang heißt entsprechend **Oxidation.**
Beide Fachbegriffe deuten an, dass der Sauerstoff für die Verbrennung eine ganz entscheidende Rolle spielt: Dieses Gas wird bei der Bildung der neuen Stoffe aus der Luft aufgenommen. Man sagt: Der in der Luft frei vorliegende Sauerstoff wird *gebunden.* Die Oxide enthalten Sauerstoff in *gebundener Form.*

> Bei der Verbrennung wird Sauerstoff aus der Luft aufgenommen. Die dabei gebildeten neuen Stoffe nennt man Oxide. Sie enthalten Sauerstoff in gebundener Form. Eine chemische Reaktion dieser Art bezeichnet man deshalb auch als Oxidation.

1 Verbrennt man glänzende Magnesiumspäne an der Luft, so bleibt ein weißes Pulver zurück. Erkläre, warum dieser Vorgang eine chemische Reaktion ist und stelle die Wortgleichung auf.

Am Anfang war das Feuer **31**

Chemie-Recherche

http://www.schroedel.de/chemie_heute.html

Chemische Reaktionen im Alltag (1)

Ergebnisse:

→ **Rosten von Eisen**
Es ist ein alltäglicher Vorgang: Eisen rostet. Auf dem silberglänzenden Metall zeigen sich zunächst dunkle Punkte; nach einer Weile entwickeln sich daraus braune Flecken: *Rost*. Wenn man den Rost abkratzt, erhält man einen porösen Stoff, der sich deutlich von dem ursprünglichen Metall unterscheidet.
Voraussetzung für das Rosten ist der Kontakt des Eisens mit Luft. Feuchtigkeit begünstigt den Vorgang. Beim Rosten reagiert Eisen mit Sauerstoff und mit Wasser. Bei dem Reaktionsprodukt Rost handelt es sich um eine komplizierte chemische Verbindung.

→ **Tinte „killen" – eine chemische Reaktion**
Schon wieder verschrieben! Ein Tintenkiller muss her. Diese Stifte enthalten eine Flüssigkeit, die mit der blauen Tinte eine chemische Reaktion eingeht. Dabei wird die Tinte in einen farblosen Stoff umgewandelt, den man auf dem Papier fast nicht mehr sieht. Mit anderer als blauer Tinte reagiert der Tintenkiller nicht.

→ **Vom Sauerstoff zum Kohlenstoffdioxid**
Wie alle Tiere und viele Pflanzen gewinnt der Mensch die Energie, die er benötigt, aus exothermen Reaktionen. Mit der Nahrung nehmen wir Nährstoffe wie Kohlenhydrate, Fette oder Eiweißstoffe auf. Die Atmung liefert den Reaktionspartner Sauerstoff. Nährstoffe und Sauerstoff werden mit dem Blut bis zu den einzelnen Zellen transportiert. Dort reagieren sie in einer exothermen Reaktion miteinander. Als Reaktionsprodukte entstehen Wasser und Kohlenstoffdioxid, die ausgeschieden werden.

vor 1900:   1969:

→ **Vom Kohlenstoffdioxid zum Sauerstoff**
Das bei der Atmung von Pflanzen und Tieren produzierte Kohlenstoffdioxid sammelt sich nicht in der Atmosphäre an, sondern wird in der Natur wieder umgewandelt: Tagsüber nehmen die grünen Pflanzen Kohlenstoffdioxid und Wasser auf und produzieren daraus Traubenzucker. Als Nebenprodukt entsteht der für uns lebensnotwendige Sauerstoff. Die Reaktion von Kohlenstoffdioxid mit Wasser ist endotherm, als Energiequelle dient dabei das Sonnenlicht. Man bezeichnet den gesamten Vorgang als **Photosynthese.**

→ **Wirkung von saurem Regen auf Kalkstein**
Durch Abgase aus Kraftwerken, Industrie und Verkehr wird Regenwasser sauer: Es entsteht *saurer Regen.* Gebäude aus Kalkstein und Kunstwerke aus Marmor werden durch sauren Regen im Laufe der Zeit zerstört. Dabei läuft die gleiche chemische Reaktion ab wie beim Entkalken von Küchengeräten.

Experimentelle Hausaufgabe:
Zersetzen von Eierschalen

Materialien: Wasserglas; gekochtes Ei, Speiseessig, Zahncreme.

Durchführung:
1. Fülle das Glas etwa 3 cm hoch mit Speiseessig.
2. Lege das Ei hinein und beobachte.
3. Nimm das Ei nach fünf Minuten aus dem Glas, spüle es mit Leitungswasser ab und untersuche die Eierschale auf Veränderungen.
4. Bestreiche einen Teil der Eierschale mit Zahncreme. Trage dabei die Zahncreme nur ganz dünn auf.
5. Lege das Ei erneut in das Glas mit Speiseessig und lasse es über Nacht stehen.

Aufgaben:
a) Notiere und erkläre deine Beobachtungen.
b) Übertrage deine Erkenntnisse aus den Arbeitsschritten 4 und 5 auf die Zahnpflege: Wo liegen hier die Parallelen?

Chemische Reaktionen im Alltag (2)

→ **Silvesterknaller: chemische Reaktionen blitzschnell**
Chemie ist, wenn es knallt und ... Diese alte Weisheit trifft nicht immer zu, aber *ohne* Chemie funktioniert kein Silvesterfeuerwerk. Die Böller enthalten ein Stoffgemisch, dem man nur etwas Aktivierungsenergie zuführen muss. Die glimmende Zündschnur reicht bekanntlich aus: Es kommt zu einer blitzartigen Reaktion. Dabei bilden sich gasförmige Stoffe, die die Hülle des Böllers zerreißen und die umgebende Luft schlagartig verdrängen. Das geht so schnell, dass wir von all dem nur einen Blitz sehen und den Knall hören.

→ **Chemie beim Kuchen backen**
Wenn der Hefeteig angerührt ist, stellt man ihn zur Seite und wartet, bis er „aufgegangen" ist. Das dauert etwa eine halbe oder dreiviertel Stunde. In dieser Zeit nimmt das Volumen des Teiges deutlich zu. Ursache dafür ist die Bildung eines gasförmigen Stoffes, dessen Bläschen den Teig aufblähen. Bei dem Gas handelt es sich um Kohlenstoffdioxid, das aus Zucker gebildet wird. Die Hefe wirkt dabei als Katalysator. Je höher die Temperatur ist, desto schneller geht der Teig auf. Man erkennt hierbei, dass die Geschwindigkeit dieser chemischen Reaktion von der Temperatur abhängt. Je höher die Temperatur ist, desto schneller erfolgt die Gasentwicklung.

→ **Vom Brotteig zum Zucker**
Jeder kennt das: Kaut man lange genug auf einem Stück Brot, so schmeckt es süß. Aus dem Auftreten des süßen Geschmacks als neuer Eigenschaft kann man schließen, dass ein neuer Stoff entstanden ist. Dabei handelt es sich um Traubenzucker. Es muss also eine chemische Reaktion abgelaufen sein. Chemisch gesehen besteht Brot im Wesentlichen aus Stärke, einem wichtigen Nährstoff. Stärke ist aus sehr großen Molekülen aufgebaut, die durch Speichel in Traubenzucker-Moleküle gespalten werden.

→ **Wärmebeutel – die Chemie macht's möglich**
Wenn es im Winter richtig kalt ist, freut man sich über Wärmebeutel für die Hände. Sie enthalten in einer Kunststoffhülle eine Flüssigkeit, die sich in einer chemischen Reaktion in einen Feststoff umwandeln kann. Die Aktivierungsenergie wird hier durch das Klicken eines eingeschweißten kleinen Blechstückes zugeführt: Der Feststoff kristallisiert dann innerhalb einer Minute aus und dabei wird gerade so viel Energie frei, dass man sich daran auf angenehme Weise die Hände wärmen kann. Durch Erwärmen in heißem Wasser kann man die Reaktion später wieder umkehren.

Experimentelle Hausaufgabe:
Erhitzen von Zucker und Kochsalz

Materialien: Teelicht, 2 Blechdeckel (z. B. von Konservendosen), Zange;
Zucker, Kochsalz.

Durchführung:
1. Gib einen halben Teelöffel Zucker auf einen Blechdeckel.
2. Entzünde das Teelicht und halte den Blechdeckel mit der Zange über die Flamme.
3. Wiederhole den Versuch mit der gleichen Menge Kochsalz.

Aufgaben:
a) Notiere deine Beobachtungen.
b) Wodurch unterscheiden sich die Stoffe?

Praktikum — Chemische Reaktionen

V1: Holzkohle aus Holz

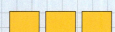

Materialien: Gasbrenner, Porzellanschälchen, Glasrohr mit Spitze, durchbohrter Stopfen, Tiegelzange; Holzstückchen.

Durchführung:
1. Baue die Apparatur nach der Abbildung auf.
2. Erhitze das Holz mit der nicht leuchtenden Brennerflamme. Entzünde den an der Glasspitze entweichenden Qualm.
3. Halte diese Flamme gegen den Boden des Porzellanschälchens.
4. Beende das Erhitzen, wenn die Gasflamme an der Glasspitze erlischt.
5. Nimm ein Stück Holzkohle aus dem Reagenzglas und halte es in die Brennerflamme.

Aufgaben:
a) Notiere und deute deine Beobachtungen.
b) Warum verkohlt das Holz im Reagenzglas anstatt zu verbrennen?

V2: Der Kupferbrief

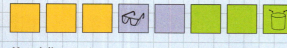

Materialien: Gasbrenner, Tiegelzange; Kupferblech (Dicke: 0,1 mm, Größe: 4 cm x 5 cm).

Durchführung:
1. Falte das Kupferblech zu einem Brief und knicke es an den Rändern um, sodass keine Luft eindringen kann.
2. Halte den Kupferbrief mit der Tiegelzange in die nicht leuchtende Brennerflamme und erhitze ihn bis zur Rotglut.
3. Öffne den Kupferbrief, wenn er vollständig abgekühlt ist.

Aufgaben:
a) Notiere deine Beobachtungen.
b) Erkläre das unterschiedliche Aussehen von Innenfläche und Außenfläche des Kupferbriefes.
c) Stelle fest, ob sich der Belag an der Außenseite abschaben lässt. Wie sieht der Kupferbrief unter dem Belag aus?
d) Gib die Wortgleichung für die Reaktion an.

V3: Verbrennung von Schwefel

Materialien: Gasbrenner, Stopfen mit Nagel; Schwefel.

Durchführung:
1. Fülle einige Milliliter Wasser in ein Reagenzglas.
2. Befeuchte die Spitze des Nagels mit Wasser und tauche sie in den Schwefel.
3. Entzünde den an der Nagelspitze haftenden Schwefel in der Brennerflamme, stecke den Nagel mit dem brennenden Schwefel **sofort** in das Reagenzglas und verschließe es mit dem Stopfen. Schüttle kräftig, sodass sich das Produkt im Wasser löst.
Hinweis: Bei der Reaktion entsteht ein giftiges Gas (T).

Aufgaben:
a) Beschreibe und deute deine Beobachtungen.
b) Gib die Wortgleichung für die Reaktion an.

V4: Reaktion von Magnesium und Zink mit Luftsauerstoff

Materialien: Tiegelzange, Verbrennungslöffel, Pinzette, feuerfeste Unterlage, Gasbrenner; Magnesiumband (F), Zinkpulver (F).

Durchführung:
1. Halte ein Stück Magnesiumband mit der Tiegelzange in die nicht leuchtende Brennerflamme.
Vorsicht! Nicht direkt in die Flamme schauen, es tritt eine grelle Lichterscheinung auf!
2. Halte den Verbrennungslöffel mit etwas Zinkpulver in die nicht leuchtende Brennerflamme. Lege den heißen Verbrennungslöffel nach der Reaktion auf der feuerfesten Unterlage ab.

Aufgaben:
a) Notiere deine Beobachtungen.
b) Woran erkennt man, dass bei den beiden Versuchen eine chemische Reaktion stattgefunden hat?
c) Stelle die Wortgleichung für die Verbrennung von Zink in Luftsauerstoff auf.

Am Anfang war das Feuer

Massenerhaltung und Energieumsatz bei chemischen Reaktionen — Praktikum

V1: Reaktion von Kupfer mit Sauerstoff

Materialien: Luftballon, Waage, Gasbrenner; Kupferwolle, Sauerstoff.

Durchführung:
1. Gib einen Bausch Kupferwolle in ein Reagenzglas.
2. Befülle das Reagenzglas nach Anweisung der Lehrerin oder des Lehrers mit Sauerstoff und verschließe es mit dem Luftballon.
3. Wiege das Reagenzglas und notiere die Masse.
4. Erhitze das Reagenzglas mit dem Gasbrenner, bis die Reaktion zwischen Kupfer und Sauerstoff einsetzt.
5. Warte, bis die Reaktion beendet ist und sich das Reagenzglas wieder abgekühlt hat. Wiege erneut.

Aufgaben:
a) Vergleiche das Ergebnis der Wägung vor der Reaktion mit dem Ergebnis der Wägung nach der Reaktion.
b) Vergleiche dein Ergebnis mit dem deiner Mitschülerinnen und Mitschüler und fasse zusammen.
c) Stelle die Wortgleichung auf.

V2: Massenerhaltung bei einer Verbrennung

Materialien: Luftballon, Waage, Gasbrenner; Streichhölzer.

Durchführung:
1. Gib drei Streichhölzer in ein Reagenzglas und verschließe es mit dem Luftballon.
2. Wiege das Reagenzglas und notiere die Masse.
3. Halte das Reagenzglas in die Brennerflamme, bis sich die Streichhölzer entzünden.
4. Nach dem Erkalten wird das Reagenzglas erneut gewogen.

Aufgaben:
a) Erläutere auf der Basis deiner Ergebnisse das Gesetz der Erhaltung der Masse.
b) Welche besondere Bedeutung kommt dem Luftballon bei diesem Versuch zu?

A1: In welchen Fällen müssen Reaktionen in einem geschlossenen Reaktionssystem durchgeführt werden?

V3: Entwässern von blauem Kupfersulfat

Materialien: Gasbrenner; Kupfersulfat-Hydrat (Xn, N).

Durchführung: Gib in ein Reagenzglas zwei Kristalle blaues Kupfersulfat und erhitze mit dem Gasbrenner, bis sich die Kristalle entfärbt haben.

Aufgaben:
a) Notiere deine Beobachtungen.
b) Zeichne das Energiediagramm und beschrifte es.

V4: Reaktion von weißem Kupfersulfat mit Wasser

Materialien: Porzellanschale, Tropfpipette, Thermometer; weißes Kupfersulfat (Xn, N).

Durchführung:
1. Gib einen Spatel weißes Kupfersulfat in die Porzellanschale und stelle das Thermometer hinein.
2. Gib einige Tropfen Wasser hinzu und verfolge den Temperaturverlauf.

Aufgaben:
a) Notiere die gemessenen Temperaturen vor und nach der Reaktion und deine sonstigen Beobachtungen.
b) Zeichne das Energiediagramm und beschrifte es.

Experimentelle Hausaufgabe: Wir machen Brausepulver

Materialien: Löffel, Trinkbecher; Zucker, Zitronensäure, Natron.

Durchführung:
1. Gib nacheinander jeweils eine kleine Menge Zucker, Zitronensäure und Natron auf ein Stück Papier. Beschreibe das Aussehen der Stoffe und prüfe ihren Geschmack.
2. Zwei Teelöffel Zucker, zwei Teelöffel Zitronensäure und ein Teelöffel Natron werden in einem Glas durch Schütteln gut vermischt.
3. Schütte etwas von dem Gemisch auf ein Stück Papier und prüfe erneut Aussehen und Geschmack.
4. Stelle Brauselimonade her, indem du einen Teelöffel des Gemischs im Trinkbecher mit Wasser übergießt.

Am Anfang war das Feuer

2.4 Energie bei chemischen Reaktionen

Reaktion von Zink und Schwefel zu Zinksulfid

Kupfer reagiert mit Schwefel unter Aufglühen; es wird also Energie in Form von Wärme frei:

Kupfer + Schwefel ⟶ Kupfersulfid; exotherm

Die entsprechende Reaktion von Zink mit Schwefel verläuft nahezu explosionsartig.

Ursache für den unterschiedlichen Ablauf ist ein deutlicher Unterschied im Energieumsatz: Bei der Bildung von Kupfersulfid wird nur wenig Energie abgegeben; die Reaktion ist *schwach exotherm*. Die Bildung einer vergleichbaren Menge Zinksulfid setzt wesentlich mehr Energie frei; die Reaktion ist *stark exotherm*.

Energiediagramme. Energieumsätze bei chemischen Reaktionen lassen sich übersichtlich darstellen und vergleichen, wenn man eine Grafik zu Hilfe nimmt. In einem solchen *Energiediagramm* ordnet man den Ausgangsstoffen jeweils ein bestimmtes Energieniveau zu. Da bei exothermen Reaktionen Energie an die Umgebung abgegeben wird, enthalten die Endstoffe weniger Energie als die Ausgangsstoffe. Das Energieniveau der Produkte liegt dementsprechend niedriger als das ursprüngliche Niveau. Für Zinksulfid liegt das Niveau dabei *unterhalb* des Niveaus von Kupfersulfid, da die Reaktion von Zink mit Schwefel stärker exotherm verläuft als die Reaktion von Kupfer mit Schwefel.

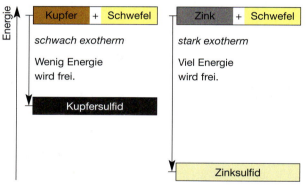

Energiediagramme der Reaktionen von Kupfer und Zink mit Schwefel

Bei der Bildung von wasserfreiem Kupfersulfat und Wasser aus Kupfersulfat-Hydrat muss Energie in Form von Wärme zugeführt werden. Die Endstoffe liegen damit auf einem höheren Energieniveau als der Ausgangsstoff. Man sagt auch: Bei einer endothermen Reaktion wird die zugeführte Wärme als **chemische Energie** in den Produkten gespeichert. Bei der exotherm verlaufenden Rückbildung von Kupfersulfat-Hydrat wird dann chemische Energie wieder in Wärme umgewandelt.

Erhaltung der Energie. Bei chemischen Reaktionen kann Energie in unterschiedlichen Formen auftreten. Neben Wärmeenergie beobachtet man oft die Freisetzung von Lichtenergie und gelegentlich auch – etwa bei Explosionen – von Bewegungsenergie. Es gibt auch chemische Reaktionen, bei denen elektrische Energie frei wird. Solche Reaktionen laufen in Batterien und Akkus ab.

Generell wird Energie weder neu geschaffen noch verbraucht, sondern nur von einer Energieform in eine andere überführt. So wird bei einer exothermen Reaktion chemische Energie in Wärme umgewandelt. Beim Laden eines Akkus wird elektrische Energie in chemische Energie überführt und so gespeichert.

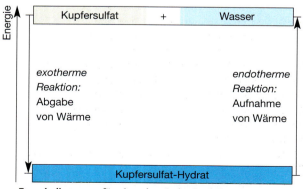

Energiediagramm für eine chemische Reaktion und ihre Umkehrung

Am Anfang war das Feuer

Aktivierungsenergie. Die exotherme Reaktion von Kupfer mit Schwefel kommt erst dann in Gang, wenn man ein Kupfer/Schwefel-Gemisch kurz erhitzt. Man sagt auch: Man muss zunächst *Anregungsenergie* oder *Aktivierungsenergie* zuführen, um die Reaktion zu starten.

Aktivierungsenergie im Modell. Den Start einer exothermen Reaktion kann man sich durch ein einfaches *Modell* veranschaulichen:
Ein Tennisball ist in einer Dachrinne gelandet. Bevor er wieder auf den Boden gelangen kann, muss er bis über den Rand der Rinne gehoben werden. Dadurch erreicht der Ball einen energiereicheren Zustand, aus dem er dann zu Boden fällt. Ganz ähnlich läuft eine exotherme Reaktion erst dann ab, wenn die zu ihrem Start notwendige Energie zugeführt ist und die beteiligten Stoffe in einem *aktivierten, reaktionsfähigen Zustand* sind.

Eine chemische Reaktion kann nur ablaufen, wenn die Teilchen zusammenstoßen. Ein *Stoß* führt allerdings nur dann zu einer Reaktion, wenn die Teilchen heftig genug zusammenprallen. Die erforderliche Aktivierungsenergie wird durch Erwärmen zugeführt. Dadurch wird die Geschwindigkeit der Teilchen so weit erhöht, dass der Stoß heftig genug erfolgt und eine Reaktion abläuft.

Katalysatoren. Bei manchen Reaktionen ist die Aktivierungsenergie so hoch, dass sie in der Praxis nicht oder nur sehr langsam ablaufen. Ein Beispiel ist die Umwandlung von gefährlichen Autoabgasen in ungefährliche Stoffe. Um die Reaktion zu ermöglichen, benutzt man den „Kat". Er enthält feinverteiltes Platin, das die Aktivierungsenergie herabsetzt. Einen solchen Stoff bezeichnet man als *Katalysator*.
Ein Beispiel für eine Reaktion, die in Gegenwart eines Katalysators abläuft, ist die Spaltung von Wasserstoffperoxid in Wasser und Sauerstoff mit Hilfe von Braunstein. Wasserstoffperoxid zersetzt sich sonst nur bei hoher Temperatur. Gibt man jedoch etwas Braunsteinpulver hinzu, so kommt die Reaktion sofort in Gang. Der Katalysator vermindert die Aktivierungsenergie und die Reaktion kann rascher ablaufen. Ein Katalysator nimmt zwar an der Reaktion teil, wird aber selbst nicht dauerhaft verändert.

> Bei chemischen Reaktionen wird chemische Energie in andere Energieformen umgewandelt. Es gilt der Energieerhaltungssatz.
> Für viele Reaktionen benötigt man Aktivierungsenergie, um sie zu starten. Katalysatoren erniedrigen die Aktivierungsenergie.

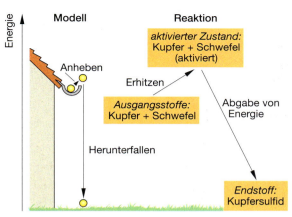

Energiediagramm mit Aktivierungsenergie.
Modell und Beispielreaktion

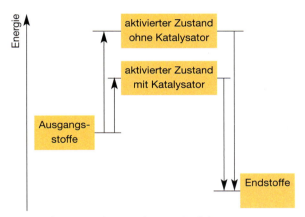

Energiediagramm einer exothermen Reaktion mit und ohne Katalysator

1 Gib für die Reaktionen von Kupfer mit Schwefel und von Zink mit Schwefel jeweils die Wortgleichung an. Welche Reaktion ist stärker exotherm?
2 Was versteht man unter Aktivierungsenergie?
3 Was versteht man unter einem Katalysator?
4 Notiere die Wortgleichung und das Energiediagramm für den Zerfall von Wasserstoffperoxid.
5 In einem Kraftwerk wird Kohle verbrannt. Informiere dich, welche Energieformen auftreten, bis schließlich elektrische Energie an den Kunden geliefert wird.
6 Für welche der folgenden Reaktionen benötigt man Aktivierungsenergie: Anzünden eines Streichholzes, Auflösen einer Brausetablette?
7 Wie wird die Aktivierungsenergie beim Verbrennen von Benzin im Automotor geliefert?
8 Im Stoffwechsel reagieren die Nährstoffe mit dem Sauerstoff, den wir einatmen. In welche Energieformen wird die dabei frei werdende Energie umgewandelt?

2.5 Elemente und Verbindungen

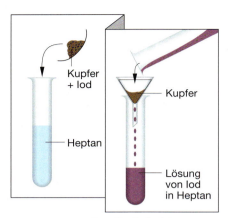

Trennung eines Kupfer/Iod-Gemenges

Bildung von Kupferiodid – eine chemische Reaktion

Ein Gemenge aus Kupfer und Iod ist etwas ganz anderes als Kupferiodid. Das zeigt ein einfacher Versuch: Schüttelt man ein Gemenge aus Kupfer und Iod mit Heptan, so löst sich das Iod. Man erhält eine violette Lösung. Das Kupfer setzt sich ab und lässt sich abfiltrieren. Das Gemenge aus Kupfer und Iod wird also voneinander getrennt. Aus Kupferiodid kann man dagegen mit Heptan kein Iod herauslösen: Kupferiodid ist also kein *Gemisch* aus Kupfer und Iod, sondern ein *Reinstoff*, der durch eine chemische Reaktion aus Kupfer und Iod entsteht.

Erhitzt man jedoch Kupferiodid, so bildet sich violetter Iod-Dampf. Der Reinstoff Kupferiodid lässt sich also bei höherer Temperatur zerlegen. Im Gegensatz zu Kupferiodid ist es aber unmöglich, Kupfer, Iod oder Schwefel in andere Stoffe zu zerlegen. Solche Reinstoffe, die man nicht weiter zerlegen kann, nennt man chemische **Elemente.**
Kupferiodid ist dagegen ein Reinstoff, aus dem man wieder Kupfer und Iod gewinnen kann. Solche Reinstoffe, die aus verschiedenen Elementen zusammengesetzt sind, bezeichnet man als **Verbindungen.** Die Zerlegung von Verbindungen in die jeweiligen Elemente ist nur durch chemische Reaktionen möglich.

Chemiker haben sehr viele Stoffe untersucht und dabei in der Natur 90 Elemente entdeckt. Davon gehören 70 zu den Metallen und 20 zu den Nichtmetallen. Elf Elemente sind bei Raumtemperatur gasförmig. Nur zwei Elemente sind bei 20 °C flüssig: das Metall Quecksilber und das Nichtmetall Brom. Aus den 90 Elementen lassen sich unvorstellbar viele Verbindungen aufbauen: Bis heute kennt man mehr als zehn Millionen! Die Chemiker verwenden häufig eine tabellarische Übersicht über die Elemente, das *Periodensystem der Elemente,* das ganz hinten im Buch zu finden ist.

Im Mittelalter versuchte man, Metalle wie Kupfer oder Blei in Gold umzuwandeln. Die Alchemisten entdeckten auf diese Weise viele neue chemische Reaktionen – nur Gold ließ sich auf diesen Wegen nicht herstellen. Heute wissen wir, dass sich ein Element nur aus seinen Verbindungen gewinnen lässt, ein Element kann nicht in ein anderes umgewandelt werden. Aus diesem Grund konnte die Herstellung von Gold aus Kupfer oder Blei nicht gelingen.

Die Herstellung einer Verbindung aus den jeweiligen Elementen bezeichnet man als **Synthese.** Bei der Zerlegung einer Verbindung in ihre Elemente spricht man von einer **Analyse.** Heute versteht man unter Analyse auch ganz allgemein die Aufklärung der Zusammensetzung eines Stoffes oder eines Stoffgemisches.

> Elemente und Verbindungen sind Reinstoffe. Verbindungen lassen sich grundsätzlich in Elemente zerlegen. Elemente sind dagegen nicht in andere Stoffe zerlegbar.

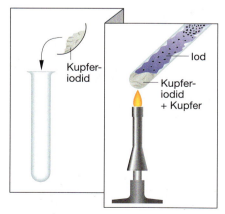

Zerlegung von Kupferiodid – eine chemische Reaktion

1 Wie kann man Reinstoffe einteilen? Gib Beispiele an.
2 Wodurch unterscheiden sich Elemente und Verbindungen?
3 Was versteht man unter einer Synthese? Was ist eine Analyse?
4 Suche aus dem Periodensystem der Elemente (hintere Umschlagseite) die gasförmigen Elemente heraus.

Am Anfang war das Feuer

Elemente und Verbindungen

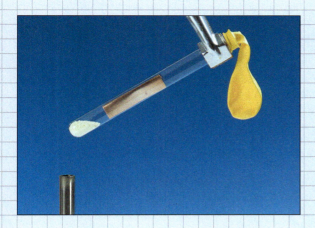

V1: Reaktion von Kupfer mit Schwefel

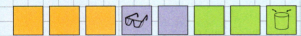

Materialien: Spatel, Pinzette, Luftballon, Gasbrenner; Kupferblech (etwa 1 cm × 7 cm), Schwefelpulver.

Durchführung:
1. Gib einige Spatel Schwefelpulver in ein Reagenzglas, füge dann einen Streifen Kupferblech hinzu und verschließe das Reagenzglas mit dem Luftballon.
2. Erhitze den Schwefel kräftig mit der nichtleuchtenden Brennerflamme, bis die Reaktion zwischen Kupfer und Schwefel einsetzt.
3. Lass das Reagenzglas abkühlen. Entnimm dann das Reaktionsprodukt und prüfe, ob es sich zerbrechen lässt.

Hinweis: Der Luftballon verhindert eine Entzündung der Schwefeldämpfe

Aufgaben:
a) Beschreibe den Ablauf der Reaktion zwischen Kupfer und Schwefel.
b) Wodurch unterscheidet sich das Reaktionsprodukt von den Ausgangsstoffen?
c) Woran erkennst du, dass eine chemische Reaktion stattgefunden hat?
d) Woran erkennst du, dass bei der Reaktion Energie frei wird?

V2: Reaktion von Kupfer mit Iod

Materialien: Pinzette, Luftballon, Gasbrenner; Kupferblech (etwa 1 cm × 10 cm), Iod (Xn, N).

Praktikum

Durchführung:
1. Gib einen Iod-Kristall mit Hilfe der Pinzette in ein Reagenzglas.
2. Falte einen Kupferblechstreifen ziehharmonikaartig und klemme ihn in mittlerer Höhe in das Reagenzglas.
3. Verschließe das Reagenzglas mit dem Luftballon.
4. Erhitze zunächst den Iod-Kristall mit kleiner Flamme, bis die entstehenden Iod-Dämpfe das Kupferblech erreichen. Erhitze nun auch das Kupferblech.
5. Lass das Reagenzglas nach der Reaktion abkühlen und entnimm vorsichtig das Reaktionsprodukt.

Aufgaben:
a) Beschreibe den Ablauf der Reaktion zwischen Kupfer und Iod.
b) Woran erkennst du, dass ein neuer Stoff entstanden ist?
c) Das Produkt von Kupfer mit Iod heißt Kupferiodid. Worauf deutet dieser Name hin?
d) Kupferiodid zerfällt bei sehr hohen Temperaturen wieder in die Elemente. Welche Beobachtung deutet darauf hin?

A1 Stelle die Wortgleichung für die folgende Reaktion auf.

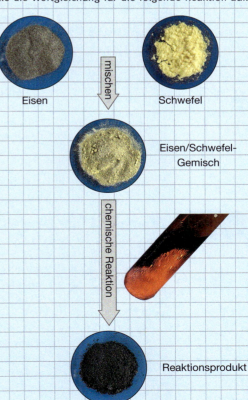

2.6 DALTONs Atommodell

John DALTON (1766–1844)

„Chemical analysis and synthesis go no farther than to the separation of particles one from another, and to their reunion. No new creation or destruction of matter is within the reach of chemical agency. We might as well attempt to introduce a new planet into the solar system, or to annihilate one already in existence, as to create or destroy a particle of hydrogen."

---

matter: Materie; agency: Wirkung; might as well attempt: könnten genauso gut versuchen; to annihilate: vernichten; hydrogen: Wasserstoff

Aus DALTONs „A New System of Chemical Philosophy" von 1808

Zu Beginn des 19. Jahrhunderts entwickelte der englische Naturforscher DALTON eine Modellvorstellung über die kleinsten Teilchen, aus denen die Stoffe aufgebaut sind. Die kleinsten Teilchen der Elemente bezeichnete er als **Atome** (griech. *atomos:* unteilbar).

Der Atombegriff stammt ursprünglich aus der Gedankenwelt der griechischen Naturphilosophie. Schon vor 2500 Jahren hatten die Philosophen LEUKIPP und DEMOKRIT angenommen, dass die Materie aus kleinsten, nicht weiter zerlegbaren Teilchen, den Atomen, aufgebaut sei.

Im Mittelalter und in der frühen Neuzeit wurde diese Vorstellung immer wieder aufgegriffen. Schließlich verknüpfte DALTON um 1800 die Atomtheorie mit den experimentellen Ergebnissen seiner Zeit.

DALTONS Atommodell. Die Überlegungen DALTONs lassen sich in folgenden vier Kernaussagen zusammenfassen:

1. Jedes Element besteht aus kleinsten, nicht weiter teilbaren Teilchen, den Atomen.
2. Alle Atome eines Elements haben die gleiche Größe und die gleiche Masse. Die Atome unterschiedlicher Elemente unterscheiden sich in ihrer Masse. Damit gibt es genau so viele Atomarten, wie es Elemente gibt.
3. Atome sind unzerstörbar. Sie können durch chemische Vorgänge weder vernichtet noch erzeugt werden.
4. Bei chemischen Reaktionen bilden die Atome der Ausgangsstoffe eine neue Anordnung in der ein bestimmtes Anzahlverhältnis vorliegt.

Diese Vorstellung von den Atomen wird als *DALTONs Atommodell* bezeichnet. Dabei stellt man sich die Atome am einfachsten als winzig kleine Kugeln vor.

Die besondere Leistung DALTONs und seines Atommodells besteht zunächst darin, dass die praktisch unüberschaubare Vielzahl von Stoffen, die in der Natur vorkommen, auf relativ wenige unveränderliche Grundbausteine, die Atome der Elemente zurückgeführt wurde.

Darüber hinaus ließen sich die experimentellen Untersuchungen der Massenverhältnisse bei chemischen Reaktionen und die chemischen Reaktionen selbst mit Hilfe des Atommodells deuten.

Exkurs — **Atome und ihre Darstellung**

- Kohlenstoff-Atom
- Sauerstoff-Atom
- Wasserstoff-Atom
- Schwefel-Atom
- Stickstoff-Atom
- Chlor-Atom

In Abbildungen und in Modellbaukästen stellt man die Atome der verschiedenen Elemente in unterschiedlichen Farben dar. So werden Schwefel-Atome meist als gelbe Kugeln abgebildet. Damit kann man sie leicht dem Element Schwefel mit seiner gelben Farbe zuordnen.

In Wirklichkeit haben Atome jedoch keine Farbe. Erst wenn unvorstellbar viele Schwefel-Atome in bestimmter Weise miteinander verknüpft sind, treten die Eigenschaften von Schwefel auf: die Farbe Gelb, eine bestimmte Dichte, eine bestimmte Schmelztemperatur. Ein *Verband* aus vielen Schwefel-Atomen hat charakteristische Stoffeigenschaften, ein *einzelnes* Schwefel-Atom kann solche Eigenschaften nicht haben.

---

40 Am Anfang war das Feuer

Gesetz von der Erhaltung der Masse. Führt man eine Reaktion in einem geschlossenen System durch, so stellt man auch bei genauesten Wägungen niemals eine Massenänderung fest. Dieser Sachverhalt wird durch das *Gesetz von der Erhaltung der Masse* beschrieben: *Bei chemischen Reaktionen ist die Masse der Endstoffe gleich der Masse der Ausgangsstoffe.*

Mit Hilfe von DALTONs Atommodell lässt sich das Massenerhaltungsgesetz erklären: Wenn Kupfer mit Schwefel zu Kupfersulfid reagiert, finden sich alle Kupfer-Atome und alle Schwefel-Atome im Produkt wieder. Die Atome werden weder zerstört noch neu gebildet, sie bleiben bei der Reaktion erhalten. Die Masse ändert sich bei der chemischen Reaktion nicht.

Gesetz der konstanten Massenverhältnisse. Experimentelle Untersuchungen haben immer wieder gezeigt, dass die Massen der Ausgangsstoffe bei einer chemischen Reaktion stets in einem bestimmten Verhältnis zu einander stehen. So reagieren Kupfer und Schwefel bei der Synthese von Kupfersulfid stets im Massenverhältnis 4 : 1. In diesem Massenverhältnis sind dann die Kupfer-Atome und Schwefel-Atome auch in der Verbindung Kupfersulfid enthalten. Dieser Sachverhalt wird durch das *Gesetz der konstanten Massenverhältnisse* beschrieben: *In einer Verbindung sind die Elemente stets in einem bestimmten Massenverhältnis enthalten.*

Die chemische Reaktion – eine Umgruppierung von Atomen. Auf der Grundlage des Atommodells von DALTON lassen sich chemische Reaktionen deuten. So wird mit Hilfe dieses Modells verständlich, weshalb sich die Elemente aus Verbindungen wieder zurückgewinnen lassen:
Bei der Reaktion von Kupfer mit Schwefel zu Kupfersulfid lösen sich die Kupfer-Atome und die Schwefel-Atome aus dem jeweiligen Atomverband der Elemente und bilden dann in einer bestimmten Anordnung den Gitterverband der Verbindung Kupfersulfid. Die Atome werden also umgruppiert und in anderer Anordnung wieder miteinander verknüpft.

Die Atome, aus denen die Ausgangsstoffe aufgebaut sind, werden nach dieser Vorstellung durch eine chemische Reaktion voneinander getrennt und anschließend im Produkt neu angeordnet. Daher ist es leicht verständlich, dass man aus der Verbindung Kupfersulfid die Elemente Kupfer und Schwefel wiedergewinnen kann. Man muss nur die Atome erneut umgruppieren: Aus den Kupfer-Atomen bilden sich wieder Kupfer-Kristalle und aus den Schwefel-Atomen entstehen Schwefel-Kristalle.

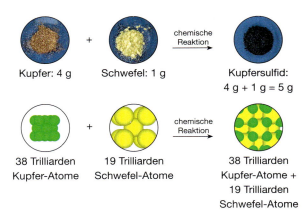

Massenverhältnisse bei chemischen Reaktionen

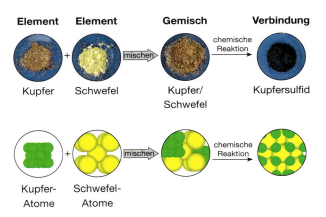

Chemische Reaktion als Umgruppierung von Atomen

Die Atome sind die kleinsten Teilchen der Elemente. Die Atome eines Elements haben alle die gleiche Masse. Atome können weder erzeugt noch vernichtet werden. Bei chemischen Reaktionen gilt das Gesetz von der Erhaltung der Masse. Die Ausgangsstoffe reagieren in einem bestimmten Massenverhältnis miteinander. Dabei werden die Atome der Ausgangsstoffe umgruppiert.

1 Gib das Gesetz von der Erhaltung der Masse und das Gesetz der konstanten Massenverhältnisse mit eigenen Worten wieder.
2 Welche vier Aussagen machte DALTON über die Atome?
3 Weshalb ist die Masse der Produkte einer chemischen Reaktion genauso groß wie die Masse der Ausgangsstoffe?
4 Wie erklärt das Atommodell die Bildung einer Verbindung aus den Elementen?
5 Weshalb ist es nicht möglich, durch eine chemische Reaktion ein Element in ein anderes umzuwandeln?

2.7 Elementsymbole und Verhältnisformeln

Bereits die Alchemisten benutzten chemische Symbole, um bestimmte Stoffe zu charakterisieren. Viele dieser Symbole entstammten der Astronomie. DALTON entwickelte Symbole, die zu seinem Atommodell passten: Er ging von Symbolen für die chemischen Elemente aus und stellte Verbindungen durch eine Kombination der Elementsymbole dar. Das Elementsymbol gibt damit die Art der Atome an, unabhängig davon, ob sie in einer Elementsubstanz oder in einer Verbindung vorliegen.

Die heute benutzten Elementsymbole gehen auf einen Vorschlag des schwedischen Chemikers BERZELIUS aus dem Jahre 1813 zurück. Um eine Atomart zu symbolisieren, verwendet man den ersten oder den ersten und einen weiteren Buchstaben des wissenschaftlichen Elementnamens:

Wasserstoff:	H	(von **H**ydrogenium)
Kohlenstoff:	C	(von **C**arboneum)
Stickstoff:	N	(von **N**itrogenium)
Sauerstoff:	O	(von **O**xygenium)
Fluor:	F	
Natrium:	Na	
Magnesium:	Mg	
Silicium:	Si	
Schwefel:	S	(von **S**ulfur)
Mangan:	Mn	
Kupfer:	Cu	(von **Cu**prum)
Iod:	I.	
Silber:	Ag	(von **Ar**gentum)
Gold:	Au	(von **Au**rum)

Die Elementsymbole sind die Grundlage der internationalen Zeichensprache der Chemie. So beschreibt man beispielsweise die Zusammensetzung von Verbindungen durch chemische Formeln, indem man die Symbole der beteiligten Atomarten nach bestimmten Regeln kombiniert.

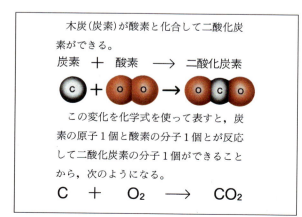

Die Zeichensprache der Chemie ist international.

Verhältnisformeln. Bei der Bildung von Kupfersulfid reagieren Kupfer-Atome und Schwefel-Atome im Atomzahlenverhältnis 2:1. Jeder Kupfersulfid-Kristall enthält also genau doppelt so viele Kupfer-Atome wie Schwefel-Atome. Insgesamt ergibt sich eine gitterartige Anordnung wie im nebenstehenden Bild. Ähnliche Gitterstrukturen gibt es auch bei den meisten anderen Verbindungen von Metallen mit Nichtmetallen. Die chemische Formel für eine Verbindung dieser Art gibt jeweils das *Atomzahlenverhältnis* an. Die Verhältniszahlen schreibt man dazu einfach als tiefer gestellte Zahl *hinter* die entsprechenden Elementsymbole. Eine solche Formel bezeichnet man deshalb als *Verhältnisformel*. Die Verhältnisformel von Kupfersulfid lautet damit Cu_2S_1. Chemiker lassen aber üblicherweise die Ziffer 1 weg und schreiben vereinfacht: Cu_2S. So wie in diesem Beispiel steht in Formeln für Metall/Nichtmetallverbindungen das Metall immer an der ersten Stelle.

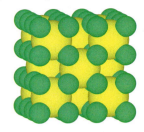

> Die von den wissenschaftlichen Namen der Elemente abgeleiteten Elementsymbole stehen für die jeweiligen Atomarten. Das Anzahlverhältnis der Atomarten in einer Verbindung wird durch eine Verhältnisformel beschrieben.

1 Notiere die Elementsymbole für: Argon, Helium, Lithium, Neon, Phosphor, Zink, Zinn, Blei und Uran.

2 Gib die Namen der betreffenden Elemente an: B, Ba, Be, Bi, Br, Cd, Ce, Cl, Co, Cr.

3 DALTON führte in seiner Liste der Elementsymbole auch ein Symbol für einen Stoff auf, den wir heute als Magnesiumoxid bezeichnen. Wie lässt sich dieser Fehler erklären?

Element	Symbol nach DALTON	heutiges Symbol
Wasserstoff	☉	H
Kohlenstoff	●	C
Stickstoff	⊕	N
Phosphor	⊕	P
Schwefel	⊕	S
Gold	✳	Au
Silber	Ⓢ	Ag
Kupfer	Ⓒ	Cu
Quecksilber	✹	Hg
Eisen	Ⓘ	Fe

Elementsymbole

2.8 Moleküle – miteinander verbundene Atome

Die kleinsten für ein Element charakteristischen Teilchen sind die Atome. Bei den Metallen sind die Atome regelmäßig in einer gitterartigen Struktur angeordnet und bilden so Kristalle. Bei einigen Gasen wie Helium, Neon und Argon liegen dagegen einzelne, unabhängig voneinander bewegliche Atome vor.

Die übrigen bei Raumtemperatur gasförmigen Elemente bestehen aus Teilchen, die jeweils aus mehreren Atomen zusammengesetzt sind. Anfang des 19. Jahrhundert sprach man deshalb von „zusammengesetzten Atomen". Heute bezeichnet man solche Teilchen aus einer bestimmten Anzahl von Atomen als **Moleküle.** So besteht Stickstoff aus Teilchen, in denen zwei Stickstoff-Atome fest miteinander verbunden sind. Auch im Falle des Sauerstoffs und des Wasserstoffs liegen zweiatomige Moleküle vor.

Ähnliche Verhältnisse findet man bei den nichtmetallischen Elementen, die sich schon bei relativ niedrigen Temperaturen in den gasförmigen Zustand überführen lassen. So besteht Iod aus zweiatomigen Molekülen; Schwefel-Moleküle sind aus acht Atomen aufgebaut.

In der Chemie ist es üblich, die Zusammensetzung von Molekülen durch **Formeln** zu beschreiben. Diese Formeln werden aus den jeweiligen Elementsymbolen gebildet. Zusätzlich enthalten die Formeln tief gestellte Ziffern, die die Anzahl der Atome angeben. Man schreibt diese Ziffern hinter das jeweilige Elementsymbol. Für Stickstoff-Moleküle ergibt sich damit die Formel N_2, für Sauerstoff-Moleküle O_2, für Iod-Moleküle I_2 und für Schwefel-Moleküle S_8. Formeln dieser Art bezeichnet man auch als **Molekülformeln.**

Auch bei vielen *Verbindungen* liegen Moleküle als kleinste Teilchen vor. Das gilt vor allem für Verbindungen, an deren Aufbau nur nichtmetallische Elemente beteiligt sind. Ein Beispiel für eine solche Verbindung ist Kohlenstoffdioxid. Wie der Name bereits andeutet bestehen die Moleküle dieses Gases aus einem Kohlenstoff-Atom und zwei Sauerstoff-Atomen. Nach den Regeln müsste die Formel für Kohlenstoffdioxid also C_1O_2 lauten. Chemiker machen es sich jedoch bequem und lassen wie bei den Verhältnisformeln auch hier die Ziffer 1 weg. Die allgemein verwendete Molekülformel für Kohlenstoffdioxid lautet daher CO_2. Entsprechend einfach ist die Molekülformel für Wasser: H_2O. Ein Traubenzucker-Molekül besteht aber bereits aus 24 Atomen: $C_6H_{12}O_6$.

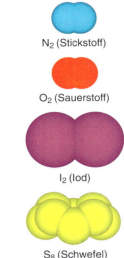

Moleküle von Elementen

CO_2 (Kohlenstoffdioxid)

H_2O (Wasser)

$C_6H_{12}O_6$ (Traubenzucker)

Moleküle von Verbindungen

> Moleküle sind Teilchen, die aus zwei oder mehreren Atomen aufgebaut sind. Ihre Zusammensetzung wird durch Molekülformeln wie O_2, CO_2 oder $C_6H_{12}O_6$ beschrieben.

1 Was versteht man unter einem Molekül?
2 Beschreibe mit eigenen Worten den Aufbau eines Traubenzucker-Moleküls.
3 Welche der angegebenen Stoffe sind aus Molekülen aufgebaut?
a) Eisen, Sauerstoff, Schwefel, Kupfer, Iod;
b) Schwefeldioxid, Eisensulfid, Kupferiodid, Zinksulfid, Wasserstoffperoxid, Kupfersulfat.
4 Was versteht DALTON unter „einfachen Stoffen", was unter „zusammengesetzten Stoffen", was unter „einfachen Elementaratomen", was unter „zusammengesetzten Atomen"?

> Nun ist es einer der großen Gegenstände dieses Werkes, die Wichtigkeit und den Vortheil der Bestimmung der relativen Gewichte der letzten Theilchen sowohl der einfachen wie der zusammengesetzten Stoffe, die Zahl der einfachen Elementaratome, welche ein zusammengesetztes Atom bilden, ... zu zeigen.

Aus DALTONs „A New System of Chemical Philosophy" von 1808

2.9 Reaktionsgleichungen – Reaktionen in der Formelsprache

Eine chemische Reaktion lässt sich übersichtlich durch die Wortgleichung darstellen:

Kohlenstoff + Sauerstoff $\longrightarrow$ Kohlenstoffmonooxid

Ausgangsstoffe   Endstoff (Produkt)

Anstelle einer Wortgleichung verwendet man in der Chemie aber meist eine Kurzform, in der statt der Namen der Stoffe die entsprechenden Formeln stehen. Man spricht dann von einer **Reaktionsgleichung,** weil man früher statt des Reaktionspfeiles ein Gleichheitszeichen verwendete.

Bei jeder chemischen Reaktion bleibt die Anzahl und die Art der beteiligten Atome unverändert. Damit auf der linken und der rechten Seite der Reaktionsgleichung gleiche Atomanzahlen stehen, werden vor den Formeln entsprechende Faktoren angegeben. Ebenso wie bei den tiefgestellten Zahlen in Formeln und wie in der Mathematik wird der Faktor 1 in der Regel weggelassen.

Das Aufstellen einer Reaktionsgleichung lässt sich in die folgenden Einzelschritte aufteilen:

1. Aufstellen der Wortgleichung:

Kohlenstoff + Sauerstoff $\longrightarrow$ Kohlenstoffmonooxid

2. Einsetzen der korrekten Formeln bzw. der Elementsymbole:

$\square$ C + $\square$ O_2 $\longrightarrow$ $\square$ CO

Hinweis: In den Formeln dürfen die tiefgestellten Zahlen bei den weiteren Schritten grundsätzlich nicht verändert werden!

3. Einrichten auf der Seite der Endstoffe:
Ein O_2-Molekül enthält 2 Sauerstoff-Atome. Damit auf der rechten Seite der Reaktionsgleichung ebenfalls 2 Sauerstoff-Atome stehen, muss auf der Seite des Endstoffes der Faktor 2 eingesetzt werden.

$\square$ C + 1 O_2 $\longrightarrow$ 2 CO

4. Einrichten auf der Seite der Ausgangsstoffe:
Da auf der rechten Seite für 2 CO-Moleküle 2 C-Atome benötigt werden, müssen diese auf der linken Seite bereitgestellt werden.

2 C + 1 O_2 $\longrightarrow$ 2 CO

Der Faktor 1 wird in der Regel weggelassen.

2 C + O_2 $\longrightarrow$ 2 CO

Die Abfolge der Schritte 3 und 4 kann auch vertauscht werden, wenn man dadurch die Zahlenverhältnisse besser überblickt.

5. Angabe der Aggregatzustände:
Oft ist es nützlich, auf die Aggregatzustände der beteiligten Stoffe hinzuweisen. Man verwendet deshalb bestimmte Abkürzungen um anzugeben, ob ein Stoff fest, flüssig oder gasförmig ist oder ob er in Wasser gelöst vorliegt:

s (engl. *solid*): fest;
l (engl. *liquid*): flüssig;
g (engl. *gaseous*): gasförmig;
aq (engl. *aqueous*): in Wasser gelöst.

2 C (s) + O_2 (g) $\longrightarrow$ 2 CO (g)

6. Angabe des Energieumsatzes:
Durch Anfügen der Begriffe *exotherm* oder *endotherm* kann man zusätzlich angeben, ob bei der chemischen Reaktion Wärme frei wird oder Wärme aufgenommen wird.

2 C (s) + O_2 (g) $\longrightarrow$ 2 CO (g); exotherm

Auf die Angabe des Energieumsatzes in Reaktionsgleichungen wird oft verzichtet.

> Chemische Reaktionen können durch eine Wortgleichung oder durch eine Reaktionsgleichung beschrieben werden.
> In Reaktionsgleichungen gibt man vor den Formeln Faktoren an, sodass auf jeder Seite der Gleichung gleich viele Atome jedes Elements aufgeführt sind.

1 Wodurch unterscheiden sich Wortgleichung und Reaktionsgleichung?
2 Entwickle die Reaktionsgleichung für die Bildung von Kohlenstoffdioxid aus den Elementen. Kennzeichne dabei auch die Aggregatzustände der beteiligten Stoffe und gib den Energieumsatz an.
3 Entwickle die Reaktionsgleichung für die Bildung von Aluminiumoxid (Al_2O_3) aus Aluminium und Sauerstoff.
4 Schwefel reagiert mit Sauerstoff zu Schwefeldioxid (SO_2). Stelle die Reaktionsgleichung auf. Verwende dabei für Schwefel (anstelle von S_8) einfach das Symbol S.
5 Warum lässt sich keine Reaktionsgleichung aufstellen, wenn man die Formel eines der an der Reaktion beteiligten Stoffes nicht kennt?
6 Pflanzen erzeugen unter Verwendung der Energie des Sonnenlichts aus Kohlenstoffdioxid (CO_2) und Wasser (H_2O) die Stoffe Traubenzucker ($C_6H_{12}O_6$) und Sauerstoff (O_2). Entwickle die Reaktionsgleichung. Gib dabei auch den Energieumsatz an.

2.10 Wie schwer ist ein Atom?

Nach DALTONs Atommodell besitzen alle Atome eines Elements die gleiche Masse. DALTON gelang es allerdings nie, die Massen der Atome direkt zu bestimmen. Heute kann man die Atommassen sehr genau ermitteln. Die Masse eines Schwefel-Atoms beträgt:
m (Schwefel-Atom) =
0,000 000 000 000 000 000 000 053 g

Atommassen sind also unvorstellbar klein. Deshalb ist es nicht sinnvoll, sie in der Einheit 1 Gramm anzugeben. Auch in der Einheit 1 Milligramm ergeben sich noch längst keine übersichtlichen Zahlen:
m (Schwefel-Atom) =
0,000 000 000 000 000 000 053 mg

Atomare Masseneinheit. Niemand rechnet gerne mit Zahlen, die 18 Nullen hinter dem Komma haben. Daher entschloss man sich, eine Masseneinheit einzuführen, die der Größenordnung der Atommassen angepasst ist. Als *atomare Masseneinheit* verwendet man die Einheit **1 u**. Sie entspricht ungefähr der Masse des leichtesten aller Atome, des Wasserstoff-Atoms. Zwischen der Einheit 1 g und der Einheit 1 u bestehen folgende Zusammenhänge:

1 g = 602 200 000 000 000 000 000 000 u ≈ 6 · 10^{23} u

1 u = $\frac{1}{602\,200\,000\,000\,000\,000\,000\,000}$ g ≈ 1,66 · 10^{-24} g

Messen bedeutet immer Vergleichen: Gibt man eine Masse in der Einheit 1 kg an, so vergleicht man sie mit der Masse des Urkilogramm-Stücks. Verwendet man dagegen die Einheit 1 u, so vergleicht man praktisch mit der Masse eines Wasserstoff-Atoms: Die Masse eines Schwefel-Atoms beträgt 32 u. Die Masse eines Schwefel-Atoms ist also 32-mal so groß wie die Masse eines Wasserstoff-Atoms. Das schwerste in der Natur vorkommende Atom, das Uran-Atom, ist rund 238-mal so schwer wie ein Wasserstoff-Atom; es hat also eine Masse von 238 u.

> Die Masse von Atomen wird in der atomaren Masseneinheit 1 u angegeben. Für die Umrechnung in die Masseneinheit 1 Gramm gilt: 1 g ≈ 6 · 10^{23} u.

1 Weshalb ist es sinnvoll, für Atommassen eine eigene Einheit einzuführen? Wie lautet sie?
2 Gib eine Definition der atomaren Masseneinheit 1 u.
3 Berechne die Masse eines Wasserstoff-Atoms in der Einheit 1 Milligramm.
4 Ein Sauerstoff-Atom hat die Masse
m (Sauerstoff-Atom) =
0,000 000 000 000 000 000 000 026 5 g.
Rechne in die atomare Masseneinheit um.

Element	Atommasse gerundeter Wert	genauer Wert
Wasserstoff	1 u	1,00794 u
Kohlenstoff	12 u	12,011 u
Sauerstoff	16 u	15,9994 u
Magnesium	24 u	24,3050 u
Aluminium	27 u	26,981539 u
Schwefel	32 u	32,066 u
Chlor	35,5 u	35,4527 u
Eisen	56 u	55,847 u
Kupfer	63,5 u	63,546 u
Zink	65 u	65,39 u
Silber	108 u	107,8682 u
Iod	127 u	126,90447 u
Blei	207 u	207,2 u
Uran	238 u	238,0289 u

Wie bestimmt man Atommassen? — Exkurs

Eine wichtige Methode zur exakten Bestimmung von Atommassen ist die *Massenspektroskopie*. Dabei wird die Stoffprobe zunächst verdampft. Die einzelnen Atome werden dann durch elektrische Energie auf eine hohe Geschwindigkeit beschleunigt. Nun lässt man von der Seite her eine Kraft einwirken und drängt dadurch die Atome aus ihrer geraden Flugbahn ab. Dies geschieht umso leichter, je kleiner die Masse eines Atoms ist. Aus dem Maß der Ablenkung kann man auf die Masse des Atoms schließen.

Modellversuch: Lässt man unterschiedlich schwere Kugeln aus einem Trichter rollen und bläst von der Seite her mit einem Föhn, so werden die leichten Kugeln stärker abgelenkt als die schweren.

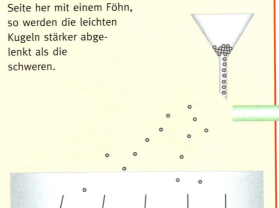

Prüfe dein Wissen

Quiz

A1 a) Erkläre die Begriffe des Fensters.
b) Notiere auf der Vorderseite von Karteikarten den Begriff, auf der Rückseite die Erklärung.

A2 In welchen Fällen läuft eine chemische Reaktion ab?
a) Kochsalz wird in Wasser gelöst.
b) Brausepulver wird in Wasser gerührt.
c) Wasser verdampft.
d) Diamant verbrennt.
e) Eisen wird mit Schwefel vermischt.
f) Kupfer bildet mit Iod Kupferiodid.
g) Wasserstoffperoxid wird gespalten.

A3 a) Gib die Elementsymbole an: Kupfer, Eisen, Zink, Schwefel, Iod, Aluminium, Sauerstoff, Silber, Gold.
b) Welche Elemente verbergen sich hinter: H, C, Ca, N, Cl?

A4 Über ein brennendes Teelicht auf einem Tisch wird ein Glas gestülpt. Beschreibe, was geschieht und begründe es.

A5 Welche Aussagen macht das Atommodell von DALTON?

A6 a) Welche Beziehung besteht zwischen der Masseneinheit 1 Gramm und der atomaren Masseneinheit 1 u?
b) Suche die Atommasse von Eisen heraus und rechne in die Einheit 1 Gramm um.

Know-how

A7 Erhitzt man einen Eisennagel in der Brennerflamme, so verändert er sich nur an der Oberfläche. Erhitzt man Eisenwolle glüht sie auf und wandelt sich vollständig um. Wie lässt sich dieser Unterschied erklären?

Holzstäbchen (mit Paraffin getränkt)
Zündholzkopf (Kaliumchlorat, brennbare Stoffe)
Reibfläche (roter Phosphor, Glaspulver)

A8 Die Zündmasse eines Zündholzkopfes enthält unter anderem Kaliumchlorat als Sauerstoffspender.
a) Welche Vorgänge spielen sich ab, wenn man mit dem Zündholzkopf über die Reibfläche streicht?
b) Warum ist das Holz mit Paraffin getränkt?

Die wichtigsten Begriffe

- chemische Reaktion
- Wortgleichung
- exotherm, endotherm
- Oxid, Oxidation
- Aktivierungsenergie
- Katalysator
- Element, Verbindung
- Analyse, Synthese
- DALTONs Atommodell
- Erhaltung der Masse
- konstantes Massenverhältnis
- Elementsymbol
- Verhältnisformel
- Molekül
- Molekülformel
- Reaktionsgleichung

A9 Vom Element Phosphor gibt es drei Erscheinungsformen: weißen Phosphor, roten Phosphor und schwarzen Phosphor. Wie ist das möglich?

Natur – Mensch – Technik

A10 Manche Menschen essen Traubenzucker ($C_6H_{12}O_6$), um Energie nachzuliefern. Im Stoffwechsel reagiert Traubenzucker mit Sauerstoff (O_2) zu Wasser (H_2O) und Kohlenstoffdioxid (CO_2). Entwickle die Reaktionsgleichung. Gib auch an, ob es sich um eine exotherme oder eine endotherme Reaktion handelt. Kennzeichne die Aggregatzustände der beteiligten Stoffe.

A11 Viele chemische Reaktionen unseres Stoffwechsels laufen nur in Gegenwart von Biokatalysatoren, den Enzymen, ab. Welche Funktion besitzen die Enzyme?

A12 Auf vielen Chemikalienflaschen findet man eines der folgenden Symbole. Auf welche Gefahren weisen sie hin?

A13 In einer Zeitschrift war unlängst zu lesen, dass es Alchemisten im 15. Jahrhundert gelungen wäre, Gold herzustellen. Ausgangsmaterial sei Kupfer gewesen, das man zusammen mit Zink erhitzt habe. Was hältst du von dieser Geschichte?

A14 Wie lassen sich die Beobachtungen beim Abbrennen einer Kerze mit dem Gesetz von der Erhaltung der Masse in Einklang bringen?

Am Anfang war das Feuer

Basiswissen

1. Feuer und Flamme

Feuer ist ein Verbrennungsvorgang, bei dem sich eine Flamme bildet. Bei manchen Brennstoffen wird von der Flamme neben Wärme auch viel Licht abgestrahlt.
Bei jeder Verbrennung wird *Sauerstoff* verbraucht. Der Sauerstoff stammt im Allgemeinen aus der Luft.

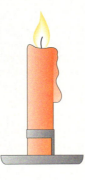

2. Kennzeichen chemischer Reaktionen

- *Stoffumwandlung:* Bei chemischen Reaktionen entstehen neue Stoffe.
- *Energieumsatz:* Chemische Reaktionen verlaufen exotherm oder endotherm.
- *Massenerhaltung:* Die Masse der Endstoffe ist gleich der Masse der Ausgangsstoffe.
- *konstante Massenverhältnisse:* Die Ausgangsstoffe reagieren miteinander in einem bestimmten Massenverhältnis. Die Produkte enthalten die verschiedenen Atome in einem bestimmten Atomanzahlverhältnis.

3. Energiediagramme

Der Energieumsatz bei chemischen Reaktionen wird häufig durch Energiediagramme verdeutlicht. Die energiereicheren Stoffe stehen dabei jeweils oben.

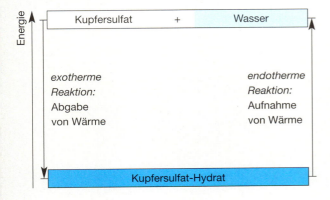

4. Verbrennung

Eine Verbrennung ist eine stark exotherme chemische Reaktion mit Sauerstoff. Als Reaktionsprodukte entstehen dabei Oxide; man spricht deshalb von einer **Oxidation**.

Kohlenstoff + Sauerstoff ⟶ Kohlenstoffdioxid

Brennbare Stoffe wie Erdgas, Benzin, Heizöl oder Kohle werden als Energieträger genutzt.

5. DALTONs Atommodell

- Jedes Element besteht aus kleinsten, nicht weiter teilbaren Teilchen, den Atomen.
- Die Atome eines Elements haben alle die gleiche Größe und die gleiche Masse. Die Atome unterschiedlicher Elemente unterscheiden sich in ihrer Masse. Dabei gibt es so viele Atomarten, wie es Elemente gibt.
- Atome sind unzerstörbar. Sie können durch chemische Vorgänge weder vernichtet noch erzeugt werden.
- Bei chemischen Reaktionen bilden die Atome der Ausgangsstoffe eine neue Anordnung, in der ein bestimmtes Anzahlverhältnis vorliegt.

6. Elementsymbole und chemische Formeln

Elementsymbole wie Cu (Kupfer) oder Fe (Eisen) stehen für die *Atomart* der betreffenden Elemente.

Metall/Nichtmetall-Verbindungen bestehen nicht aus Molekülen; sie besitzen eine gitterartige Anordnung der Atome. Man gibt das Atomzahlverhältnis durch **Verhältnisformeln** an.
Beispiele: Cu_2S, FeS, Al_2O_3.

Bei vielen nichtmetallischen Elementen und bei Nichtmetall/Nichtmetall-Verbindungen liegen *Moleküle* vor. Moleküle sind Teilchen, die aus zwei oder mehreren Atomen bestehen. Moleküle werden durch **Molekülformeln** beschrieben.
Beispiele: O_2, S_8, H_2O, CO_2.

7. Reaktionsgleichung

Eine *Wortgleichung* beschreibt eine chemische Reaktion durch die Namen der Ausgangsstoffe und der Endstoffe:

Kupfer + Schwefel ⟶ Kupfersulfid

Eine **Reaktionsgleichung** ist eine Kurzbeschreibung einer chemischen Reaktion mit Elementsymbolen und Formeln. Die vor den Formeln stehenden Faktoren beschreiben das Anzahlverhältnis, in dem Teilchen miteinander reagieren.

Die Aggregatzustände werden in Klammern hinter der Formel angegeben. Nach einem Semikolon steht die Angabe zum Energieumsatz.

2 Cu (s) + S (g) ⟶ Cu_2S (s); exotherm

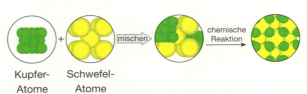

Am Anfang war das Feuer **47**

3 Luft – ein Gasgemisch

Aus dem Weltraum berichten die Astronautinnen und Astronauten immer wieder begeistert vom Anblick der Erde. Aus einigen hundert Kilometern Höhe sehen sie die Lufthülle als zartblaue Schicht über der Erdoberfläche. Diese dünne Luftschicht und die Wasservorräte der Erde ermöglichen hier alles Leben. Menschen und Tiere können nur dort überleben, wo genügend Luft zum Atmen vorhanden ist. In einer Höhe von 7 bis 8 km ist die Luft bereits sehr dünn. Menschen können sich dort nur kurze Zeit aufhalten.

Wenn keine Luft zum Atmen vorhanden ist, muss sie mitgenommen werden. Die Astronauten nehmen ihren Luftvorrat im Raumschiff mit. Taucher transportieren ihre Atemluft in einer Stahlflasche. Die Wasserspinne baut sich in einem Netz zwischen Wasserpflanzen eine Luftglocke aus Luftbläschen, die sie von der Wasseroberfläche holt.
Fast alle Lebewesen im Boden, von den Maulwürfen bis zu den Bakterien, aber auch Pflanzen mit ihren Wurzeln, benötigen Luft. Deshalb muss ein fruchtbarer Boden locker und luftdurchlässig sein.

Zentrale Fragen:
- Wie ist die Luft zusammengesetzt?
- In welchen Bereichen werden Stickstoff und Sauerstoff technisch genutzt?
- Wie kann man den Verlauf von Reaktionen mit Sauerstoff beeinflussen?
- Wie lassen sich Brände bekämpfen?

3.1 Die Zusammensetzung der Luft

Mit einer großen Spritze wird ein bestimmtes Luftvolumen abgemessen und anschließend mehrfach über glühende Eisenwolle in den Luftballon gedrückt. Nach Abkühlen der Apparatur bleiben $\frac{4}{5}$ des Volumens der Luft zurück.

Verbrennt man Eisen in einem abgeschlossenen Luftraum, so verringert sich das Volumen um rund ein Fünftel. Bei diesem Anteil der Luft handelt es sich um **Sauerstoff**. Dieses Gas bildet mit Eisen Eisenoxid:

Eisen + Sauerstoff $\longrightarrow$ Eisenoxid; exotherm

Die Luft enthält etwa 21 % **Sauerstoff**. Hauptbestandteil ist mit 78 % ein Element, das die Verbrennung nicht unterhält. Eine Flamme erstickt in diesem Gas. Man bezeichnet es als **Stickstoff**. Neben Stickstoff und Sauerstoff enthält Luft noch zu etwa 1 % **andere Gase**. Den größten Teil davon nimmt das Edelgas Argon ein. Kohlenstoffdioxid macht etwa 0,04 % des Luftvolumens aus.

Diese Angaben gelten nur für saubere und *trockene* Luft. Die Luft der Atmosphäre enthält aber immer einen gewissen Anteil an Wasserdampf: Bei 20 °C kann ein Liter Luft bis zu 23 ml Wasserdampf aufnehmen. Das entspricht 17 g Wasserdampf pro Kubikmeter Luft. Die Luft ist dann bei dieser Temperatur mit Wasserdampf gesättigt. Man sagt: Die *relative Luftfeuchtigkeit* beträgt 100 %.
Bei höheren Temperaturen kann die Luft noch mehr Wasserdampf aufnehmen. Kühlt man warme, feuchte Luft ab, so scheiden sich Wassertröpfchen ab: Es bilden sich Nebel, Tau oder Regen.

Auch viele andere gasförmige Bestandteile und große Mengen Staub gelangen auf natürliche Weise in die Atmosphäre: Bei Fäulnisprozessen bilden sich neben Kohlenstoffdioxid Gase wie Schwefelwasserstoff, Methan und Ammoniak. Wald- und Steppenbrände erzeugen Staub und Verbrennungsgase. Aus Vulkanen entweichen Staub, chlorhaltige Gase, Schwefeldioxid und Schwefelwasserstoff.
Ein erheblicher Anteil an Fremdstoffen wird jedoch auch durch Verkehr, Industrie und Haushalte in die Luft abgegeben. Dazu gehören auch gesundheitsschädliche Gase wie Kohlenstoffmonooxid, Stickstoffoxide, Schwefeldioxid und Kohlenwasserstoffe.

Gas	Anteil in 1000 ml Luft
Stickstoff	780,8 ml
Sauerstoff	209,5 ml
Argon	9,3 ml
Kohlenstoffdioxid	0,4 ml
sonstige Edelgase	0,024 ml
Methan	0,0016 ml
Wasserstoff	0,0005 ml
Kohlenstoffmonooxid	0,0002 ml
Stickstoffoxide	0,0000005 ml
Ozon	0,0000004 ml

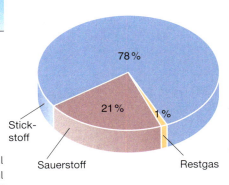

Die Luft ist ein Gasgemisch aus 78 % Stickstoff, 21 % Sauerstoff und 1 % sonstigen Gasen. Daneben enthält Luft stets Wasserdampf. Außerdem sind Schadstoffe in der Atmosphäre, die teils bei natürlichen und teils bei technischen Vorgängen entstehen.

	Sauerstoff (O_2)	**Stickstoff (N_2)**
Entdecker	SCHEELE/PRIESTLEY, 1774	CAVENDISH/RUTHERFORD, 1772
Eigenschaften	farb- und geruchloses Gas	farb- und geruchloses Gas
Siedetemperatur	–183 °C	–196 °C
Schmelztemperatur	–219 °C	–210 °C
Dichte (bei 20 °C und 1013 hPa)	1,33 $\frac{g}{l}$	1,16 $\frac{g}{l}$
Reaktionsverhalten	reagiert mit fast allen Elementen zu Oxiden	reaktionsträge, erstickt Flammen
Verwendung	Atemgas in Atemgeräten, beim Schweißen	Kältemittel (N_2(l)), Herstellung von Ammoniak

1 Gib die genauen Volumenanteile für die vier wichtigsten Bestandteile der Luft in Prozent an.
2 Vergleiche die Reaktionsfähigkeit von Sauerstoff und Stickstoff.
3 Für welche chemischen Reaktionen wird Sauerstoff benötigt?
4 Warum bleiben bei der Reaktion von Eisen in einem abgeschlossenen Luftvolumen auch dann $\frac{4}{5}$ des Volumens der Luft zurück, wenn man sehr viel Eisen einsetzt?
5 a) Welche Gase kommen durch Aktivitäten des Menschen in die Luft?
b) Warum hat sich in den letzten Jahrzehnten der Kohlenstoffdioxidanteil in der Luft erhöht?

Luft – ein Gasgemisch **49**

3.2 Sauerstoff und Stickstoff in Labor und Technik

Glasbearbeitung mit einem Brenner

Fleischverarbeitung mit flüssigem Stickstoff

Als Hauptbestandteile der Luft stehen Sauerstoff und Stickstoff für technische Anwendungen praktisch unbegrenzt zur Verfügung. Obwohl jährlich mehrere Hundert Millionen Tonnen Sauerstoff und Stickstoff aus der Luft abgetrennt werden, bleibt der Vorrat in der Luft unverändert: Beide Gase werden durch Vorgänge in der Natur wieder nachgeliefert.

Für die Gewinnung von reinem Sauerstoff und reinem Stickstoff wird Luft bei −200 °C verflüssigt und dann durch Destillation getrennt. Je nach Anwendungsbereich setzt man Sauerstoff und Stickstoff als tiefkalte Flüssigkeiten ein oder man arbeitet mit den Gasen aus Druckgasflaschen.

Sauerstoff. Bei Raumtemperatur ist Sauerstoff ein farbloses Gas. Kühlt man es auf −183 °C ab, so bildet sich eine hellblaue Flüssigkeit; auch fester Sauerstoff ist hellblau.

Technisch eingesetzt wird Sauerstoff immer dann, wenn Verbrennungsvorgänge oder andere Oxidationsreaktionen gefördert werden sollen. So mischt man bei Schweißbrennern oder Brennern für die Glasbearbeitung das Brenngas mit Sauerstoff, um ausreichend hohe Temperaturen zu erreichen. In der Hüttentechnik spielt Sauerstoff eine entscheidende Rolle bei der Gewinnung von Stahl: Man leitet Sauerstoff auf das flüssige Roheisen, um störende Verunreinigungen zu verbrennen. Lebensnotwendig sind Druckgasflaschen mit Sauerstoff oder sauerstoffhaltigen Gemischen im Tauchsport, für die künstliche Beatmung sowie in der Raumfahrt.

Stickstoff. Stickstoff ist dagegen nur wenig reaktionsfähig, er wird deshalb vielfach eingesetzt, um unerwünschte Reaktionen zu verhindern. So werden brennbare Dämpfe durch Einleiten von Stickstoff vertrieben, um die Explosionsgefahr in technischen Anlagen zu verringern. Lebensmittelverpackungen enthalten Stickstoff als *Schutzgas,* das die Haltbarkeit verlängert.

Besonders vielseitig genutzt wird *flüssiger Stickstoff* mit seiner niedrigen Temperatur (−196 °C): In Forschungslabors ist er das wichtigste *Kältemittel* für Untersuchungen bei niedrigen Temperaturen. Kliniken und Labors verwenden ihn zur Lagerung von Blutkonserven oder biologischen Präparaten. Bei der Herstellung von Tiefkühlkost werden Lebensmittel mit flüssigem Stickstoff rasch und schonend eingefroren. Die Eiskristalle bleiben dabei so klein, dass sie die Zellwände nicht durchstoßen. Gewürze werden vor dem Mahlen tiefgekühlt, damit sie weniger Aromastoffe verlieren.

> Sauerstoff wird zum Schweißen, bei der Stahlgewinnung sowie zur Beatmung in der Medizin und beim Tauchen verwendet. Stickstoff dient als Schutzgas; flüssiger Stickstoff wird in vielen Bereichen als Kältemittel eingesetzt.

1 Erstelle eine Übersicht über die Verwendung von Sauerstoff und Stickstoff in Labor und Technik.
2 Erkläre die folgende Beobachtung: Ein leeres Reagenzglas wurde in ein Gefäß mit flüssigem Stickstoff gestellt. Nach einiger Zeit hatte sich in dem Reagenzglas eine bläuliche Flüssigkeit gesammelt.
3 a) Recherchiere, welche Rolle Sauerstoff bei der Aufbereitung von Abwasser spielt.
b) Weshalb steht neben der Kläranlage eines Chemiewerks häufig ein Vorratstank mit flüssigem Sauerstoff?
4 Informiere dich, wie die Elemente Stickstoff und Sauerstoff zu ihrem deutschen Namen gekommen sind.
5 Recherchiere, durch welche Vorgänge Sauerstoff bzw. Stickstoff in der Natur gebildet wird.

50 Luft – ein Gasgemisch

Schweißen und Schneiden   **Exkurs**

Um Stahlplatten oder Stahlträger fest miteinander zu verbinden, setzt man

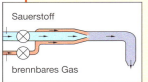

Schweißbrenner ein. Für ihren Betrieb benötigt man ein brennbares Gas wie Wasserstoff sowie Sauerstoff. Beide Gase werden über Schläuche aus Druckgasflaschen in den Brenner geleitet. Zündet man das mit hoher Geschwindigkeit aus der Düse ausströmende Gemisch, entsteht eine Stichflamme mit Temperaturen bis zu 3000 °C.

Richtet man diese Flamme auf die Fuge zwischen zwei Stahlplatten, so schmelzen die Ränder. Gleichzeitig führt man einen Schweißstab in die Schmelze, um fehlendes Material zu ergänzen. Nach dem Abkühlen sind beide Teile fest miteinander verbunden.

Um große Stahlteile zu zerlegen, benötigt man einen *Schneidbrenner*. Ähnlich wie beim Schweißbrenner erzeugt man zunächst eine heiße Stichflamme. Damit wird der Stahl bis zur Weißglut erhitzt. Dann öffnet man ein weiteres Ventil und leitet zusätzlichen Sauerstoff unter hohem Druck auf das glühende

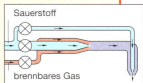

Metall. Durch den überschüssigen Sauerstoff wird das heiße Eisen rasch oxidiert; es entsteht ein Funkenregen aus geschmolzenem Eisenoxid. Selbst dicke Stahlträger können so mühelos zerlegt werden.

Die Erfindung des Brennschneidens wird übrigens einem Geldschrankknacker zugeschrieben, der 1890 in Hannover erstmals auf diese Weise die Wand eines stählernen Safes aufschnitt.

Verflüssigung der Luft   **Exkurs**

Zur Gewinnung von Sauerstoff und reinem Stickstoff aus Luft muss die Luft zunächst verflüssigt werden.

Man wendet dazu das LINDE-Verfahren an: Im ersten Schritt wird die Luft zusammengepresst: Das Volumen nimmt ab, die Temperatur steigt. Die verdichtete Luft wird nun in einem Kühler abgekühlt. Anschließend wird der Druck verringert: Das Volumen nimmt zu, die Temperatur sinkt weiter ab. Dieser Vorgang wird in einem Kreislauf mehrfach wiederholt, bis die Luft schließlich bei etwa −200 °C verflüssigt ist.

Für die Gewinnung von reinem Stickstoff und reinem Sauerstoff nutzt man den Unterschied in den Siedetemperaturen: Stickstoff siedet bereits bei −196 °C, Sauerstoff erst bei −183 °C. Der Dampf über siedender flüssiger Luft enthält deshalb nur wenig Sauerstoff; der Sauerstoffgehalt der Flüssigkeit nimmt entsprechend zu.

In der Technik arbeitet man mit einer Destillationsanlage, in der sich das Verdampfen und Kondensieren mehrfach nacheinander wiederholt. Endprodukte des Verfahrens sind flüssiger Stickstoff und flüssiger Sauerstoff in reiner Form. Als Nebenprodukt kann dabei auch das bei

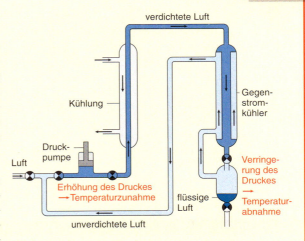

−186 °C siedende Edelgas Argon gewonnen werden. Ein erheblicher Teil dieser Flüssigkeiten wird verdampft und unter Druck in farblich gekennzeichnete Stahlflaschen abgefüllt.

1 Warum können Sauerstoff und Stickstoff durch Destillation getrennt werden?

Luft – ein Gasgemisch

3.3 Edelgase

Luft enthält etwa 1 % Edelgase. Den größten Teil dieser gasförmigen Elemente nimmt das Argon ein. Die übrigen Edelgase *Helium, Neon, Krypton, Xenon* und *Radon* sind in der Luft nur in sehr kleinen Mengen enthalten.

Alle Edelgase sind farblos und geruchlos. Sie lassen sich erst bei sehr tiefen Temperaturen verflüssigen. Im Allgemeinen reagieren sie nicht mit anderen Elementen. Diese Eigenschaft hat ihnen den Namen *Edelgase* eingetragen. Auch untereinander verbinden sich die Atome dieser Elemente nicht: Edelgase bestehen aus einzelnen, unverbundenen Atomen.

Gewinnung. Die Edelgase Argon, Neon, Krypton und Xenon erhält man aus der Luft. Dazu wird Luft bei etwa – 200 °C verflüssigt und dann mehrfach destilliert. Helium wird aus Erdgas gewonnen. Besonders groß ist der Anteil an Helium bei Erdgasvorkommen in der Nähe von Uranerzlagern, denn beim radioaktiven Zerfall von Uran bildet sich Helium. Wenn man das Erdgas verflüssigt, bleibt gasförmiges Helium zurück. Da Helium vielfach genutzt wird, wurde in den USA ein Vorrat von mehr als 100 Millionen Kubikmetern unterirdisch in ausgebeuteten Erdgasfeldern eingelagert.

Auf der Erde kommt Helium nur in geringen Mengen vor, im Weltall ist es nach Wasserstoff jedoch das häufigste Element.

> Die Edelgase bilden eine Gruppe sehr reaktionsträger Elemente. Edelgase kommen nur als einzelne Atome vor, sie bilden keine Moleküle.

1 Wie gewinnt man Helium?
2 Warum hat trockene Luft, aus der man den Sauerstoff entfernt hat, eine höhere Dichte als Stickstoff?
3 Warum wurden die Edelgase erst so spät entdeckt?
4 Informiere dich im Internet über die Anwendung von Xenon.
5 Welche Vorteile bietet Argon als Schutzgas beim Elektroschweißen?

Die Entdeckung der Edelgase — Exkurs

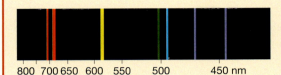

Spektrallinien des Heliums

Zerlegt man Sonnenlicht durch ein Prisma, so kann man einzelne besonders helle Linien beobachten, die nachweisen, welche Elemente in der Sonne vorhanden sind.
1868 entdeckte der französische Astronom JANSSEN während einer Sonnenfinsternis in der Sonnenkorona Spektrallinien, die sich nicht mit den bis dahin bekannten Linien in Einklang bringen ließen. Es musste ein weiteres Element in der Sonne vorkommen. Schließlich gelang es dem Engländer RAMSAY und dem Schweden CLEVE, das gesuchte Element aus Uranerz zu isolieren. Es war ein Gas, das **Helium** (griech. *helios:* Sonne) genannt wurde.

Der Engländer RAYLEIGH wollte die Dichte von Stickstoff bestimmen. Das Gas erhielt er einmal aus der Luft, zum anderen Mal aus Stickstoff-Verbindungen. Zu seiner großen Überraschung stellte er fest, dass die Dichte des Stickstoff aus der Luft etwas größer war als beim Stickstoff aus Stickstoff-Verbindungen. RAYLEIGH und RAMSAY schlossen daraus, dass der Stickstoff aus der Luft mit einem schwereren Gas verunreinigt sein musste. Als sie aus einer Luftprobe auch noch den Stickstoff entfernten, blieb tatsächlich eine kleine Blase eines unbekannten Gases übrig. Sie nannten es **Argon** (griech. *argos:* träge). Tatsächlich ist Argon zu etwa 1 % in der Luft enthalten.
Innerhalb von drei Jahren wurden auch **Neon** (griech. *neos:* neu), **Krypton** (griech. *kryptos:* verborgen) und **Xenon** (griech. *xenos:* fremdartig) in der Luft aufgespürt.

Steckbrief: Edelgase

Element, Elementsymbol	Helium, He	Neon, Ne	Argon, Ar	Krypton, Kr	Xenon, Xe
Atommasse	4,0 u	20,2 u	39,9 u	83,8 u	131,3 u
Schmelztemperatur	−272 °C	−249 °C	−189 °C	−157 °C	−112 °C
Siedetemperatur	−269 °C	−246 °C	−186 °C	−153 °C	−108 °C
Dichte bei 20 °C	0,16 $\frac{g}{l}$	0,83 $\frac{g}{l}$	1,64 $\frac{g}{l}$	3,44 $\frac{g}{l}$	5,42 $\frac{g}{l}$
Anteil in 1000 l Luft	0,5 ml	1,5 ml	9,3 l	0,1 ml	0,008 ml
Leuchtfarbe	gelb	rot	violett	gelbgrün	blaugrün
Verwendung	Ballongas	Leuchtröhren	Schutzgas	Glühlampen	Leuchtröhren

Chemie-Recherche

Location: http://www.schroedel.de/chemie_heute.html

Suche:

Edelgase

Ergebnisse:

→ **Edelgase sorgen für edles Licht**
Leuchtreklamen enthalten Glasröhren, die mit Edelgasen gefüllt sind. Unabhängig von der Farbe spricht man oft von Neonröhren. Tatsächlich mit Neon gefüllte Röhren erkennt man an ihrem roten Leuchten. Helium liefert gelbes und Argon violettes Licht. Krypton gibt gelbgrünes und Xenon blaugrünes Licht.
Die Leuchtröhren bestehen aus dickwandigen Glasröhren mit eingeschmolzenen Metallpolen. Die Röhren werden luftleer gepumpt und dann mit einer geringen Menge des jeweiligen Edelgases gefüllt. Legt man eine Spannung von 5000 Volt an, so fließt ein Strom zwischen den beiden Polen der Leuchtröhre. Er regt die Edelgas-Atome zum Leuchten an.
Die normalen Leuchtstoffröhren bei der Raumbeleuchtung enthalten anstelle von Edelgasen Quecksilber-Dampf.

→ **Ballongas Helium**
Seit vielen Jahren werden mit Helium gefüllte Ballons in der Wetterforschung eingesetzt. Die Hülle eines modernen Gasballons ist nur 0,02 mm dick. Der Ballon kann aber trotzdem eine Last von etwa 4000 kg tragen und Flughöhen von bis zu 50 km erreichen. Beim Start wird der Ballon nur teilweise mit Helium gefüllt. In größerer Höhe herrscht ein geringerer Druck, dadurch bläht sich der Ballon auf. Nach einem Flug von bis zu einem Tag werden die Messinstrumente durch ein Funksignal abgeworfen und gelangen an einem Fallschirm zur Erde zurück.

→ **Helium als Kühlmittel**
Flüssigkeiten, die bei niedriger Temperatur sieden, eignen sich als Kühlmittel: Die Temperatur bleibt konstant, bis die Flüssigkeit vollständig verdampft ist. Mit flüssigem Stickstoff erreicht man eine Kühltemperatur von −196 °C. Benötigt man noch tiefere Temperaturen, muss man zu dem viel teureren flüssigen Helium übergehen. Man erreicht damit −269 °C. Etwa 30 % des Helium-Umsatzes entfällt auf den Gebrauch als Kühlmittel. Dieses Gas ist so teuer, dass es sich oft lohnt, das verdampfte Helium aufzufangen und wieder zu verflüssigen.

→ **Helium – gegen Tiefenrausch und Taucherkrankheit**
Arbeiten unter Wasser ist teuer und gefährlich: Jeder Atemzug eines Tauchers in 400 m Tiefe kostet etwa 2 €. Das Atemgas besteht aus einem speziellen Helium/Sauerstoff-Gemisch. Doch weshalb nimmt man nicht einfach preiswerte Pressluft?
Atmet ein Taucher normale Luft ein, so löst sich nicht nur der lebenswichtige Sauerstoff im Blut, sondern auch Stickstoff. Taucht er anschließend zu schnell wieder auf, so perlen Stickstoffbläschen aus Blut und Gewebe wie Kohlenstoffdioxid aus einer gerade geöffneten Mineralwasserflasche. Die Bläschen verstopfen die Blutgefäße und schädigen die Körperzellen. Die Folgen können tödlich sein. Helium löst sich weniger gut im Blut als Stickstoff. Die Gefahr der Bläschenbildung ist deshalb geringer.
Unter Druck kann Stickstoff außerdem eine berauschende Wirkung auf den Menschen ausüben. Schon ab 30 m Wassertiefe droht deshalb die Gefahr eines Tiefenrausches. Der Taucher wird leichtsinnig und verliert die Selbstkontrolle. Das kann dazu führen, dass er immer tiefer taucht und das Auftauchen vergisst. Ersetzt man den Stickstoffanteil im Atemgas durch Helium, tritt der Tiefenrausch nicht auf.

→ **Edelgase zur Reaktion „gezwungen"**
Durch eine elektrische Entladung in einem Gemisch von Fluor und Xenon wurde 1962 die erste Edelgas-Verbindung hergestellt. Inzwischen sind einige weitere Verbindungen des Xenons, des Kryptons und des Argons bekannt.

Exkurs: Die Lufthülle

Von der Erde aus gesehen scheint die Lufthülle grenzenlos zu sein. Vom Weltraum aus zeigt sich aber nur ein dünner, blau schimmernder Gasmantel um die Erde. Dieser scheinbare Gegensatz erklärt sich aus dem Verhältnis zwischen dem Erddurchmesser von 12 740 km und der Höhe der erdnahen Lufthülle von nur etwa 100 km. Bei einem Globus mit einem Durchmesser von 25 cm wäre die Luftschicht nur 2 mm dick!

Die Lufthülle wird als *Atmosphäre* bezeichnet. Sie besitzt zum Weltall hin keine scharfe Grenze. Sie breitet sich bis über 1000 km weit in den Weltraum aus, ihre Dichte nimmt dabei aber sehr schnell ab. Bis zu einer Höhe von 100 km enthält die Atmosphäre bereits 99,999 99 % aller Gasteilchen.

Man teilt die Lufthülle in mehrere *Schichten* ein:
Troposphäre: bis 10 km Höhe,
Stratosphäre: bis 70 km Höhe,
Ionosphäre: ab 70 km Höhe.

In der *Troposphäre* spielt sich das Wettergeschehen ab. Forschungsballons steigen bis in die *Stratosphäre* auf. In etwa 30 km Höhe befindet sich die oft genannte **Ozonschicht**, die uns vor den UV-Strahlen der Sonne schützt. Der Ozon-Anteil in dieser Schicht ist zwar nur sehr gering, die Zerstörung der Ozonschicht hätte aber schwerwiegende Folgen für das Leben auf der Erde.

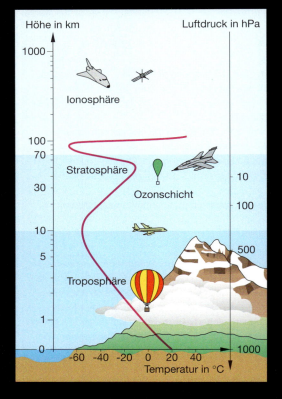

Die Atmosphäre übt einen Druck von etwa 1000 hPa (1 bar) auf die Erdoberfläche aus: Auf jeden Quadratzentimeter drückt eine Masse von 1 kg.
Mit zunehmender Höhe verringert sich der Luftdruck. Schon in 6000 m Höhe ist er nur noch halb so groß wie in Meereshöhe. Wer auf einen so hohen Berg steigen will, muss seinen Körper deshalb daran gewöhnen, mit nur der Hälfte an Sauerstoff pro Atemzug auszukommen. Diese Höhenanpassung dauert mehrere Tage. In 8000 m Höhe können sich Menschen ohne Sauerstoffversorgung nur maximal einen Tag aufhalten. Jede körperliche Leistung bereitet wegen des Sauerstoffmangels größte Mühe.

In Verkehrsflugzeugen, die in 10 km Höhe fliegen, werden die Passagiere durch eine Druckkabine vor dem verminderten Druck geschützt. Sie hält einen Luftdruck aufrecht, wie er in 2200 m Höhe herrscht. Gleichzeitig wird die Luft noch mit Sauerstoff angereichert. Wegen einer Außentemperatur von –50 °C muss zusätzlich ständig geheizt werden.

1 Welche Gasteilchen befinden sich in der Lufthülle der Erde?
2 Welcher Luftdruck herrscht in 6000 m Höhe?
3 Wie ändert sich die Temperatur der Atmosphäre mit zunehmendem Abstand von der Erdoberfläche?
4 Warum muss die Luft im Flugzeug mit Sauerstoff angereichert werden?

Kohlenstoffkreislauf und Treibhauseffekt

Exkurs

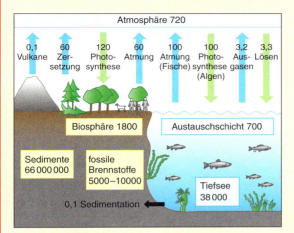

Kohlenstoffkreislauf (Werte in Milliarden Tonnen)

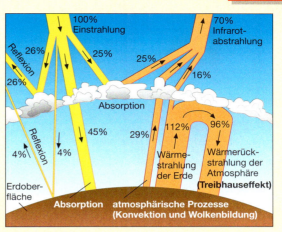

Treibhauseffekt

Das Element Kohlenstoff befindet sich auf der Erde vor allem als Kohlenstoffdioxid (CO_2) in der Luft und im Wasser der Ozeane sowie im Kalkstein ($CaCO_3$) der Erdkruste. Bedeutsam ist auch der Kohlenstoffgehalt der organischen Substanzen in der belebten Natur und der fossilen Brennstoffe.

Kohlenstoffkreislauf. Zwischen Luft, Wasser, Biosphäre und Gestein findet ein ständiger Austausch von Kohlenstoff statt. Man unterscheidet folgende Teil-Kreisläufe:
– Kohlenstoffdioxid der Luft löst sich im Wasser der Weltmeere. Aus diesen entweicht es wieder in die Luft. Dieser Austausch verläuft sehr langsam.
– Pflanzen nehmen bei der Photosynthese Kohlenstoffdioxid auf. Der darin enthaltene Kohlenstoff dient zum Aufbau von Kohlenhydraten, Fetten und Eiweißstoffen. Durch die Atmung von Pflanzen und Tieren und durch Fäulnis und Verwesung gelangt Kohlenstoffdioxid zurück in die Atmosphäre oder ins Wasser.
– In den Meeren lagert sich im Laufe von Jahrmillionen Kalkstein als Sediment ab.
– Durch vulkanische Aktivität wird Kohlenstoffdioxid wieder aus Gestein freigesetzt.

Vor Jahrmillionen bildeten sich aus Organismen fossile Ablagerungen wie Kohle, Erdöl und Erdgas. Die Verbrennung dieser fossilen Brennstoffe erzeugt freies Kohlenstoffdioxid, das den natürlichen Kohlenstoffkreislauf erheblich beeinflusst.

Treibhauseffekt. Der Anteil von Kohlenstoffdioxid in der Luft beträgt nur 0,04 %. Trotzdem spielt dieses Gas für den Wärmehaushalt der Erde eine wichtige Rolle: Sonnenlicht erwärmt die Erdoberfläche. Die von dort zurückgestrahlte Wärme wird durch Kohlenstoffdioxid und Wasserdampf der Luft zurückgehalten. Ohne diesen Effekt läge die Durchschnittstemperatur der Erdoberfläche nicht bei +15 °C, sondern bei –18 °C. Weil die eingestrahlte Wärme wie in Treibhäusern zurückgehalten wird, spricht man vom *Treibhauseffekt*.

Durch die Verbrennung von fossilen Brennstoffen gelangen zusätzlich große Mengen an Kohlenstoffdioxid und Wasserdampf in die Atmosphäre, wodurch der natürliche Treibhauseffekt verstärkt wird. Nach Modellrechnungen könnte sich die Durchschnittstemperatur der Erde dadurch innerhalb von 100 Jahren um bis zu 3 °C erhöhen. Schwerwiegende Klimaänderungen wären die Folge.

Auf internationalen *Klimakonferenzen* wurde deshalb beschlossen, den Ausstoß an Kohlenstoffdioxid weltweit zu verringern. Aber es ist nicht leicht, solche Beschlüsse auch durchzusetzen. Hinzu kommt, dass nicht allein Kohlenstoffdioxid als Treibhausgas wirkt. Auch *Methan* (CH_4) und *Distickstoffmonooxid* (N_2O) sind Treibhausgase. Beide Gase bilden sich bei intensiv betriebener Landwirtschaft. So steigt Methan aus überschwemmten Reisfeldern auf und Distickstoffoxid bildet sich durch vermehrten Einsatz von Stickstoffdüngern.

1 In welchen Stoffen findet sich das Element Kohlenstoff auf der Erde?
2 Beschreibe den Kohlenstoffkreislauf, der durch Lebewesen hervorgerufen wird.
3 a) Was versteht man unter dem Treibhauseffekt?
b) Welche Stoffe sind am Treibhauseffekt beteiligt?
4 Die möglichen Folgen eines hohen CO_2-Ausstoßes sind nicht unumstritten. Suche im Internet nach Beiträgen zu der aktuellen Diskussion und erstelle eine Übersicht über die vorgebrachten Argumente.

Luft – ein Gasgemisch

3.4 Atmen und Rosten – langsame Oxidationen

Nachweis von Kohlenstoffdioxid

Rosten von Eisenwolle

Sauerstoff ist in der Luft allgegenwärtig. Er verleiht der Atmosphäre ihre oxidierende Eigenschaft. Viele Materialien reagieren jedoch nicht spontan und heftig mit dem Sauerstoff der Luft, sondern erst nach und nach in einer langsamen Oxidationsreaktion.

Atmung. Die Luft der Atmosphäre enthält etwa 21 % Sauerstoff und 0,04 % Kohlenstoffdioxid. In der ausgeatmeten Luft findet man dagegen nur noch 16 % Sauerstoff, aber bis zu 5 % Kohlenstoffdioxid. Unser Körper tauscht also beim Atmen einen Teil des Sauerstoffs gegen Kohlenstoffdioxid aus.
In der Lunge löst sich Sauerstoff aus der eingeatmeten Luft im Blut und wird so zu den einzelnen Körperzellen transportiert. Dort reagiert er mit den Nährstoffen, die vor allem aus Kohlenstoff-Atomen und Wasserstoff-Atomen aufgebaut sind. Diese Verbindungen werden in den Zellen zu Kohlenstoffdioxid und Wasser oxidiert. Das Kohlenstoffdioxid gelangt über das Blut zur Lunge und wird ausgeatmet.
Leitet man ausgeatmete Luft in Kalkwasser ein, so trübt sich die Lösung. Diese Reaktion benutzt man als *Nachweis für Kohlenstoffdioxid:* Kalkwasser bildet mit Kohlenstoffdioxid schwer lösliches Calciumcarbonat.

Die biologische Oxidation der Nährstoffe ist eine *langsame exotherme Reaktion.* Ein großer Teil der frei werdenden Energie dient dazu, die Körpertemperatur aufrecht zu erhalten. Den kleineren Anteil verwendet der Organismus für Stoffwechsel, Wachstum und Bewegung.

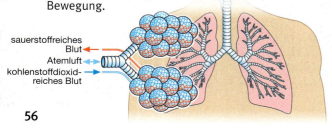

sauerstoffreiches Blut
Atemluft
kohlenstoffdioxidreiches Blut

Rosten. Fein verteiltes Eisen reagiert lebhaft mit Sauerstoff; es verbrennt zu Eisenoxid. Die Oxidation des Eisens kann aber auch sehr langsam ablaufen. Man spricht dann vom Rosten des Eisens.
Vor allem bei Anwesenheit von Wasser bildet sich auf ungeschützten Eisenteilen ein Rostüberzug. Dieser besteht aus rotem, wasserhaltigem Eisenoxid; er ist *porös* und *durchlässig* für Luft und Wasser. Daher kann ein Eisenblech durch weitere langsame Oxidation nach und nach durchrosten. Die langsame Zerstörung von metallischen Werkstoffen bezeichnet man als *Korrosion.*

Anders als Eisen bilden Metalle wie Aluminium, Zink und Chrom *zusammenhängende* Oxidschichten. Sie schützen das Metall vor weiterer Korrosion, indem sie den Zutritt von Luft und Wasser verhindern.

Um die Korrosion von Werkstücken aus Metallen zu verhindern, muss der Kontakt mit Sauerstoff und Wasser unterbunden werden. Dazu bringt man Lackschichten oder schützende Metallüberzüge auf.

> Korrosionsvorgänge bei Metallen und die Stoffwechselvorgänge bei der Atmung sind langsam ablaufende Oxidationsreaktionen.

1 Wie weist man Kohlenstoffdioxid nach?
2 Wie kann man experimentell nachweisen, dass die Stoffwechselvorgänge bei der Atmung Oxidationsreaktionen sind?
3 Erkläre das abgebildete Experiment zum Rosten von Eisen. Wie hoch kann das Wasser höchstens steigen?
4 Stelle die Reaktionsgleichung für die Oxidation des Nährstoffs Traubenzucker ($C_6H_{12}O_6$) im Körper auf.
5 Recherchiere Möglichkeiten des Rostschutzes.

3.5 Reaktionsbedingungen und Reaktionsverlauf

In welcher Weise eine chemische Reaktion abläuft, hängt nicht nur von den Ausgangsstoffen ab, sondern auch von den Reaktionsbedingungen. Die wichtigsten Faktoren lassen sich bereits am Beispiel der Reaktion von Eisen mit Sauerstoff erkennen.

Einfluss der Temperatur. Ein blank gescheuertes Eisenblech scheint in trockener Luft zunächst gar nicht zu reagieren. Im Laufe der Zeit bildet sich aber doch eine dünne, mattgraue Oxidschicht. Erhitzt man dagegen ein Eisenblech in der Brennerflamme, so entsteht innerhalb weniger Minuten eine sehr viel dickere Schicht eines spröden Eisenoxids.

So wie in diesem Fall werden alle chemischen Reaktionen durch eine Erhöhung der Temperatur beschleunigt. Wenn sich eine erwartete Reaktion bei Raumtemperatur nicht beobachten lässt, erwärmt man zunächst vorsichtig. Wenn auch dann kein Effekt zu erkennen ist, wird weiter erhitzt. Manche Reaktionen verlaufen bei hohen Temperaturen explosionsartig. Bei der Untersuchung von unbekannten Stoffen erhitzt man deshalb immer nur eine kleine Probe.

Einfluss des Zerteilungsgrades. Die Reaktion eines Metalls mit dem Sauerstoff der Luft kann nur an der Oberfläche des Metalls ablaufen. Anders als ein Eisen*blech* reagiert erhitzte Eisen*wolle* unter Aufglühen: Aufgrund der größeren Oberfläche verläuft die exotherme Oxidationsreaktion relativ rasch, sodass die Temperatur schnell stark ansteigt.

Mit extrem feinem Eisen*pulver* kann die Reaktion mit dem Sauerstoff der Luft bereits bei mäßiger Temperatur unter Funkensprühen einsetzen.

Als Staub in der Luft verteilte brennbare Stoffe sind allgemein als gefährlich anzusehen: Selbst mit sonst harmlosen Stoffen wie Mehl kann es zu verheerenden Staubexplosionen kommen.

Einfluss der Konzentration. Ähnlich wie eine große Oberfläche des Eisens fördert auch ein erhöhter Sauerstoff-Anteil in der Luft den Reaktionsablauf. Eisenwolle verbrennt deshalb in reinem Sauerstoff sehr viel lebhafter als an der Luft. Man spricht hier

Verbrennung mit flüssigem Sauerstoff

vom Einfluss der *Konzentration*. Die Konzentration eines Stoffes ist umso größer, je mehr Teilchen des Stoffes sich in einem bestimmten Volumen befinden. Besonders rasche Verbrennungsreaktionen kann man mit flüssigem Sauerstoff beobachten: Entzündet man eine Zigarre, die zuvor mit flüssigem Sauerstoff getränkt wurde, so brennt sie ähnlich ab wie eine Rakete. Mit flüssigem Sauerstoff getränkte Aktivkohle kann sogar als Sprengstoff eingesetzt werden.

> Der Ablauf einer Reaktion wird durch die Reaktionsbedingungen erheblich beeinflusst: Eine hohe Temperatur, eine große Oberfläche und eine hohe Konzentration beschleunigen den Reaktionsverlauf.

1 Nenne Beispiele, an denen sich der Einfluss verschiedener Faktoren auf den Verlauf chemischer Reaktionen erkennen lässt.

2 Eine Glimmspanprobe fällt positiv aus. Welche Reaktionsbedingung hat sich geändert?

3 Warum sind die in Feuerwerkskörpern eingesetzten Metalle meist fein pulverisiert?

4 Ein Eisenwürfel mit der Kantenlänge 1 cm wird in Würfel mit der Kantenlänge 1 mm zerlegt. Um welchen Faktor vergrößert sich dabei die Gesamtoberfläche?

5 Milch wird sauer, wenn man sie längere Zeit stehen lässt. An diesem chemischen Vorgang sind Milchsäurebakterien beteiligt. Warum ist Milch im Kühlschrank haltbarer als bei Raumtemperatur?

Demonstration einer Staubexplosion

Luft – ein Gasgemisch **57**

Praktikum — Luft und Verbrennungsvorgänge

V1: Bildung und Untersuchung von Sauerstoff

Materialien: Reagenzglashalter, Gasbrenner, Spatel, Holzspan;
Kaliumpermanganat (Xn, O, N).

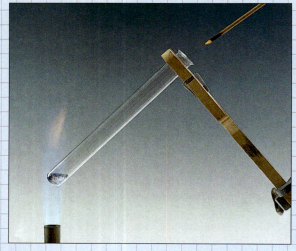

Durchführung:
1. Gib mit dem Spatel etwas Kaliumpermanganat in ein Reagenzglas.
2. Erhitze das Reagenzglas und bringe einen Holzspan zum Glimmen.
3. Halte den glimmenden Holzspan in das Reagenzglas, sobald sich eine Gasentwicklung bemerkbar macht.

Aufgaben:
a) Notiere deine Beobachtungen.
b) Warum ist die durchgeführte Glimmspanprobe ein Nachweis für den Sauerstoff?

Die Glimmspanprobe
Sauerstoff ermöglicht und unterhält die Verbrennung. Diese Eigenschaft kann man nutzen, um Sauerstoff durch die so genannte *Glimmspanprobe* nachzuweisen: Hält man einen an der Luft nur glimmenden Holzspan in Sauerstoff, so flammt er auf. Mit Gasgemischen, deren Sauerstoffgehalt wesentlich größer ist als in der Luft, beobachtet man ein Aufglühen des Spans.

V2: Darstellung von Sauerstoff im Labor

Materialien: Reagenzglas mit seitlichem Ansatz, Schlauch, Gasableitungsrohr, pneumatische Wanne, Stopfen mit Kanüle und Einwegspritze (5 ml), Pinzette, Gasbrenner, Holzspan;
Braunstein (Xn), Wasserstoffperoxid (3 %), Holzkohle, Kalkwasser.

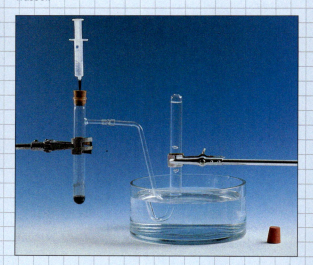

Durchführung:
1. Gib mit der Einwegspritze nach und nach Wasserstoffperoxid zu einer Spatelspitze Braunstein.
2. Fange das entstehende Gas mit zwei Reagenzgläsern auf. Verschließe die Reagenzgläser unter Wasser und führe damit nacheinander die folgenden Versuche durch.
Hinweis: Lässt die Gasentwicklung nach, muss weiteres Wasserstoffperoxid zugegeben werden.
3. Führe einen glimmenden Holzspan in das erste Reagenzglas ein.
4. Entzünde die Holzkohle und gib sie in das zweite Reagenzglas. Füge nach Beendigung der Reaktion etwa 2 ml Kalkwasser hinzu, verschließe das Reagenzglas mit dem Stopfen und schüttle vorsichtig.

Aufgaben:
a) Notiere deine Beobachtungen.
b) Warum ist die Glimmspanprobe ein Nachweis für Sauerstoff?
c) Welche Aufgabe hat der Braunstein bei der Herstellung von Sauerstoff? Zeichne ein Energiediagramm für diese Reaktion.
d) Wozu dient das Kalkwasser?
e) Gib die Reaktionsgleichungen für die beiden Reaktionen an.

58 Luft – ein Gasgemisch

V3: Massenzunahme beim Erhitzen von Kupfer

Materialien: Gasbrenner, Tondreieck, Porzellantiegel, Tiegelzange, Waage;
Kupferpulver, Eisendraht.

Durchführung:
1. Bestimme die Masse des Tiegels. Gib einen gehäuften Spatel Kupferpulver in den Tiegel und wiege erneut.
2. Erhitze den Tiegel. Rühre während des Erhitzens mit dem Eisendraht um.
3. Lass den Tiegel abkühlen und wiege erneut.

Aufgaben:
a) Notiere deine Beobachtungen.
b) Deute die Massenänderung.
c) Gib das Reaktionsschema und die Reaktionsgleichung für die Reaktion an.

V4: Nachweis von Kohlenstoffdioxid

Materialien: Standzylinder, Verbrennungslöffel, Gasbrenner, Deckglas;
Holzkohle, Kalkwasser.

Durchführung:
1. Fülle in einen Standzylinder etwa 2 cm hoch Kalkwasser. Erhitze ein kleines Stück Holzkohle auf einem Verbrennungslöffel mit der Flamme des Gasbrenners. Halte es dann in den Standzylinder.
2. Nimm den Verbrennungslöffel mit der Holzkohle wieder heraus, wenn die Kohle nicht mehr glüht.
3. Lege ein Deckglas auf den Zylinder, halte es fest und schüttle vorsichtig.

Aufgaben:
a) Notiere deine Beobachtungen.
b) Welches Gas ist bei der Verbrennung der Holzkohle entstanden?
c) Das gleiche Gas ist in der ausgeatmeten Luft enthalten. Schlage ein Experiment vor, wie man das Gas beim Ausatmen nachweisen könnte.

V5: Experimente mit einer Kerze

Materialien: Becherglas (250 ml, hoch), Glasrohr mit Spitze (5 cm), Tiegelzange, Trichter, gebogenes Glasrohr, Schlauchstücke, Kolbenprober;
Kerze oder Teelicht, Streichhölzer, Kalkwasser.

Durchführung:
1. Zünde die Kerze an und beobachte Flamme, Docht und Kerzenmaterial.
2. Bringe das Glasrohr mit der Tiegelzange mitten in die Flamme und halte es mit der Spitze schräg nach oben. Überprüfe mit der Streichholzflamme, ob aus dem spitzen Ende des Glasrohres ein brennbares Gas entweicht.
3. Stülpe das Becherglas über die brennende Kerze. Versuche die Flamme durch Luftzufuhr vor dem Erlöschen zu retten.
4. Blase die Kerzenflamme aus. Entzünde den entstehenden Qualm mit einer darüber gehaltenen Streichholzflamme (Fernzündung).

Untersuchung der Verbrennungsgase:

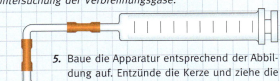

5. Baue die Apparatur entsprechend der Abbildung auf. Entzünde die Kerze und ziehe die Verbrennungsgase in den Kolbenprober.
6. Drücke das aufgefangene Gas anschließend in ein Reagenzglas mit Kalkwasser.

Aufgaben:
a) Beschreibe das Aussehen der Kerzenflamme. Wo ist sie hell, wo dunkel?
b) Zeichne eine Kerze mit Flamme. Trage die beteiligten Stoffe und ihre Strömungen in verschiedenen Farben ein: festes, flüssiges und gasförmiges Kerzenwachs, frische Luft, Verbrennungsprodukte.
c) Erkläre deine Beobachtungen bei den Arbeitsschritten 3 und 4.
d) Notiere deine Beobachtungen bei der Untersuchung der Verbrennungsgase und erkläre sie.
e) Kerzenwachs besteht aus Paraffin. Was passiert mit dem Paraffin, wenn die Kerze brennt?
f) Paraffin ist ein Gemisch aus mehreren Stoffen, die man zu den *Kohlenwasserstoffen* zählt. Welche Information enthält diese Bezeichnung?
g) Warum können Paraffine in Gegenwart von Sauerstoff verbrennen?

Luft – ein Gasgemisch **59**

3.6 Brände und Brandbekämpfung

Ein Brand bricht aus, wenn drei Bedingungen erfüllt sind: Ein ausreichend zerteilter *brennbarer Stoff* wird in Gegenwart von *Sauerstoff* auf seine *Zündtemperatur* erhitzt. Da Sauerstoff praktisch allgegenwärtig ist, kann schon eine unkontrollierte Zündquelle oder eine zu große Wärmeentwicklung durch Sonneneinstrahlung einen Stoff entzünden und so einen Brand entfachen.

Bei der **Brandbekämpfung** muss man daher eine oder mehrere der folgenden Maßnahmen ergreifen:
- Brennbare Stoffe entfernen, um dem Feuer die Nahrung zu entziehen.
- Den Zutritt von Sauerstoff durch Sand, eine Löschdecke oder mit einem Feuerlöscher unterbinden.
- Kühlen der brennenden und brennbaren Stoffe, bis die Zündtemperatur unterschritten ist.

Besondere Schwierigkeiten bereiten Brände von *Öl, Benzin* oder *Fett*. Versucht man, solche Brände mit Wasser zu löschen, sinkt das Löschwasser aufgrund seiner größeren Dichte unter die brennende Flüssigkeit und verdampft dabei sofort. Dadurch spritzt die brennende Flüssigkeit umher. Bei Fettbränden in der Pfanne hilft hier einfaches Abdecken.

Kleinere Brände löscht man mit **Handfeuerlöschern**, vorausgesetzt, man ist mit ihrer Handhabung vertraut. Man verwendet *Nasslöscher, Kohlenstoffdioxidschnee-Löscher, Trockenlöscher* oder *Schaumlöscher*. Dabei muss man prüfen, ob der Löscher für den jeweiligen Brand geeignet ist. Kennbuchstaben weisen auf die verschiedenen Brandklassen hin: A steht für brennbare feste Stoffe, B für brennbare Flüssigkeiten, C für brennbare Gase und D für brennbare Metalle. Bekommt man einen Brand nicht selbst unter Kontrolle, muss die **Feuerwehr** gerufen werden.

> Brände entstehen, wenn ein brennbarer Stoff auf die Zündtemperatur erwärmt wird und Sauerstoff vorhanden ist. Um einen Brand zu löschen, können neben geeigneten Handfeuerlöschern Löschdecken oder Sand eingesetzt werden.

1 Welche Bedingungen führen zur Entstehung eines Brandes? Wie kann ein Brand gelöscht werden?
2 Beschreibe für jeden Handfeuerlöschertyp, nach welchem Prinzip der Brand gelöscht wird.
3 Warum dürfen Feuerlöscher nicht auf Menschen gerichtet werden? Wie kann brennenden Menschen geholfen werden?
4 Welche Brandbekämpfungsmittel befinden sich in eurem Chemieraum und wie funktionieren sie?

Feuerlöscher im Vergleich

Ein **Nasslöscher** enthält Wasser als Löschmittel. Nach Abziehen des Sicherungsstiftes und Druck auf den Hebel öffnet sich im Innern des Löschers eine Patrone mit komprimiertem Kohlenstoffdioxid-Gas. Durch den Druck des frei werdenden Gases wird das Löschwasser durch eine Düse gespritzt. Nasslöscher eignen sich zum Löschen einfacher Brände. Vorsicht jedoch bei brennenden elektrischen Anlagen! Es besteht die Gefahr, dass man einen elektrischen Schlag erhält.

In dem Druckbehälter eines **Kohlenstoffdioxidschnee-Löschers** (auch Kohlensäureschneelöscher genannt) befindet sich flüssiges Kohlenstoffdioxid. Nach dem Öffnen der Schneebrause entweicht es, kühlt sich dabei schlagartig sehr stark ab und erstarrt. So entsteht Kohlenstoffdioxidschnee mit einer Temperatur von unter −78 °C, der die brennenden Gegenstände stark abkühlt. Außerdem bildet sich Kohlenstoffdioxid-Gas, das die Sauerstoffzufuhr unterbindet.

Trockenlöscher enthalten Natriumhydrogencarbonat (Natron) als Löschpulver. In der Hitze gibt diese Verbindung Kohlenstoffdioxid ab, das sich über den Brandherd legt und das Feuer erstickt. Da keine Flüssigkeit vorhanden ist, eignen sich diese Löscher besonders dann, wenn elektrische Anlagen oder Autos brennen.

Schaumlöscher setzt man bei Kraftstoff-, Öl- und Fettbränden ein. Durch eine chemische Reaktion zwischen Aluminiumhydrogensulfat und Natriumhydrogencarbonat (Natron) entstehen bei diesem Löscher-Typ Kohlenstoffdioxid-Bläschen, die das Löschmittel aufschäumen. Der zähe Schaum überzieht den Brandherd, kühlt ihn ab und hält den Sauerstoff fern. Bei einer Notlandung von Flugzeugen wird oft ein solcher Schaumteppich gelegt, um einem Brand vorzubeugen.

Brandbekämpfung

Praktikum

V1: Möglichkeiten der Brandbekämpfung

Materialien: Tondreieck, Metalltiegel mit Deckel, Dreifuß, Gasbrenner, Becherglas (weit), Tiegelzange; Paraffin, Sand.

Durchführung:
1. Gib eine erbsengroße Menge Paraffin in den Metalltiegel und erhitze ihn ohne Deckel, bis das Paraffin zu brennen beginnt. Stelle den Brenner dann beiseite.
2. Nimm den Deckel mit der Tiegelzange und verschließe den Tiegel vorsichtig. Hebe den Deckel nach wenigen Sekunden wieder ab. Wiederhole diesen Vorgang mehrfach.
3. Fülle das Becherglas mit wenig kaltem Wasser. Bringe das Paraffin im offenen Tiegel erneut zum Brennen und stelle den Tiegel vorsichtig in das Becherglas, ohne dass Wasser in den Tiegel gelangen kann.
4. Erhitze das Paraffin, bis es sich erneut entzündet. Stelle den Brenner beiseite und gib vorsichtig etwas Sand in den Tiegel.

Aufgaben:
a) Notiere deine Beobachtungen.
b) Welche verschiedenen Löschmöglichkeiten werden in den Versuchen genutzt?

V3: Wie funktioniert ein Trockenlöscher?

Materialien: durchbohrter Stopfen, Gasableitungsrohr, Becherglas, feuerfeste Unterlage, Gasbrenner, Holzspan; Natriumhydrogencarbonat, Teelicht.

Durchführung:
1. Baue die Apparatur zusammen und erhitze etwas Natriumhydrogencarbonat im Reagenzglas.
2. Leite das entstehende Gas auf die brennende Kerze.
3. Lege den brennenden Holzspan auf die feuerfeste Unterlage. Streue fein pulverisiertes Natriumhydrogencarbonat darüber.

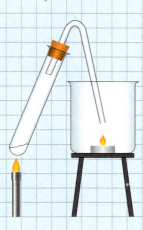

Aufgaben:
a) Notiere deine Beobachtungen.
b) Worauf beruht die Wirkung des Löschpulvers?
c) Für welche Art von Bränden ist dieser Löscher einsetzbar?

V2: Wie funktioniert ein Schaumlöscher?

Materialien: Becherglas (200 ml), feuerfeste Unterlage, Porzellanschale, Tropfpipette;
Holzspan, Heptan (F, Xn, N; B3), Natriumhydrogencarbonat (Natron), Natriumhydrogensulfat, Spülmittel.

Durchführung:
1. Entzünde den Holzspan auf der feuerfesten Unterlage. Stelle das Becherglas neben den Span und gib schnell je einen Teelöffel Natriumhydrogencarbonat, Natriumhydrogensulfat und Spülmittel hinein.
2. Entzünde fünf Tropfen Heptan in der Porzellanschale. Wiederhole den Löschversuch.

Aufgaben:
a) Notiere deine Beobachtungen.
b) Worauf beruht die Wirkung des Schaumlöschers? Warum ist er auch für Benzinbrände geeignet?

A1: In einer Möbelfabrik ist im Farblager ein Brand ausgebrochen. Einige Farbbehälter sind explodiert und brennen lichterloh.
Der Brand droht auf das benachbarte Holzlager und ein Holzdach überzugreifen.
a) Welche Maßnahmen ergreift die Feuerwehr?
b) Warum muss die Feuerwehr genau wissen, was im Gebäude gelagert wird?
c) Nach dem Abzug der Feuerwehr bleibt eine Feuerwache zurück. Welche Aufgabe hat sie?

Luft – ein Gasgemisch **61**

Exkurs

Was macht die Berliner Luft?

*Das ist die Berliner Luft Luft Luft,
so mit ihrem holden Duft Duft Duft,
wo nur selten was verpufft pufft pufft,
in dem Duft Duft Duft
dieser Luft Luft Luft. Ja ja ja: ...*

So sang man schon 1904 bei der Uraufführung von Paul LINCKEs Operette „Berliner Luft" und durch dieses Lied wurde die Berliner Luft weltberühmt. Gemeint ist hier sicher die Lebensart und das Flair der Hauptstadt. Doch wie gut ist nun die Luft in Berlin wirklich?

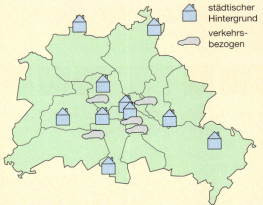

Die Luftqualität wird an 16 Stationen des **B**erliner **Lu**ftgüte-**Me**ssnetzes (**BLUME**) durch zumeist kontinuierliche Messungen überwacht. Es geht dabei um den Gehalt an Schwefeldioxid, Stickstoffdioxid, Kohlenstoffmonooxid, Benzol und Ozon, sowie Feinstaub und Ruß. Einige Stationen liegen an besonders verkehrsreichen Straßen und Plätzen, die übrigen verteilen sich auf Gewerbegebiete, Wohnviertel und den Stadtrand. Die automatische Übertragung der Daten an die Messnetzzentrale ermöglicht eine stündlich aktualisierte Darstellung und Auswertung.
Die Bewertung der Luftqualität orientiert sich an *Grenzwerten* der Verordnungen zum Bundesimmissionsschutzgesetz und den Richtlinien der Europäischen Union. Somit ist gewährleistet, dass auf Überschreitung von Grenzwerten schnell reagiert werden kann, beispielsweise durch Verkehrsbeschränkungen.

Messen alleine reicht aber nicht aus, um die Berliner Luft sauberer zu machen. Letztlich kommt es darauf an, die *Emissionen* zu vermindern, also den Schadstoffausstoß durch Verkehr, Industrieanlagen, Kraftwerke und private Haushalte. Dazu werden Daten über die Menge der in Berlin emittierten Schadstoffe gesammelt. Zusammen mit den Messdaten der Schadstoffe in der Luft, den *Immissionen*, erhält man so wichtige Hinweise auf die Ursachen der Luftbelastung.

1 Ermittle den nächstgelegenen Standort einer Luftgüte-Messstation.
2 Recherchiere die aktuellen Daten des Berliner Luftgüte-Messnetzes. Vergleiche die Werte mit denen vom vergangenen Jahr. Wie hat sich die Luftqualität verändert?

Exkurs

Tauchen mit Luft aus Flaschen

Unter Wasser atmen und sich fortbewegen wie ein Fisch, das ist – seit es Tauchanzüge, Flossen und Atemflaschen gibt – schon lange kein Traum mehr. Dabei können Taucher zwischen Pressluft und speziellen Gasmischungen wählen.

Pressluftflaschen enthalten normale Atemluft unter hohem Druck, also ein Gemisch aus einem Fünftel Sauerstoff und vier Fünfteln Stickstoff.
Beim Tauchen mit Pressluft kann es in Tiefen ab 60 m zu einem *Tiefenrausch* kommen. Die Symptome sind ähnlich wie bei einem Alkoholrausch: gestörtes Urteilsvermögen, eingeschränkte Koordinationsfähigkeit, Euphorie, Gelegentlich aber auch Angst und Unwohlsein. Verursacht wird der Tiefenrausch durch die erhöhte Aufnahme von Stickstoff im Blut. Unmittelbar damit verbunden ist eine weitere Gefahr: Beim Auftauchen können sich aus dem gelösten Stickstoff Gasbläschen im Blut bilden. Sie bleiben in den feinen Blutgefäßen stecken und blockieren so die Sauerstoffversorgung durch das Blut.

Die Risiken lassen sich vermindern, wenn man Stickstoff/Sauerstoff-Gemische mit erhöhtem Sauerstoff-Gehalt einsetzt. Diese als *Nitrox* bezeichneten Atemgase enthalten – je nach Tauchtiefe – Sauerstoff mit einem Anteil zwischen 32 % und 60 %.

Kohlenstoffdioxid als Treibgas

Praktikum

V1: Bau einer Rakete

Materialien: leere Filmdose mit dicht schließendem Deckel, Zeichenkarton oder Pappe, Schere, Leim, Tropfpipette; Brausetablette.

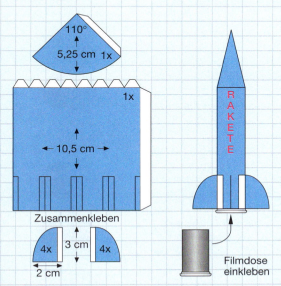

Durchführung:
1. Übertrage die Maße für die Teile der Rakete auf Zeichenkarton oder Pappe. Schneide die Teile in der entsprechenden Anzahl aus und klebe sie zusammen.
2. Anschließend wird – mit der Öffnung nach unten – die Filmdose eingeklebt. Der Deckelrand sollte noch etwas herausschauen.
3. Fülle Wasser etwa 1 cm hoch in die Filmdose und gib eine Brausetablette hinzu.
4. Verschließe die Filmdose und stelle die Rakete zum Start auf und zähle den Countdown:
... „5", „4", „3", „2", „1", „Zero".

Aufgaben:
a) Notiere deine Beobachtungen.
b) Vergleiche das Antriebssystem der Modellrakete mit dem einer echten Rakete.

V2: Ein Luftballon, der sich von selbst füllt

Materialien: leere Flasche, Luftballon, Messzylinder, Trichter, Waage;
Natriumhydrogencarbonat, Speiseessig.

Durchführung:
1. Blase den Luftballon zunächst mehrmals auf.
2. Fülle 20 g Natriumhydrogencarbonat mit einem Trichter in die leere Flasche.
3. Gib 50 ml Speiseessig in die Flasche und befestige schnell den Luftballon.

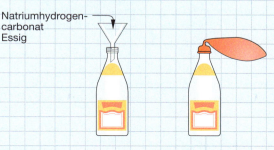

Aufgaben:
a) Notiere deine Beobachtungen.
b) Welches Gas bläst den Luftballon auf?
c) Welche Rolle spielen Treibgase in Haushalt und Technik?

V3: Der Zimmervulkan

Materialien: Pappe oder Karton, Schere, Draht, schmaler Messzylinder (100 ml);
Natriumhydrogencarbonat, Spülmittel, Speiseessig.

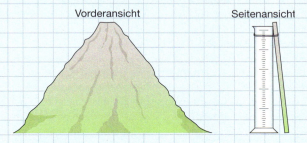

Durchführung:
1. Schneide aus Pappe oder Karton den Umriss eines Vulkankegels aus und bemale ihn. Befestige das Bild mit Draht an einem schmalen Messzylinder.
2. Vermische etwas Geschirrspülmittel mit 50 g Natriumhydrogencarbonat in einem Becherglas.
3. Fülle das Gemisch in den Messzylinder.
4. Anschließend werden noch 40 ml Speiseessig in den Messzylinder gegeben.

Aufgaben:
a) Notiere deine Beobachtungen.
b) Vergleiche einen echten Vulkanausbruch mit den Vorgängen in deinem Modell.

Luft – ein Gasgemisch   63

Chemie-Recherche

Location: http://www.schroedel.de/chemie_heute.html

Suche:

Spurengase in der Luft (1)

Ergebnisse:

→ **Steckbrief: Kohlenstoffdioxid (CO_2)**
Vorkommen: zu 0,04 % in der Atmosphäre, entsteht bei der Verbrennung kohlenstoffhaltiger Brennstoffe sowie bei der Atmung und der Gärung
Eigenschaften: farbloses, geruchloses Gas, schwerer als Luft; nicht brennbar, löscht Feuer, gut wasserlöslich, wirkt erstickend; festes Kohlenstoffdioxid (Kohlensäureschnee, Trockeneis) sublimiert bei –78 °C
Verwendung: in Getränken (Sekt, Mineralwasser), zur Brandbekämpfung, Trockeneis zum Kühlen

→ **Steckbrief: Kohlenstoffmonooxid (CO)**
Vorkommen: entsteht bei unvollständiger Verbrennung kohlenstoffhaltiger Brennstoffe, so z.B. in Heizungsanlagen und Verbrennungsmotoren
Eigenschaften: farbloses, geruchloses Gas, verbrennt mit blauer Flamme zu Kohlenstoffdioxid, wenig wasserlöslich, tödliches Atemgift
Verwendung: Rohstoff in der chemischen Industrie (Methanol-Synthese)

→ **Steckbrief: Stickstoffoxide (NO_x)**
Stickstoffmonooxid (NO): farbloses, giftiges Gas; entsteht bei der Oxidation von Stickstoff (z.B. in Blitzen, in Kraftfahrzeug-Motoren, in der Glut von Zigaretten); reagiert mit Sauerstoff zu Stickstoffdioxid
Stickstoffdioxid (NO_2): braunrotes, giftiges Gas; mit Wasser bildet sich eine saure Lösung
Verwendung: Herstellung von Salpetersäure (vor allem für die Produktion von Düngemitteln)
Stickstoffoxide sind aufgrund ihrer Giftigkeit für die Umwelt problematisch.

→ **Steckbrief: Schwefeldioxid (SO_2)**
Vorkommen: entsteht bei der Verbrennung von Schwefel und von schwefelhaltigen Brennstoffen
Eigenschaften: farbloses, stechend riechendes, giftiges und umweltschädliches Gas; gut löslich in Wasser, bildet dabei Schweflige Säure
Verwendung: Herstellung von Schwefelsäure; Bleichmittel für Papier und Stroh

→ **Steckbrief: Ozon (O_3)**
Ähnlich wie von Kohlenstoff gibt es von Sauerstoff verschiedene Erscheinungsformen: In etwa 30 km Höhe wird durch die Sonneneinstrahlung aus normalem Luftsauerstoff Ozon gebildet.
Eigenschaften: tiefblaues Gas mit charakteristischem Geruch; noch reaktionsfähiger als Sauerstoff; zerfällt auch bei tiefen Temperaturen explosionsartig; Atemgift
Verwendung: Entkeimung von Wasser in Schwimmbädern

Ozon in der Stratosphäre (Ozonschicht):
In der Stratosphäre absorbiert Ozon die für Lebewesen schädlichen UV-Strahlen der Sonne und schützt die Organismen dadurch vor Strahlenschäden. In einem Kreisprozess werden durch UV-Licht Sauerstoff-Moleküle (O_2) in Sauerstoff-Atome gespalten. Diese reagieren mit weiteren Sauerstoff-Molekülen zu Ozon-Molekülen (O_3). Unter Absorption von UV-Licht zerfallen Ozon-Moleküle wieder in Sauerstoff-Moleküle und Sauerstoff-Atome.

Ozon in Bodennähe (Sommersmog):
In Bodennähe bildet sich Ozon bei Einwirkung von intensiver Sonneneinstrahlung auf NO_x-haltige Luft: Das aus Kraftfahrzeug-Abgasen stammende Stickstoffmonooxid (NO) reagiert sehr schnell mit dem Luftsauerstoff (O_2) zu Stickstoffdioxid (NO_2). Dieses wandelt den Sauerstoff in Ozon (O_3) um, wenn UV-Licht der Sonne eingestrahlt wird. Es wird dabei selbst wieder zu Stickstoffmonooxid.

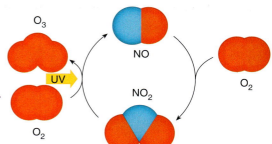

Spurengase in der Luft (2)

Rauchgasreinigung

In einem Kohlekraftwerk mit einer elektrischen Leistung von 400 Megawatt werden stündlich über 100 Tonnen Kohle verbrannt. Neben Kohlenstoff enthält Kohle etwa 0,7 % Schwefel und eine Reihe fester Bestandteile, die nicht brennbar sind. In einer Stunde entsteht durch die Verbrennung die unvorstellbare Menge von 1 400 000 m^3 Abgas. Dieses *Rauchgas* enthält Staub und gasförmige Schadstoffe. Das Rauchgas wird zuerst entstaubt. Mit einem *Elektrofilter* werden über 99 % des Staubes entfernt. Das entspricht etwa zehn Lkw-Ladungen täglich. Eine *Entschwefe-*

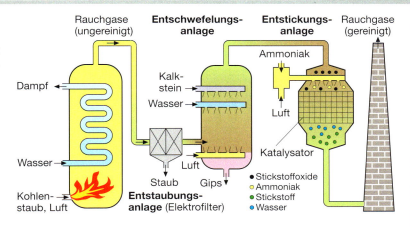

lungsanlage wandelt das Schwefeldioxid unter Zusatz von Kalkstein in Gips um. Dabei entstehen täglich etwa 13 Lkw-Ladungen Gips. Das Rauchgas wird so zu 85 % von Schwefeldioxid befreit.
Bei Verbrennungstemperaturen von 1200 °C verbindet sich ein Teil des reaktionsträgen Stickstoffs der Luft mit Sauerstoff zu Stickstoffmonooxid. In *Entstickungsanlagen* wandelt sich Stickstoffmonooxid durch Zusatz von Ammoniak-Gas zu mehr als 80 % in harmlosen Stickstoff und Wasser um.
Das gereinigte Rauchgas enthält zwar immer noch bis zu 50 mg Staub, 400 mg Schwefeldioxid und 200 mg Stickstoffoxid je Kubikmeter, insgesamt wird die Umweltbelastung durch die Rauchgasreinigung jedoch deutlich reduziert.

Schädigung von Bäumen durch Schadstoffe

Schadstoffe im Pkw-Abgas (ohne Katalysator)

Aufgaben

1. Vergleiche die Eigenschaften der Oxide des Kohlenstoffs.
2. Vergleiche die Eigenschaften von Sauerstoff und Ozon.
3. Warum und wie wird Rauchgas im Kohlekraftwerk gereinigt?
4. Erkläre den Begriff Smog. Nimm ein Lexikon zu Hilfe.
5. In langen Tunneln und Tiefgaragen gibt es Gaswarngeräte. Wovor warnen sie? Begründe.
6. Aus Luftschadstoffen und Feuchtigkeit entsteht saurer Regen. Welche Wirkungen hat der saure Regen auf den Wald?
7. Warum werden in Autos Katalysatoren eingebaut?
8. Der Schornsteinfeger kontrolliert regelmäßig die Abgaswerte von Heizungen. Welchen Sinn hat das?
9. Erkundige dich nach den Aufgaben des TÜV.

Projekt: Wir untersuchen die Luft

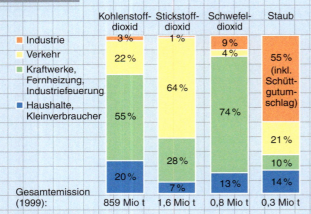

Quellen der Luftverschmutzung

Arbeitsaufträge:
Besprecht in der Projektgruppe, welche Qualität die Luft in eurer Stadt hat und welche Ursachen dafür verantwortlich sind.
Setzt euch mit der Behörde für Umweltschutz in Verbindung und erfragt, ob eure Vorstellungen von den Ursachen der Luftqualität mit denen der Behörde übereinstimmen.
Führt eine Befragung von Bürgern eurer Stadt zum gleichen Thema durch.
Stellt in einer Übersicht die Ergebnisse aus den drei Befragungen zusammen und vergleicht sie. Welche Schlussfolgerungen zieht ihr aus den Ergebnissen?

V1: Untersuchung der Staubbelastung

Materialien: Bechergläser, Klebefilm, Lupe oder Mikroskop.

Durchführung:
1. Spanne über ein Becherglas einen Klebefilmstreifen, sodass die Klebeseite nach oben zeigt.
2. Stelle mehrere so vorbereitete Gläser an ausgewählten Stellen 24 Stunden lang im Freien auf.

Aufgaben:
a) Untersuche die auf dem Klebstreifen haftenden Staubkörner auf Menge, Größe und Form.
b) Trage die Ergebnisse in einen Stadtplan ein.
c) Woher könnte der Staub stammen?
d) Lassen sich tageszeitliche Schwankungen in der Staubablagerung erkennen?
e) Informiere dich über gesundheitsschädigende Wirkungen von Staub.

V2: Bestimmung giftiger Gase

Materialien: Gasspürgerät, Prüfröhrchen für Kohlenstoffmonooxid, Stickstoffdioxid und Schwefeldioxid.

Durchführung: Untersuche die Luft mit dem Gasspürgerät an ausgewählten Standorten in der Stadt. Beachte dabei die Gebrauchsanweisung des Herstellers.
Hinweis: Die Konzentrationsangabe erfolgt in der Einheit ppm (engl. *parts per million*). 1 ppm entspricht einem Teilchen pro einer Million Luft-Teilchen.

Aufgaben:
a) Trage die Ergebnisse in einen Stadtplan ein.
b) Welche Emissionsquellen sind für die verschiedenen Gase verantwortlich?
c) Zu welchen Tageszeiten sind die Schadstoffwerte besonders hoch?

Arbeitsauftrag:
Es gibt sehr viele Verordnungen zum Bundes-Immissionsschutzgesetz.
Setzt euch mit dem Bezirksschornsteinfegermeister in Verbindung und lasst euch erklären, was man bei der Überprüfung von Heizungsanlagen beachten muss. Welche Verordnungen müssen berücksichtigt werden? Besorgt euch die Verordnungen in einer Bibliothek und sucht euch die Vorschriften heraus. Stellt eure Ergebnisse in einer Übersicht dar.

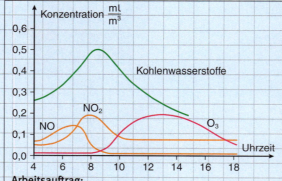

Arbeitsauftrag:
Beschreibe die Schadstoffbildung im Laufe eines Tages. Begründe das späte Auftreten des Ozons, für dessen Entstehung das UV-Licht nötig ist.

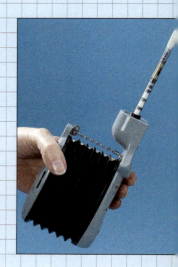

66 Luft – ein Gasgemisch

V3: Modellversuch zur Smog-Bildung

Materialien: Becherglas (2000 ml), Standzylinder (etwa 60 cm hoch), 3 Thermometer, Heizplatte, Eis/Kochsalz-Mischung, Räucherstäbchen.

Durchführung:
1. Befestige drei Thermometer in unterschiedlicher Höhe in dem Standzylinder.
2. Stelle den Standzylinder in ein Gemisch aus Eis und Kochsalz, sodass das untere Drittel gekühlt wird.
3. Zünde ein Stück eines Räucherstäbchens an und lege es auf den Boden des Standzylinders.
4. Wiederhole den Versuch mit dem Standzylinder auf einer Heizplatte.

Aufgabe: Trage die Temperaturen in Abhängigkeit von der Höhe in ein Diagramm ein. Beschreibe und erkläre die Verteilung des Rauchs im Standzylinder.

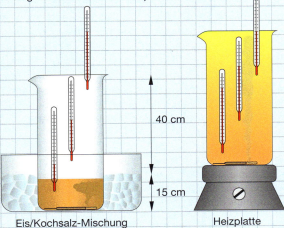

Emission: Abgabe von Stoffen aus Anlagen oder natürlichen Quellen in die Atmosphäre

Immission: Belastung der Luft durch Schadstoffe

MIK-Wert: **M**aximale **I**mmissions**k**onzentration

MAK-Wert: **M**aximale **A**rbeitsplatz**k**onzentration

Inversion: Wetterlage, bei der eine kalte Luftschicht am Boden durch eine warme Luftschicht überlagert wird. Die Grenze der Luftschichten wirkt als Sperrschicht, unter der sich die Abgase anreichern.

Smog: Mischung aus Abgasen (engl. *smoke*: Rauch) und Nebel (engl. *fog*: Nebel); verursacht Erkrankungen der Atemwege.

V4: Langzeitwirkung von Autoabgasen auf Pflanzen

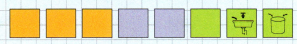

Materialien: Aquarium, Glasplatte, 3 Petrischalen, Watte; Kressesamen, Plastikbeutel, Natriumhydrogensulfit-Lösung.

Durchführung:
1. Ziehe Kressekeimlinge in zwei Petrischalen auf feuchter Watte heran.

Wirkung von Autoabgasen:
1. Fülle einen Plastikbeutel mit Autoabgasen.
2. Lege den Plastikbeutel und eine Petrischale mit Keimlingen in das Aquarium. Öffne den Beutel und decke das Aquarium mit der Glasplatte ab.

Aufgabe: Protokolliere während einer Woche täglich deine Beobachtungen.

Wirkung von Schwefeldioxid:
1. Stelle eine Petrischale mit Keimlingen neben eine offene Petrischale mit Natriumhydrogensulfit-Lösung in das Aquarium und decke es mit der Glasplatte ab.

Aufgabe: Protokolliere während einer Woche täglich deine Beobachtungen.

Schadstoff	Staub	CO	NO$_X$ (als NO$_2$)	SO$_2$
allgemeine Regelung	50	–	600	450
feste Brennstoffe	50	250	550	450
flüssige Brennstoffe	50	175	450	400
gasförmige Brennstoffe	5	100	380	35

Grenzwerte für Emissionen aus Feuerungsanlagen mit einer Leistung von mehr als 50 MW (in $\frac{mg}{m^3}$)

Arbeitsaufträge:
1. Erkundigt euch bei einem Lungenfacharzt über Erkrankungen der Atemwege, die auf Luftverunreinigungen zurückzuführen sind.
2. Organisiert einen Besuch bei einem Förster. Welche Waldschäden beruhen auf Luftverunreinigungen?
3. Erkundet ein Kraftwerk und informiert euch über die Einrichtungen und Maßnahmen zur Luftreinhaltung.

Luft – ein Gasgemisch

Prüfe dein Wissen

Quiz

A1 a) Erkläre die Begriffe des Fensters.
b) Notiere auf der Vorderseite von Karteikarten den Begriff, auf der Rückseite die Erklärung.

A2 Gib die Symbole für die folgenden Elemente an: Sauerstoff, Stickstoff, Argon, Schwefel, Phosphor.

A3 Weshalb kann Luftsauerstoff nicht durch die Glimmspanprobe nachgewiesen werden?

A4 Vergleiche die Eigenschaften von Stickstoff und Sauerstoff.
a) Gib Gemeinsamkeiten beider Elemente an.
b) Nenne unterschiedliche Eigenschaften.

A5 a) Nenne Reaktionsbedingungen, die den Ablauf einer Oxidation beeinflussen können.
b) Unter welchen Voraussetzungen kann eine Oxidation schnell ablaufen?
c) Was versteht man unter einer langsam ablaufenden Oxidation? Nenne Beispiele.

A6 a) Welche Maßnahmen müssen ergriffen werden, wenn ein Brand gelöscht werden soll?
b) Nenne verschiedene Typen von Feuerlöschern.
c) Was bedeuten bei Feuerlöschern die Kennbuchstaben A, B, C und D?

A7 a) Wie gewinnt man die Edelgase Argon, Krypton, Neon und Xenon?
b) Nenne Anwendungsmöglichkeiten für Neon, Argon und Helium.

Know-how

A8 Axel versucht mit einem Zündholz Holzkohle zu entzünden. Warum kann ihm das nicht gelingen? Wie sollte er vorgehen, um die Holzkohle zu entzünden?

A9 Beim Experimentieren an deinem Arbeitsplatz kommt es zu einem Brand. Was würdest du zuerst tun? Beschreibe auch den weiteren Ablauf.

A10 Du bekommst ein Becherglas mit Kalkwasser und ein Glasrohr. Nun bläst du ausgeatmete Luft durch das Glasrohr in das Kalkwasser.
a) Was stellst du fest?
b) Welches Gas in deiner ausgeatmeten Luft hast du nachgewiesen?

Die wichtigsten Begriffe

- Zusammensetzung der Luft
- Sauerstoff
- Stickstoff
- Oxidation
- Oxide
- Luftschadstoffe
- Rauchgasreinigung
- Brandentstehung
- Brandbekämpfung

Natur – Mensch – Technik

A11 Eine Glühlampe wird an einer Stelle mit einem Brenner stark erhitzt, bis an der Stelle ein Loch entsteht. Eine zweite Glühlampe bleibt unverändert. Danach werden beide Lampen eingeschaltet. Welche Beobachtung ist zu erwarten?

A12 Früher wurde Blitzlicht durch Verbrennung von Magnesium erzeugt.
a) Warum eignet sich Magnesium dafür besonders gut? Gib die Reaktionsgleichung für die Reaktion an.
b) Warum steht auf der Verpackung vieler Metallpulver der Hinweis „Leicht entzündlich"?

A13 Bei normaler Wetterlage nimmt die Temperatur der Luft bis in 400 m Höhe gleichmäßig ab. Bei Inversionswetterlage besteht die dargestellte Temperaturverteilung.

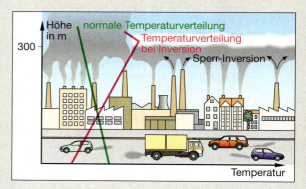

a) Warum ist der Luftaustausch in Bodennähe behindert?
b) Durch welche Maßnahmen können die schädlichen Auswirkungen einer solchen Wetterlage minimiert werden?

A14 Erläutere die folgenden Brandschutzmaßnahmen:
a) Brennbare Materialien dürfen nicht in der Nähe eines Ofens gelagert werden.
b) Eingeschaltete Bügeleisen müssen auf eine nicht brennbare Unterlage oder hochkant abgestellt werden.
c) An Tankstellen und in Farblagern ist das Rauchen und die Benutzung von offenem Feuer verboten.

Luft – ein Gasgemisch

Basiswissen

1. Zusammensetzung der Luft

Luft ist ein Gemisch verschiedener Gase:

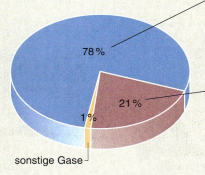

78 % Stickstoff (N₂):
Eigenschaften:
– farbloses und geruchloses Gas
– wenig wasserlöslich
– reaktionsträge
– erstickt Flammen

21 % Sauerstoff (O₂):
Eigenschaften:
– farbloses und geruchloses Gas
– wasserlöslich
– unterstützt die Verbrennung
– reagiert mit fast allen Elementen zu Oxiden

2. Nachweisreaktionen

Sauerstoff (O₂):
Ein glimmender Holzspan flammt in Sauerstoff auf (Glimmspanprobe).

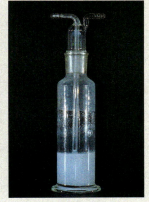

Kohlenstoffdioxid (CO₂):
Kohlenstoffdioxid bildet mit mit Kalkwasser eine weiße Trübung.

3. Verlauf von Oxidationsreaktionen

Verbrennungen an der Luft sind schnell ablaufende Oxidationen. Dagegen sind Stoffwechselvorgänge bei der Atmung und Korrosionsvorgänge langsam ablaufende Oxidationen. Der Ablauf einer Oxidation wird von den Reaktionsbedingungen erheblich beeinflusst. Hohe Temperatur, große Oberfläche und hohe Konzentration begünstigen den Reaktionsablauf.

4. Voraussetzungen für einen Brand

Ein Brand kann entstehen, wenn ein **brennbarer Stoff** vorhanden ist, genügend **Luft** (Sauerstoff) zur Verfügung steht und die **Zündtemperatur** erreicht wird.

5. Brandschutz

Ein Feuer lässt sich löschen, wenn man die Luftzufuhr unterbindet und die Brennstoffe aus dem Bereich des Feuers entfernt oder sie unter die Zündtemperatur abkühlt.
Bei kleineren Bränden verwendet man Sand, Wasser, eine Feuerlöschdecke oder verschiedene Handfeuerlöscher.

6. Bei der Verbrennung entstehen Gase

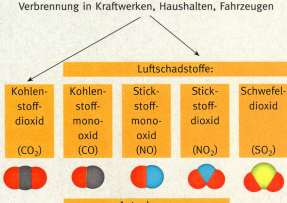

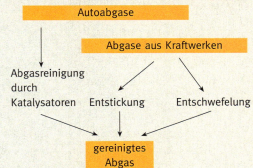

4 Schätze der Erde – Metalle

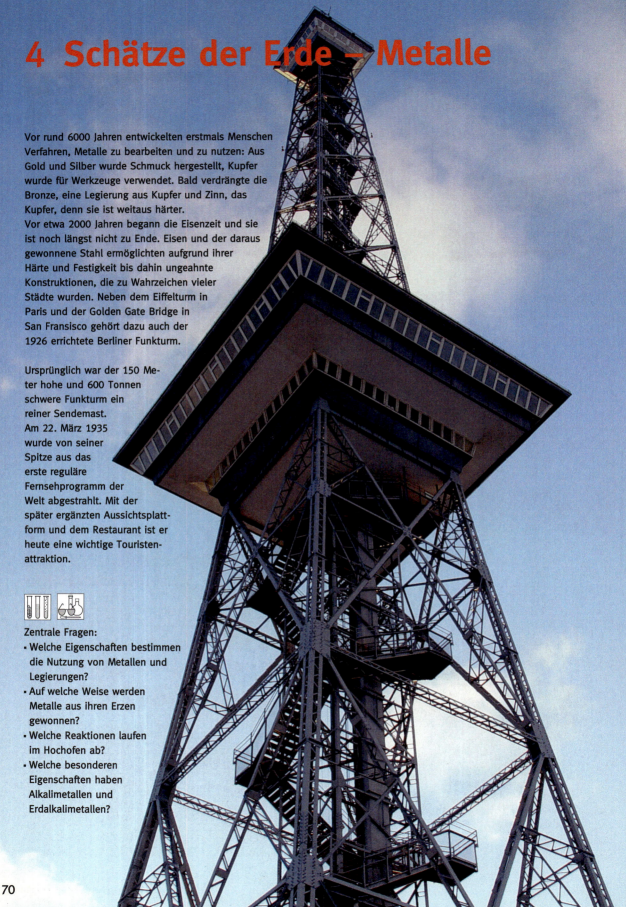

Vor rund 6000 Jahren entwickelten erstmals Menschen Verfahren, Metalle zu bearbeiten und zu nutzen: Aus Gold und Silber wurde Schmuck hergestellt, Kupfer wurde für Werkzeuge verwendet. Bald verdrängte die Bronze, eine Legierung aus Kupfer und Zinn, das Kupfer, denn sie ist weitaus härter.
Vor etwa 2000 Jahren begann die Eisenzeit und sie ist noch längst nicht zu Ende. Eisen und der daraus gewonnene Stahl ermöglichten aufgrund ihrer Härte und Festigkeit bis dahin ungeahnte Konstruktionen, die zu Wahrzeichen vieler Städte wurden. Neben dem Eiffelturm in Paris und der Golden Gate Bridge in San Fransisco gehört dazu auch der 1926 errichtete Berliner Funkturm.

Ursprünglich war der 150 Meter hohe und 600 Tonnen schwere Funkturm ein reiner Sendemast. Am 22. März 1935 wurde von seiner Spitze aus das erste reguläre Fernsehprogramm der Welt abgestrahlt. Mit der später ergänzten Aussichtsplattform und dem Restaurant ist er heute eine wichtige Touristenattraktion.

Zentrale Fragen:
- Welche Eigenschaften bestimmen die Nutzung von Metallen und Legierungen?
- Auf welche Weise werden Metalle aus ihren Erzen gewonnen?
- Welche Reaktionen laufen im Hochofen ab?
- Welche besonderen Eigenschaften haben Alkalimetallen und Erdalkalimetallen?

4.1 Eigenschaften der Metalle

Metalle sind auch heute die wichtigsten Werkstoffe. Mit ihren typischen Eigenschaften sind sie aus unserem Leben nicht mehr wegzudenken.

Glatte Metall-Oberflächen reflektieren das Licht fast vollständig. Dadurch erscheinen polierte Flächen der meisten Metalle silbrig glänzend. Man spricht vom *metallischen Glanz*.
Beim Anlegen einer elektrischen Spannung leiten Metalle den Strom. Ein besonders guter *elektrischer Leiter* ist Kupfer; die meisten elektrischen Leitungen bestehen daher aus Kupfer-Drähten.
Metalle sind außerdem gute *Wärmeleiter*, sie werden daher zur Herstellung von Kochtöpfen und Heizkörpern verwendet.
Metalle unterscheiden sich in ihrer *Härte* und *Verformbarkeit*. Natrium kann mit dem Messer geschnitten werden, Kupfer ist erst durch Hammerschläge plastisch verformbar.
Abgesehen von Quecksilber, das bereits bei Raumtemperatur flüssig ist, schmelzen die meisten Metalle erst bei höheren Temperaturen. Die *Schmelztemperatur* des Eisens beträgt 1535 °C, Zink schmilzt bereits bei 420 °C.
Die *Siedetemperaturen* der Metalle liegen ebenfalls relativ hoch. So siedet Zink bei 907 °C, Eisen bei 2750 °C und Platin sogar erst bei 3825 °C.

Nach ihrer unterschiedlichen Dichte werden die Metalle in *Leichtmetalle* und *Schwermetalle* eingeteilt. Leichtmetalle haben eine Dichte unter $5 \frac{g}{cm^3}$. Die bekanntesten Leichtmetalle sind Aluminium und Magnesium, sie spielen beispielsweise im Flugzeugbau eine wichtige Rolle. Zu den Schwermetallen gehören Eisen, Kupfer und Blei. Die Metalle mit der höchsten Dichte sind Iridium und Osmium ($\varrho = 22{,}6 \frac{g}{cm^3}$). Platin-Legierungen dieser beiden harten und korrosionsbeständigen Metalle werden in speziellen elektrischen Kontakten und in Zündkerzen für Flugzeugmotoren eingesetzt. Auch das Urkilogramm besteht aus einer Platin/Iridium-Legierung.

> Die meisten Metalle sind Stoffe mit charakteristischem Glanz und relativ hohen Schmelztemperaturen und Siedetemperaturen. Sie sind plastisch verformbar, leiten den elektrischen Strom und die Wärme.

1 Nenne wichtige Eigenschaften der Metalle.
2 Stelle mit Hilfe von Nachschlagewerken in einer Tabelle die Schmelztemperaturen und Siedetemperaturen von Magnesium, Aluminium, Zinn, Kupfer, Silber, Gold und Quecksilber zusammen.
3 Nenne Beispiele für die Verwendung von Kupfer.
4 Wie kann man Aluminium und Blei unterscheiden?

Euromünzen — Exkurs

In den frühesten Kulturen wurde Ware gegen Ware getauscht. Als der Handel zunahm, einigte man sich auf bestimmte Wert- und Tauschverhältnisse.
So dienten etwa Tiere, Waffen oder Schmuck als Tauschmittel. Gold, Silber und Kupfer gewannen im Laufe der Zeit immer mehr an Bedeutung. Etwa im 7. Jahrhundert vor unserer Zeitrechnung wurden in Kleinasien erste Edelmetallmünzen geprägt. Man achtete darauf, dass Metallwert und Münzwert übereinstimmten.
Heute sind Münzen nur noch staatlich anerkannte Wertmarken. Wichtig ist ihre Kreditwürdigkeit: Die Münze kann gegen entsprechend wertvolle Gegenstände oder Dienstleistungen eingetauscht werden. Der Materialwert heutiger Münzen liegt weit unter ihrem Handelswert.

Am häufigsten stellt man Münzen heute aus Kupfer, Zink, Nickel und Eisen her.
Die 50-Cent-Münze besteht aus einer Legierung von 89 % Kupfer, 5 % Aluminium, 5 % Zink und 1 % Zinn. Aus dem gleichen Legierungsmaterial werden die 10-Cent-Münzen sowie die 20-Cent-Münzen hergestellt. Die 1-, 2- und 5-Cent-Münzen bestehen aus Stahl mit einer dünnen Kupferauflage. Bei den Bicolor-Münzen (1 Euro und 2 Euro) wird nickelhaltiges Messing mit einer Kupfer/Nickel-Legierung kombiniert. Der Kern beider Münzen besteht aus reinem Nickel. Betrügereien werden dadurch erschwert: Ein Münzautomat nimmt nur solche Münzen, die aufgrund der eingeschlossenen Nickelschicht magnetisch sind.

4.2 Bedeutung und Verwendung der Metalle

Verpackungsmetall Aluminium

Vorkommen: mit 7,5 % in der Erdrinde das häufigste metallische Element, Aluminiumoxid ist Bestandteil von Ton.
Eigenschaften: silberweißes Metall, guter Wärmeleiter und guter elektrischer Leiter, durch dünne undurchlässige Aluminiumoxidschicht beständig an der Luft
Dichte: 2,7 $\frac{g}{cm^3}$ (Leichtmetall)
Schmelztemperatur: 660 °C
Siedetemperatur: 2467 °C
Herstellung: aus Aluminiumoxid durch elektrischen Strom
Verwendung: Fahrzeugbau, Flugzeugbau; Aluminiumfolie

Gebrauchsmetall Eisen

Vorkommen: Eisenerze, Eisenoxide (Roteisenstein; Magneteisenstein) und Eisensulfide (Pyrit)
Eigenschaften: silberweißes Metall, rostet an der Luft
Dichte: 7,9 $\frac{g}{cm^3}$ (Schwermetall)
Schmelztemperatur: 1535 °C
Siedetemperatur: 2750 °C
Herstellung: aus Eisenoxid im Hochofen
Verwendung: als *Stahl* wichtigstes Gebrauchsmetall; Schiffsbau, Schienen, Stahlträger, Nägel, Bestecke

Überzugsmetall Zink

Vorkommen: als Zinksulfid in der Zinkblende und in anderen zinkhaltigen Erzen
Eigenschaften: bläulich weißes, stark glänzendes Metall; bildet an der Luft eine beständige Zinkoxidschicht
Dichte: 7,14 $\frac{g}{cm^3}$ (Schwermetall)
Schmelztemperatur: 420 °C
Siedetemperatur: 907 °C
Herstellung: aus Zinkoxid
Verwendung: Überzug auf eisernen Gegenständen wie Autokarosserien und Laternenmasten zum Rostschutz, Zinkblech für Dachrinnen und in Batterien

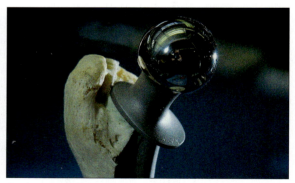

Prothesenmetall Titan

Vorkommen: in zahlreichen verschiedenen Mineralien
Eigenschaften: metallisch glänzende nadelförmige Kristalle
Dichte: 4,5 $\frac{g}{cm^3}$ (Leichtmetall)
Schmelztemperatur: 1660 °C
Siedetemperatur: 3287 °C
Herstellung: aus Titandioxid
Verwendung: Werkstoff in der Luftfahrt und Raumfahrt, Endoprothesen (künstliche Gelenke, Knochennägel) in der Medizin, Schmuck, Uhrengehäuse, Brillengestelle

Schätze der Erde – Metalle

Leitermetall Kupfer

Vorkommen: Kupfererze; meist als Kupferoxid und Kupfersulfid (Kupferglanz; Kupferkies)
Eigenschaften: hellrot, dehnbar, leicht verformbar
Dichte: 8,96 $\frac{g}{cm^3}$ (Schwermetall)
Schmelztemperatur: 1085 °C
Siedetemperatur: 2572 °C
Herstellung: aus Kupfersulfid oder Kupferoxid
Verwendung: als elektrischer Leiter in der Elektrotechnik und Elektronik, Heizungs- und Sanitärinstallation

Schmuckmetall Silber

Vorkommen: vereinzelt als Element, meist als Silbersulfid in sulfidischen Erzen
Eigenschaften: weiß glänzendes polierbares Edelmetall
Dichte: 10,5 $\frac{g}{cm^3}$ (Schwermetall)
Schmelztemperatur: 962 °C
Siedetemperatur: 2212 °C
Herstellung: Nebenprodukt bei der Gewinnung anderer Metalle
Verwendung: Münzmetall, Schmuckwaren, Bestecke, elektrische Kontakte, Legierungen in der Zahnmedizin

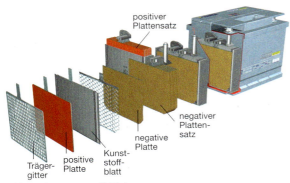

Akkumulatorenmetall Blei

Vorkommen: Bleierze, meist als Bleisulfid (Bleiglanz)
Eigenschaften: bläulichgraues, weiches Metall, sehr giftig
Dichte: 11,3 $\frac{g}{cm^3}$ (Schwermetall)
Schmelztemperatur: 327 °C
Siedetemperatur: 1740 °C
Herstellung: aus Bleisulfid oder Bleioxid
Verwendung: zur Herstellung von Akkumulatoren (Fahrzeugbatterien), Schutz vor Röntgenstrahlen und radioaktiven Strahlen

Schalterpreise 01.01.2004	Ankauf (in €)	Verkauf (in €)
Barrenplatin (1 kg)	16 360,00	18 800,00
Barrengold (1 kg)	10 150,00	14 700,00
Wiener Philharmoniker (1 Unze)	311,00	475,00
Krüger-Rand (31,1 g)	310,00	470,00
Barrensilber (1 kg)	150,00	220,00
Goldmünze 20 – Wilhelm II	66,30	81,00
Vreneli (5,8 g)	51,20	68,30

Edelmetalle. Gold, Silber und Platin gehören zu den Edelmetallen. Sie behalten an der Luft ihren metallischen Glanz. Besonders Gold und Platin treten in der Natur vorwiegend als Elementsubstanz auf.

Edelmetalle sind besonders teuer. Sie dienten lange als Währungsreserve. Noch heute lagern große Mengen von Goldmünzen und Goldbarren in den Tresoren der Banken.

Schätze der Erde – Metalle 73

Praktikum   Eigenschaften der Metalle

V1: Untersuchung der elektrischen Leitfähigkeit

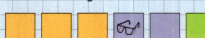

Materialien: Spannungsquelle, Verbindungskabel, Krokodilklemmen, Strommessgerät;
Proben: Kupferdraht, Kunststoffstreifen, Eisendraht, Holzspan, Pappstreifen, Silberdraht, Glasstab, Porzellanlöffel, Graphitstab.

Durchführung:
1. Baue einen einfachen Stromkreis nach der Abbildung auf.
2. Schalte den Strom ein und untersuche, ob die Proben der genannten Stoffe den elektrischen Strom leiten.

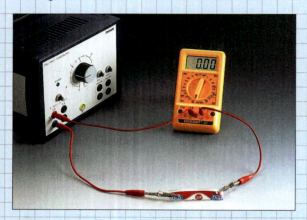

Aufgaben:
a) Welche Stoffe leiten den elektrischen Strom?
b) Wie nennt man Stoffe, die den elektrischen Strom nicht leiten?
c) Welche Proben sind Metalle?

V2: Bestimmung der Dichte von Kupfer und von Aluminium

Materialien: Waage, Messzylinder (100 ml);
Proben: Kupfer, Aluminium.

Durchführung:
1. Fülle den Messzylinder mit genau 50 ml Wasser.
2. Wiege die Kupfer-Probe.
3. Gib die Kupfer-Probe vorsichtig in den Messzylinder und lies den Wasserstand ab.
4. Wiederhole den Versuch mit der Aluminium-Probe.

Aufgaben:
a) Berechne die Dichte von Kupfer und von Aluminium.
b) Welches Metall ist ein Leichtmetall, welches ein Schwermetall? Begründe deine Antwort.

V3: Untersuchung der Wärmeleitfähigkeit

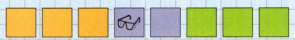

Materialien: Gasbrenner;
Kupferstab, Porzellanstab, Eisennagel, Glasstab, feuerfeste Unterlage.

Durchführung:
1. Halte den Kupferstab in die Brennerflamme. Lege ihn auf die feuerfeste Unterlage, wenn er in der Hand zu heiß wird.
2. Wiederhole den Versuch mit den Stäben aus Glas und Porzellan sowie mit dem Eisennagel.

Aufgabe: Vergleiche die Wärmeleitfähigkeit der untersuchten Stoffe.

V4: Untersuchung von metallischem Glanz, Härte und Magnetismus

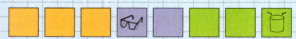

Materialien: feines Schmirgelpapier, Magnet;
Aluminiumblech, Zinkblech, Eisennagel.

Durchführung:
1. Schmirgele die Bleche von Aluminium und Zink blank.
2. Ritze die Bleche von Aluminium und Zink mit dem Eisennagel.
3. Überprüfe, welches der drei Metalle magnetische Eigenschaften besitzt.

Aufgabe: Stelle deine Beobachtungen in einer Tabelle zusammen.

A1: Übertrage die Tabelle in dein Heft und ergänze sie für folgende Metalle: Blei, Eisen, Gold, Kupfer, Magnesium, Quecksilber, Silber, Zink, Zinn.

Name des Metalls	Farbe	Eigenschaften	Verwendung
Aluminium	silberweiß	geringe Dichte, elektrisch leitend	Flugzeugbau, Fahrzeugbau
Platin	grau	Edelmetall, chemisch beständig	hochwertige Laborgeräte

74   Schätze der Erde – Metalle

4.3 Gewinnung von Metallen

Funde von Schmuckgegenständen, Werkzeugen und Waffen zeugen von den handwerklichen Fähigkeiten der Menschen in vorgeschichtlicher Zeit. Das beweisen zahlreiche Ausgrabungen aus der Bronzezeit. Bereits vor der Bronzezeit hatte man Kupfer verwendet. Dieses Metall ist jedoch recht weich; es nutzt sich als Werkstoff schnell ab. Deshalb verwendete man sehr bald einen wesentlich härteren Werkstoff für Waffen und Werkzeuge: die Bronze. Diese *Legierung* besteht aus 90 % Kupfer und 10 % Zinn.

Wie haben die Menschen jener Zeit das Metall gewonnen? Kupfer kommt in der Natur nur selten als reines Metall vor. Vielmehr findet man es meist mit anderen Stoffen verbunden. Solche natürlich vorkommenden Stoffe bezeichnet man als **Mineralien**. Bei hohen Metallgehalten spricht man auch von **Erzen**. Ein bekanntes Kupfererz ist der *Kupferkies*. Dieses Erz enthält neben Kupfer auch Eisen und Schwefel. Kupfererze wurden im Altertum vor allem auf Zypern gefunden. Von dem griechischen Namen Kypros leitet sich der Name Kupfer ab.

Gewinnung von Kupfer. Um aus dem Kupfererz das reine Metall zu gewinnen, müssen die Begleitstoffe entfernt werden. Bereits im Altertum wurden die Erze zusammen mit Holzkohle in Erdmulden gefüllt. Um die erforderliche Temperatur zu erreichen, wurde die Holzkohle angezündet. Dann blies man mit Hilfe von Blasebälgen Luft in das Gemisch. Das Prinzip dieses Verfahrens wird auch heute noch angewendet: Die Erze werden zuerst unter Luftzufuhr erhitzt, man sagt, sie werden *geröstet*. Dabei verbrennt der Schwefel und wird so entfernt. Danach wird das Erz mit aus Steinkohle hergestelltem Koks in großen Öfen zum reinen Metall umgesetzt. Die Begleitstoffe verbleiben dabei in den Rückständen.

Eisen. Die frühesten Funde von eisernen Gebrauchsgegenständen stammen aus Ägypten. Sie gehen auf das 4. Jahrtausend vor unserer Zeitrechnung zurück, also eine Zeit, die noch weit vor der Bronzezeit liegt. Diese Fundstücke bestehen aus *Meteoreisen*, einem Material, das im wahrsten Sinne des Wortes vom Himmel fällt. Die Ägypter haben das Material wahrscheinlich einfach eingesammelt und daraus Eisenperlen für Schmuck hergestellt.

Erst als es gelang, in *Schachtöfen* sehr hohe Temperaturen zu erzeugen, konnte man das Eisen aus Eisenerzen und Holzkohle gewinnen. Das neue Metall machte Karriere, denn es war dem Kupfer und der Bronze in vielen Eigenschaften überlegen. Auch in unserer Zeit wird Eisen in großen Schachtöfen (Hochöfen) aus Eisenerzen und Koks gewonnen. Mit dem Koks wird dabei – wie bei der Gewinnung von Kupfer – einerseits die notwendige Temperatur erzeugt und andererseits das Erz in das Metall umgewandelt. Bei der Metallerzeugung handelt es sich also um eine relativ alte Technik, die heute noch in großem Maßstab und mit modernen Hilfsmitteln angewendet wird.

> Wichtige Gebrauchsmetalle werden aus Erzen gewonnen. Erze sind Mineralien mit hohem Metallgehalt. Die Erze werden mit Luft und Kohle zum reinen Metall umgesetzt.

1 Was versteht man unter einem Erz?
2 Beschreibe die Gewinnung von Kupfer.
3 Warum haben die Ägypter ihre Waffen und Werkzeuge nicht aus Kupfer, sondern aus Bronze hergestellt?
4 Warum sagt man: „Die Eisenzeit ist noch nicht zu Ende"?
5 Welche Vorgänge sind in der Abbildung dargestellt?

Metallverarbeitung - Bronzeguss im alten Ägypten

Schätze der Erde – Metalle

Legierungen: Eigenschaften auf Wunsch

Ergebnisse:

→ **Legierungen**
Reine Metalle sind für technische Anwendungen meist zu weich. Um Werkstoffe mit besseren Eigenschaften zu gewinnen, werden Metalle im geschmolzenen Zustand miteinander vermischt. Nach dem Abkühlen erhält man eine *Legierung*. Diese Gemische von Metallen haben oft günstigere Werkstoffeigenschaften als die reinen Metalle.

→ **Stahl**
Eisen ist das häufigste Schwermetall auf der Erde. In feuchter Luft rostet es sehr schnell. Deshalb verwendet man in der Industrie und im Bauwesen sowie für den Gebrauch im Alltag meist Eisen-Legierungen. *Stahl* ist eine Legierung aus Eisen mit verschiedenen Zusätzen. Bei der Stahlherstellung werden Kohlenstoff, Phosphor und Schwefel aus dem im Hochofen gewonnenen Eisen beseitigt. Durch Zusatz von Mangan, Nickel, Chrom, Wolfram und anderen Metallen entstehen hochwertige Stahllegierungen. Der Stahl der Trommel einer Waschmaschine enthält als Legierungsmetall Nickel und ist dadurch rostfrei.

→ **Messing**
Messing ist eine goldglänzende Legierung. Sie besteht zu 65 % aus Kupfer und zu 35 % aus Zink. Das Legierungsmaterial lässt sich leicht verarbeiten und ist vor allem gegen Witterungseinflüsse beständig. Aus Messing werden Blechblasinstrumente, Haltegriffe und Türklinken herstellt.

→ **Amalgam**
Quecksilber-Legierungen nennt man Amalgame. Das in der Zahnmedizin verwendete Amalgam enthält Quecksilber und Silber sowie geringe Mengen an Zinn, Kupfer und Zink. Beim Anmischen ist das Metallgemisch zunächst plastisch, danach härtet es aus. Amalgam ist ein noch immer oft verwendeter Werkstoff für Zahnfüllungen, wenngleich es inzwischen wegen möglicher Gesundheitsschäden umstritten ist.

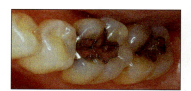

→ **Gold-Legierungen**
Zur Herstellung von Schmuck verwendet man kein reines Gold, sondern Gold-Legierungen. Schmuckstücke aus Gold sind mit einem Prägestempel gekennzeichnet. Die Zahl 585 bedeutet, dass ein Gramm der vorliegenden Legierung 585 mg Gold enthält. Der Rest besteht im Falle von Rotgold vor allem aus Kupfer. Dieses Material ist im Vergleich mit reinem Gold härter und nicht so leicht verformbar. Bei Weißgold wird statt Kupfer Nickel oder Silber als Legierungsmetall verwendet.
Auch die Bezeichnung Karat wird häufig genutzt, um die Zusammensetzung einer Gold-Legierung anzugeben. Reines Gold hat 24 Karat. 18-karätiger Goldschmuck besteht demnach zu 75 % aus Gold. Das gute Stück trägt dann die Prägung 750.

→ **Aluminium-Legierungen**
Alu-Sportfelgen und Alu-Fahrradrahmen bestehen aus einer Legierung aus Aluminium und geringen Mengen von Kupfer, Magnesium und Silicium. Dieses Material ist im Gegensatz zu reinem Aluminium wesentlich härter.

→ **Titan-Legierungen**
Titan-Legierungen zeichnen sich durch geringe Dichten, hohe Festigkeit und gute Korrosionsbeständigkeit aus. Sie werden in der Chemietechnik sowie in der Luftfahrt und in der Raumfahrt verwendet, daneben auch in der Medizin für künstliche Gelenke.

Legierungen

Praktikum

V1: Woodsche Legierung

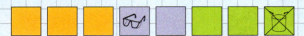

Materialien: Becherglas, Thermometer, Heizplatte, Pinzette; Zinn, Woodsche Legierung.

Durchführung:
1. Fülle das Becherglas zur Hälfte mit Wasser.
2. Gib mit der Pinzette ein Stück Zinn und ein Stück Woodsche Legierung in das Becherglas.
3. Erhitze das Wasser auf etwa 80 °C. Bestimme die Schmelztemperatur der Legierung.

Aufgaben:
a) Notiere deine Beobachtungen.
b) Die Woodsche Legierung besteht aus Zinn, Blei, Cadmium und Bismut. Welche Schmelztemperaturen haben die einzelnen Metalle? Vergleiche sie mit der Schmelztemperatur der Legierung.
c) Die Woodsche Legierung ist ein wichtiger Bestandteil in elektrischen Schmelzsicherungen. Überlege, welche Funktion die Legierung dabei hat.

V2: Untersuchung von Messing

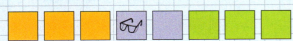

Materialien: Lupe;
50-Cent-Münze, Kupferblech, Zinnblech, Stahlnagel.

Durchführung:
1. Ritze mit dem Stahlnagel die 50-Cent-Münze und die einzelnen Bleche.
2. Untersuche die geritzten Stellen mit der Lupe.

Aufgaben:
a) Notiere deine Beobachtungen.
b) Ordne die Werkstoffe nach zunehmender Härte.
c) Nenne Eigenschaften, die für Münzmetalle wichtig sind.

V3: „Vergolden" einer Kupfermünze

Materialien: Tiegelzange, Gasbrenner, Becherglas (400 ml, hoch);
Natriumhydroxid (C, B1), Zinkpulver (F), Kupfermünze (möglichst wenig gebraucht), Stahlnagel.

Durchführung:
1. Gib 5 Natriumhydroxid-Plätzchen und 10 ml Wasser in das Becherglas und erhitze. Füge anschließend eine Spatelspitze Zinkpulver hinzu.
2. Lege die Kupfermünze in die Natronlauge bis sich ein grauer Überzug gebildet hat.
3. Ritze die Kupfermünze mit dem Stahlnagel.
4. Stelle am Gasbrenner eine etwa 10 cm hohe, nicht leuchtende Flamme ein. Halte die verzinkte Münze mit der Tiegelzange kurz in die Brennerflamme, bis sie eine goldene Farbe angenommen hat.
5. Lasse die Münze abkühlen und wiederhole den Ritzversuch.

Aufgaben:
a) Notiere deine Beobachtungen.
b) Welche Legierung ist durch das Erhitzen entstanden?
c) Vergleiche die Härte der Münzen.

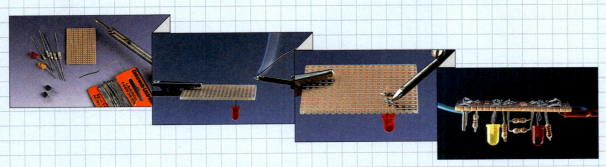

Löten. *Bild 1:* Mit Lötzinn (60 % Zinn, 40 % Blei) werden elektronische Bauteile auf Platinen eingelötet.
Bild 2: Lötzinn schmilzt bereits bei 185 °C.
Bild 3: Das Lötzinn stellt die elektrisch leitende Verbindung zwischen den Bauteilen her.
Bild 4: Fertig gelötete Platine.

Schätze der Erde – Metalle

4.4 Reduktion – Redoxreaktion

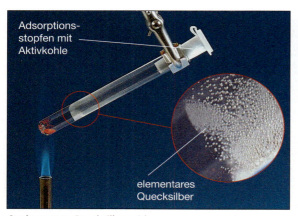

Spaltung von Quecksilberoxid

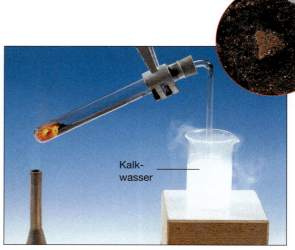

Reduktion von Kupferoxid mit Kohlenstoff

Viele Metalle reagieren mit Sauerstoff. Ein Beispiel ist die *Oxidation* von Quecksilber zu rotem Quecksilberoxid:

2 Hg (s)   +   O$_2$ (g)   ⟶   2 HgO (s); exotherm
Quecksilber   Sauerstoff   Quecksilberoxid

Reduktion. Erhitzt man eine Probe von Quecksilberoxid, so wird die Verbindung in metallisches Quecksilber und Sauerstoff gespalten. Eine solche chemische Reaktion, bei der aus einem Oxid Sauerstoff abgespalten wird, bezeichnet man als *Reduktion* (lat. *reducere:* zurückführen). Die Reduktion ist also die Umkehrung der Oxidation.

2 HgO (s)   ⟶   2 Hg (s)   +   O$_2$ (g); endotherm
Quecksilberoxid   Quecksilber   Sauerstoff

Redoxreaktion. Aus Kupferoxid lässt sich der Sauerstoff nicht durch Erhitzen abspalten. Man kann die Verbindung jedoch durch eine Reaktion mit Kohlenstoff zu Kupfer reduzieren. Der Kohlenstoff nimmt dabei den Sauerstoff auf; er wird zu Kohlenstoffdioxid oxidiert. Zusammenfassend spricht man von einer *Redoxreaktion*. Die Silbe *Red* deutet auf den *Red*uktionsvorgang hin, die Silbe *Ox* auf den *Ox*idationsvorgang. In einer Redoxreaktion laufen Oxidation und Reduktion also gleichzeitig ab.

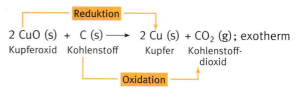

2 CuO (s)   +   C (s)   ⟶   2 Cu (s) + CO$_2$ (g); exotherm
Kupferoxid   Kohlenstoff   Kupfer   Kohlenstoffdioxid

| **Theorie** | **Die Redoxreaktion im Teilchenmodell** |

 +  ⟶  +

Kupferoxid   +   Kohlenstoff   Kupfer   +   Kohlenstoffdioxid

Kupferoxid besteht aus Kupfer-Atomen und Sauerstoff-Atomen. Kohlenstoff ist nur aus Kohlenstoff-Atomen aufgebaut. Bei der Reaktion zwischen Kupferoxid und Kohlenstoff werden Kupfer-Atome und Sauerstoff-Atome getrennt. Die Sauerstoff-Atome verbinden sich mit den Kohlenstoff-Atomen zu Kohlenstoffdioxid-Molekülen.

78 Schätze der Erde – Metalle

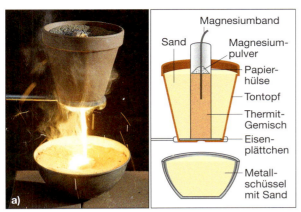 

Reduktion von Eisenoxid durch Aluminium: a) Laborversuch, b) Verschweißen von Eisenbahnschienen

Oxidationsmittel und Reduktionsmittel. Kupferoxid reagiert mit Eisen in einer Redoxreaktion zu Kupfer und Eisenoxid. Dabei gibt Kupferoxid Sauerstoff ab, es wird zu Kupfer reduziert. Eisen nimmt Sauerstoff auf, es wird zu Eisenoxid oxidiert.
Stoffe wie Kupferoxid, die Sauerstoff an andere Stoffe abgeben, werden allgemein als *Oxidationsmittel* bezeichnet. Stoffe wie Eisen, die anderen Stoffen den Sauerstoff entreißen, bezeichnet man als *Reduktionsmittel*.

$$3\ CuO\ (s) + 2\ Fe\ (s) \longrightarrow 3\ Cu\ (s) + Fe_2O_3\ (s);\ \text{exotherm}$$

Kupferoxid   Eisen   Kupfer   Eisenoxid

Oxidations- Reduktions-
mittel   mittel

Bei einer Redoxreaktion wird der Sauerstoff von einem Oxidationsmittel auf ein Reduktionsmittel übertragen. Das Oxidationsmittel wird dabei reduziert, das Reduktionsmittel wird oxidiert.

Wer reduziert wen? Eisen reduziert Kupferoxid. Umgekehrt kann Kupfer jedoch Eisenoxid nicht reduzieren. Man sagt, Eisen ist ein stärkeres Reduktionsmittel als Kupfer. Die Reduktion von Eisenoxid gelingt dagegen mit Aluminium. Aluminium ist also ein stärkeres Reduktionsmittel als Eisen. Ein Vergleich zwischen verschiedenen Metallen ergibt eine Rangfolge der Reduktionswirkung.
Man spricht dabei allgemein von der **Redoxreihe der Metalle:**

Mg	Al	Zn	Fe	Pb	Cu	Ag	Hg	Au
unedle Metalle								edle Metalle

stark   Reduktionswirkung   schwach

In der Redoxreihe stehen links starke Reduktionsmittel. Dazu gehören Magnesium, Aluminium und Eisen. Diese Metalle liefern bei der Umsetzung mit Sauerstoff viel Energie, sie werden leicht oxidiert. Solche Metalle bezeichnet man als **unedle Metalle.** Im Gegensatz dazu haben Silber, Gold und Platin praktisch keine Reduktionswirkung. Diese Metalle, die rechts in der Redoxreihe stehen, sind als **Edelmetalle** bekannt. Sie werden an der Luft nicht oxidiert.

Thermit-Verfahren. In der Technik nutzt man die Redoxreaktion von Aluminium mit Eisenoxid zum Verschweißen von Schienen. Hierzu füllt man das *Thermit-Gemisch,* eine Mischung aus Aluminiumgrieß und Eisenoxid, in ein feuerfestes Gefäß und zündet es mit Hilfe eines Zündstabes. In einer stark exothermen Reaktion bilden sich flüssiges Eisen und Aluminiumoxid. Aufgrund der höheren Dichte sinkt das Eisen in der Schmelze nach unten. Es fließt aus einem Loch im Boden in den Spalt zwischen den Schienen und verschweißt sie.

> Eine chemische Reaktion, bei der einem Oxid Sauerstoff entzogen wird, nennt man Reduktion. In Redoxreaktionen laufen Oxidation und Reduktion gleichzeitig ab. Nach der Stärke ihres Reduktionsvermögens ordnet man die Metalle in der Redoxreihe.

1 Nenne einige unedle und einige edle Metalle.
2 Zink reagiert mit Silberoxid (Ag_2O).
a) Stelle die Reaktionsgleichung auf.
b) Ordne die Begriffe Oxidation, Reduktion, Oxidationsmittel und Reduktionsmittel zu.
3 Um Zinkoxid zu Zink zu reduzieren, stehen die Metalle Magnesium und Eisen zur Verfügung. Welches Metall ist geeignet? Begründe deine Antwort.

Schätze der Erde – Metalle

4.5 Vom Eisenerz zum Roheisen

Die wichtigsten Eisenerze sind **Magneteisenstein** (Magnetit, Fe_3O_4) und **Roteisenstein** (Hämatit, Fe_2O_3). Sie enthalten bis zu 70 % Eisen. Weitere Bestandteile sind Verbindungen von Mangan, Schwefel und Phosphor. Außerdem enthalten Erze mehr oder weniger „taubes" Gestein, die *Gangart*.

Eisenerze werden im **Hochofen** zu Roheisen verarbeitet. Als Reduktionsmittel benutzt man *Koks*, dabei handelt es sich um Kohlenstoff.
Zusätzlich werden *Kalkstein* und andere Zuschläge eingesetzt. Aus den Zuschlägen und der Gangart bildet sich eine leicht abtrennbare Schlacke. Daraus werden Mauersteine für die Bauindustrie und Hochofenzement hergestellt.

Aufbau eines Hochofens. Moderne Hochöfen sind bis zu 40 Meter hoch und haben einen Durchmesser von etwa 10 Metern. Die Wände bestehen aus dickem, hitzebeständigem Mauerwerk, das von einem Stahlmantel umgeben ist. Im Hochofen herrschen Temperaturen von bis 1800 °C. Ständig fließen große Kühlwassermengen durch die äußeren Wandungen, um Wärme abzuführen. Ein Hochofen benötigt rund 100 000 m^3 Kühlwasser täglich, das entspricht dem Wasserbedarf einer Großstadt mit etwa 350 000 Einwohnern.

Arbeitsweise des Hochofens. Der Hochofen wird von oben mit einem Gemisch aus Eisenerz, Zuschlägen und Koks gefüllt („beschickt"). Im unteren Teil wird Heißluft mit hohem Druck eingeblasen. Dort verbrennt der Koks mit dem Luftsauerstoff. Die Temperatur nimmt von unten nach oben ab, denn die Verbrennungsgase geben einen Teil ihrer Energie an die Feststoffe ab. In mittlerer Höhe des Hochofens wird das Eisenoxid zu Roheisen reduziert. Die Gase verlassen den Hochofen am oberen Abschluss, der **Gicht**. Dieses Gichtgas besitzt noch eine Temperatur von rund 200 °C.
Im unteren Teil des Hochofens sammeln sich Schlacke und Roheisen getrennt an. Da die Dichte der Schlacke geringer ist als die des Roheisens, schwimmt die Schlacke auf dem Roheisen. Dadurch können beide Stoffe einzeln entnommen werden.

Winderhitzer. Das Gichtgas strömt in einen Winderhitzer. Dort werden die im Gichtgas enthaltenen brennbaren Bestandteile verbrannt. Die frei werdende Energie wird von feuerfesten Steinen aufgenommen und gespeichert. Anschließend wird frische Kaltluft („Wind") eingeblasen und durch die glühenden Steine auf 1000–1300 °C erwärmt. Die Heißluft wird durch mehrere Düsen in den unteren Teil des Hochofens geleitet.

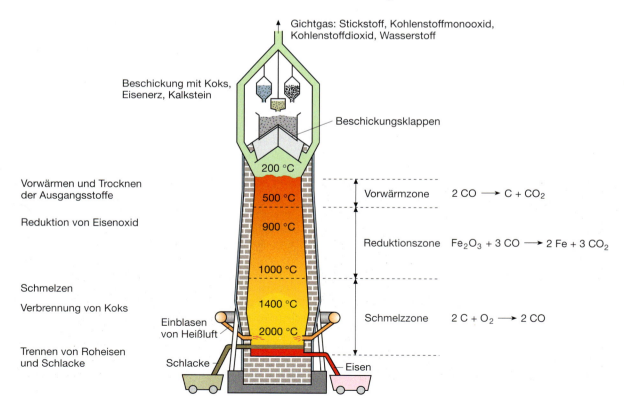

80 Schätze der Erde – Metalle

Redoxreaktionen im Hochofen. Nachdem die Ausgangsstoffe vorgewärmt wurden, laufen in der **Reduktionszone** in der Mitte des Hochofens die wesentlichen chemischen Reaktionen ab: Bei etwa 900 °C entsteht aus Eisenoxid Eisen. Das eigentliche Reduktionsmittel ist dabei Kohlenstoffmonooxid. Es bildet sich bei der Verbrennung von Koks:

$$2\,C\,(s) + O_2\,(g) \longrightarrow 2\,CO\,(g); \text{ exotherm}$$
Kohlenstoff   Sauerstoff   Kohlenstoffmonooxid

$$Fe_2O_3\,(s) + 3\,CO\,(g) \longrightarrow 2\,Fe\,(s) + 3\,CO_2\,(g); \text{ exotherm}$$
Eisenoxid   Kohlenstoff-   Eisen   Kohlenstoff-
monooxid   dioxid

Ein Teil des Kohlenstoffmonooxids zerfällt zu Kohlenstoff und Kohlenstoffdioxid:

$$2\,CO\,(g) \longrightarrow C\,(s) + CO_2\,(g); \text{ exotherm}$$
Kohlenstoff-   Kohlenstoff   Kohlenstoff-
monooxid   dioxid

Im unteren Teil des Hochofens löst sich in dem Eisen ein Teil des Kohlenstoffs und eine geringe Menge anderer Elemente. Das entstehende Gemisch wird als *Roheisen* bezeichnet. Während reines Eisen erst bei 1535 °C schmilzt, wird Roheisen bereits bei Temperaturen ab 1200 °C flüssig. In der Schmelzzone tropft es durch die glühenden Koksstücke und sammelt sich unter der flüssigen Schlacke. Diese schützt das Eisen vor erneuter Oxidation.

Etwa alle vier Stunden wird das flüssige Roheisen abgestochen. Die Schlacke fließt dagegen dauernd ab. Ein Hochofen bleibt etwa zehn Jahre ununterbrochen in Betrieb. Er erzeugt bis zu 10 000 t Roheisen täglich. Dazu werden 20 000 t Eisenerz, 5000 t Koks, 3000 t Kalkstein und 15 000 t Heißwind benötigt. Dabei fallen 3000 t Schlacke und 30 000 t Gichtgas und Staub an. Um das fertige Roheisen und die Schlacke abzutransportieren, werden täglich mehr als 2000 Eisenbahnwagen benötigt.

Weltweit werden jährlich etwa 560 Millionen Tonnen Roheisen erzeugt. Dafür sind mehr als 200 Hochöfen ständig in Betrieb.

> Roheisen wird durch Reduktion von oxidischen Eisenerzen in Hochöfen gewonnen. Als Reduktionsmittel wirkt dabei Kohlenstoffmonooxid, das bei der Verbrennung von Koks entsteht.

1 Welcher Stoff ist das eigentliche Reduktionsmittel für Eisenoxid im Hochofen? Wie entsteht er?
2 Schlacke, die auf dem Roheisen schwimmt, schützt das Eisen vor erneuter Oxidation. Erläutere diesen Zusammenhang.
3 Stelle die Reaktionsgleichung für die Reduktion von Magneteisenstein (Fe_3O_4) durch Kohlenstoffmonooxid auf.
4 Gereinigtes Gichtgas besteht zu etwa 21 % aus Kohlenstoffmonooxid, zu 23 % aus Kohlenstoffdioxid, zu 4 % aus Wasserstoff und zu 52 % aus Stickstoff. Welche Bestandteile des Gichtgases werden im Winderhitzer verbrannt? Stelle die Reaktionsgleichungen auf.
5 Im Hochofen laufen physikalische Vorgänge und chemische Reaktionen nebeneinander ab. Nenne je drei Beispiele.
6 Obwohl ständig von unten Heißluft in den Hochofen eingeblasen wird, bleibt das Temperaturgefälle von unten nach oben konstant. Wie lässt sich das erklären?
7 Vergegenwärtige dir die Bewegungsrichtungen der Stoffe im Hochofen. Warum spricht man wohl von einem Gegenstromprinzip?
8 Schlage im Atlas nach, an welchen Standorten in Deutschland Eisenhütten entstanden sind. Welche Standortfaktoren sind heute ausschlaggebend?

Entnahme einer Roheisenprobe

Hochofenanlage in einem Hüttenwerk

Exkurs

Vom Roheisen zum Stahl

Roheisen besteht nur zu etwa 90 % aus Eisen. Ein Anteil von bis zu 5 % Kohlenstoff und weitere Begleitstoffe wie Mangan, Silicium, Phosphor und Schwefel machen das Roheisen hart und brüchig. Versucht man es mit dem Hammer zu bearbeiten, so zerspringt es. Roheisen lässt sich weder schmieden noch schweißen, darum eignet es sich nur begrenzt als Werkstoff. Man stellt daraus beispielsweise Abwasserrohre und Heizungsradiatoren her. Etwa 90 % des erzeugten Roheisens werden jedoch zu Stahl verarbeitet.

Stahl. Unter Stahl versteht man eine Eisen-Legierung, die weniger als 2,1 % Kohlenstoff und nur noch sehr geringe Anteile an Mangan, Silicium, Phosphor und Schwefel enthält. Bei der Stahlerzeugung werden die im Roheisen enthaltenen unerwünschten Stoffe durch Sauerstoff oxidiert. Man bezeichnet diesen Vorgang als *Frischen*. Dieser Prozess wird in einem schwenkbaren, feuerfesten, birnenförmigen Tiegel, dem *Konverter*, durchgeführt (lat. *convertere*: umwandeln).

Bei dem heute üblichen **Sauerstoffaufblas-Verfahren** wird reiner Sauerstoff unter hohem Druck durch ein wassergekühltes Rohr auf eine Schmelze aus Roheisen und bis zu 30 % Eisen-Schrott geblasen. Sobald der Sauerstoff auf das Roheisen trifft, kocht und brodelt die sich erhitzende Schmelze. Unter ohrenbetäubendem Lärm sprüht ein Funkenregen aus der Tiegelöffnung. Es handelt sich hauptsächlich um Schlacke, in der ein Teil der Verbrennungsprodukte durch Kalksteinzusätze gebunden ist. Der Rest der Verbrennungsprodukte entweicht als gasförmiges Oxid. Nach etwa 20 Minuten ist der Frischvorgang beendet. Der Konverter wird geschwenkt und der fertige Stahl fließt in eine *Gießpfanne*. Von dort wird er zur Weiterverarbeitung in ein Walzwerk transportiert.

Stahlsorten. In der Technik unterscheidet man mehr als tausend verschiedene Stahlsorten, die sich in zwei große Gruppen einteilen lassen, die *unlegierten Stähle (Werkzeugstahl)* und die *Edelstähle*. In beiden Fällen handelt es sich um Eisen mit einem sehr geringen Kohlenstoffgehalt. Edelstähle enthalten zusätzlich Anteile anderer Metalle.

Werkzeugstahl. Nicht legierte Stahlsorten unterschiedlichen Kohlenstoffgehalts machen etwa 75 % des weltweit erzeugten Stahls aus.
Stahl mit weniger als 0,25 % Kohlenstoff ist leicht verformbar. Er lässt sich zu Drähten ausziehen oder zu dünnen Blechen walzen. Aus diesem Stahl fertigt man beispielsweise Spezialdrähte, Nägel, Konservendosen und Autokarosserien.
Stahl mit einem Kohlenstoffgehalt zwischen 0,25 % und 0,7 % ist weniger verformbar, dafür aber fester. Daraus stellt man Maschinenachsen, Eisenbahnschienen, Feilen, Zangen und Schraubendreher her. Noch härter ist Stahl mit einem Kohlenstoffgehalt von 0,7 % bis 1,5 %. Er wird für die Herstellung von Stahlfedern, Rasierklingen, Handsägen und Messern verwendet.

Edelstahl. Um die physikalischen und chemischen Eigenschaften von Stahl gezielt zu verbessern, werden der Stahlschmelze *Legierungsmetalle* wie Chrom, Nickel, Cobalt, Wolfram, Molybdän, Mangan, Vanadium oder Titan zugesetzt. Man spricht auch von *Stahlveredlern*.

Vanadium erhöht die Elastizität und Mangan vermindert die Abnutzung von Stahlwerkzeugen. Stähle mit Molybdän und Wolfram sind sehr hitzebeständig. Chrom verbessert die Korrosionsbeständigkeit und die Härte. Zusammen mit Nickel verhindert es das Rosten (Nirosta). Dieser Stahl wird vor allem zur Herstellung von Spültischen und Küchengeräten verwendet.

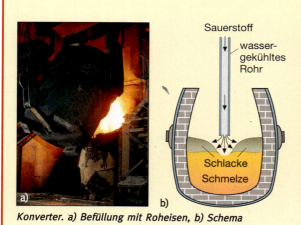

Konverter. a) Befüllung mit Roheisen, b) Schema

Walzwerk

Redoxreaktionen

Praktikum

V1: Reduktion von Kupferoxid mit Holzkohle

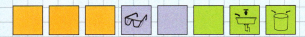

Materialien: durchbohrter Stopfen mit Gasableitungsrohr, Gasbrenner, Waage;
schwarzes Kupferoxid, Holzkohlepulver, Kalkwasser.

Durchführung:
1. Mische in einem Reagenzglas 2 g schwarzes Kupferoxid mit 0,2 g Holzkohle.
2. Spanne das Reagenzglas in ein Stativ ein und verschließe es mit dem Stopfen mit Gasableitungsrohr.
3. Gib etwas Kalkwasser in ein zweites Reagenzglas.
4. Erhitze das Gemisch aus Kupferoxid und Holzkohle mit starker Flamme und leite das entstehende Gas in das Kalkwasser ein.

Aufgaben:
a) Notiere deine Beobachtungen.
b) Stelle das Reaktionsschema und die Reaktionsgleichung für die Reaktion zwischen Kupferoxid und Holzkohle auf.
c) Erläutere den Nachweis des entstandenen Gases.

V2: Reduktion von Kupferoxid durch Eisen und durch Zink

Materialien: Gasbrenner;
schwarzes Kupferoxid, Eisenpulver (Ferrum reductum; F), Zinkstaub (F).

Durchführung:
1. Mische gleiche Teile Kupferoxid und Eisenpulver in einem Reagenzglas.
2. Erhitze das Gemisch kräftig mit dem Gasbrenner.
3. Wiederhole den Versuch mit einer Mischung aus gleichen Teilen Kupferoxid und Zinkstaub.

Aufgaben:
a) Notiere deine Beobachtungen.
b) Erkläre und begründe deine Beobachtungen für die Reaktion des Kupferoxids mit dem Eisenpulver. Gib an, welcher Stoff als Oxidationsmittel und welcher Stoff als Reduktionsmittel reagiert.
c) Stelle die Reaktionsgleichung für diese Reaktion auf.
d) Stelle das Reaktionsschema und die Reaktionsgleichung für die Reaktion zwischen Kupferoxid und Zink auf. Kennzeichne Oxidation und Reduktion.
e) Können auch Zinkoxid und Kupfer miteinander reagieren? Begründe deine Antwort.

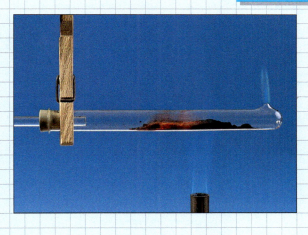

V3: Reduktion von Kupferoxid durch Erdgas

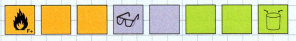

Materialien: Reagenzglas mit seitlichem Loch, durchbohrter Stopfen mit Glasrohr, Gasbrenner, Schlauch;
schwarzes Kupferoxid, Erdgas (F+).

Durchführung:
1. Baue die Versuchsapparatur entsprechend der Abbildung auf.
2. Fülle zwei Spatel Kupferoxid in das Reaktionsrohr und leite langsam Erdgas darüber.
3. Zünde nach einer Weile das ausströmende Gas an der Austrittsöffnung des Reaktionsrohres an. Erhitze das Kupferoxid mit der nicht leuchtenden Brennerflamme.

Aufgaben:
a) Notiere deine Beobachtungen.
b) Erdgas enthält Methan (CH_4). Diese Verbindung wirkt als Reduktionsmittel. Formuliere die Reaktionsgleichung für die Redoxreaktion von Kupferoxid mit Methan.
Hinweis: Bei der Reaktion entsteht neben Kohlenstoffdioxid-Gas (CO_2) auch Wasserdampf (H_2O).

A1: Magnesiumband, das an der Luft angezündet wird, brennt in Kohlenstoffdioxid-Gas weiter.
a) Formuliere das Reaktionsschema und die Reaktionsgleichung für die Reaktion von Magnesium mit Kohlenstoffdioxid.
b) Woran sind die Reaktionsprodukte zu erkennen?
c) Angezündetes Magnesium brennt auch unter Wasser (H_2O) weiter. Man setzt es deshalb für Unterwasserfackeln ein. Formuliere die Reaktionsgleichung für die dabei ablaufende Reaktion. Gib Oxidationsmittel und Reduktionsmittel an.

Schätze der Erde – Metalle 83

4.6 Natrium – ein ungewöhnliches Metall

Natrium ist eines der häufigsten Elemente in der Erdkruste. Dennoch ist den meisten Menschen das Metall Natrium unbekannt. Natrium-Verbindungen wie Kochsalz, Natron oder Soda begegnet man dagegen in vielen Bereichen des täglichen Lebens.

Reines Natrium besitzt die typischen Eigenschaften eines Metalls: Es glänzt silberhell und ist ein guter Leiter für Wärme und den elektrischen Strom. Aber Natrium hat auch recht ungewöhnliche Eigenschaften: Die Dichte von Natrium ist geringer als die Dichte von Wasser. Natrium wird zu den *Leichtmetallen* gezählt. Es ist so weich, dass man es mit einem Messer schneiden kann. Die frische Schnittfläche bleibt nur kurze Zeit silbrig-glänzend, dann überzieht sie sich mit einem grauen Belag. Dieser Belag bildet sich noch schneller, wenn man auf die Schnittfläche haucht. Natrium ist nämlich sehr reaktionsfreudig und reagiert an der Luft mit Sauerstoff und Luftfeuchtigkeit. Metallisches Natrium kommt daher in der Natur nicht vor. Es wird technisch aus Steinsalz hergestellt und muss anschließend vor Luft und Feuchtigkeit geschützt werden. Dazu bewahrt man Natrium unter Paraffinöl auf.

Unter dem schützenden Paraffinöl lässt sich Natrium problemlos erhitzen. Die Natriumstücke schmelzen bereits bei 98 °C. An der Luft entzündet sich geschmolzenes Natrium leicht und verbrennt dann mit einer leuchtend gelben Flamme. Die gleiche Färbung tritt auf, wenn man eine Natrium-Verbindung in eine Flamme bringt. An der *Flammenfärbung* kann man daher sofort erkennen, ob ein Gemisch Natrium-Verbindungen enthält.

> Natrium ist ein reaktionsfreudiges, weiches Leichtmetall. Natrium und Natrium-Verbindungen färben Flammen gelb.

1 Nenne drei ungewöhnliche Eigenschaften von Natrium.
2 Wie könnte man ohne Geschmacksprobe überprüfen, ob man dem Wasser zum Kochen der Nudeln bereits Salz zugesetzt hat?
3 Suche im Internet: Wozu verwendet man Natron?

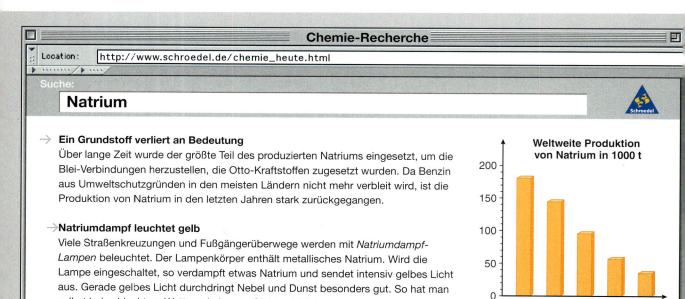

Chemie-Recherche

Location: http://www.schroedel.de/chemie_heute.html

Suche: **Natrium**

→ **Ein Grundstoff verliert an Bedeutung**
Über lange Zeit wurde der größte Teil des produzierten Natriums eingesetzt, um die Blei-Verbindungen herzustellen, die Otto-Kraftstoffen zugesetzt wurden. Da Benzin aus Umweltschutzgründen in den meisten Ländern nicht mehr verbleit wird, ist die Produktion von Natrium in den letzten Jahren stark zurückgegangen.

→ **Natriumdampf leuchtet gelb**
Viele Straßenkreuzungen und Fußgängerüberwege werden mit *Natriumdampf-Lampen* beleuchtet. Der Lampenkörper enthält metallisches Natrium. Wird die Lampe eingeschaltet, so verdampft etwas Natrium und sendet intensiv gelbes Licht aus. Gerade gelbes Licht durchdringt Nebel und Dunst besonders gut. So hat man selbst bei schlechtem Wetter relativ gute Sichtverhältnisse.

→ **Natrium als Kühlmittel**
In Hochleistungsmotoren verwendet man Ventilverschlüsse, die mit Natrium gefüllt sind. Wird der Motor warm, so begünstigt das geschmolzene Natrium die Ableitung der Wärme. Das Ventil wird dadurch nicht so heiß und setzt sich nicht fest. Auch bei dem so genannten „Schnellen Brüter", einem besonderen Kernkraftwerkstyp, verwendet man Natrium zur Kühlung. Für ein Kraftwerk werden dabei mehrere tausend Tonnen hochreines Natrium benötigt. Da Natrium leicht brennt und heftig mit Wasser reagiert, bedeuten Lecks in Natriumkühlern jedoch eine große Gefahr.

4.7 Alkalimetalle und Erdalkalimetalle

Das Element **Lithium** hat ähnliche Eigenschaften wie Natrium: Es besitzt eine niedrige Schmelztemperatur und eine geringe Dichte. Wie Natrium wird es unter Paraffinöl aufbewahrt, um es vor Oxidation zu schützen. Lithium ist allerdings etwas härter als Natrium, lässt sich aber noch mit einem Messer schneiden. Ebenso wie Lithium ähnelt auch das Element **Kalium** in seinen Eigenschaften dem Natrium.

Wegen ihrer Ähnlichkeit werden diese Elemente zu einer **Elementgruppe** zusammengefasst. Man bezeichnet die Elemente dieser Elementgruppe als **Alkalimetalle.** Der Name leitet sich aus dem arabischen *alqaljan* (Holzasche) ab. Tatsächlich besteht Holzasche zu einem großen Teil aus Alkalimetall-Verbindungen.
Neben Lithium, Natrium und Kalium gehören auch **Rubidium** und **Caesium** zu den Alkalimetallen. Rubidium und Caesium sind so reaktionsfähig, dass sie zur Aufbewahrung in luftleere Glasampullen eingeschmolzen werden müssen.

Reaktion mit Sauerstoff. Alle Alkalimetalle reagieren bereits bei Raumtemperatur mit Sauerstoff. Daher kommen die Alkalimetalle in der Natur nicht als Elemente, sondern nur in Verbindungen vor.
Verbrennt man Alkalimetalle, so färbt sich die Flamme. Die *Flammenfärbung* ist typisch für die einzelnen Elemente. Die gleichen Farben treten auf, wenn man Alkalimetall-Verbindungen in einer Flamme erhitzt. Neben der gelben Flammenfärbung des Natriums ist die rote Flammenfärbung von Lithium und Lithiumverbindungen besonders auffällig. Die blassviolette Flammenfärbung von Kalium-Verbindungen lässt sich durch ein Cobaltglas gut beobachten: Das blaue Glas filtert das gelbe Licht von Natrium-Verunreinigungen heraus.

Die Elemente **Beryllium, Magnesium, Calcium, Strontium, Barium** und **Radium** bilden die Gruppe der **Erdalkalimetalle.** Der Name weist darauf hin, dass Verbindungen von Calcium und Magnesium häufig in der Erdkruste zu finden sind. Die Erdalkalimetalle sind den Alkalimetallen sehr ähnlich.

Calcium. Ein typisches Erdalkalimetall ist Calcium. Es ist ein silberglänzendes Leichtmetall. Calcium ist etwas härter als Lithium, das härteste Alkalimetall. Zu den Verbindungen des Calciums gehören viele Mineralien wie Kalkstein, Marmor und Gips.
An der Luft reagiert Calcium allmählich mit Sauerstoff und Feuchtigkeit; beim Erhitzen verbrennt es mit ziegelroter Flamme zu Calciumoxid.

Magnesium. Das Element Magnesium ist wie Calcium ein silberglänzendes Leichtmetall. Bei der Reaktion mit Luftsauerstoff bildet sich eine dünne undurchlässige Schicht von Magnesiumoxid. Sie schützt das Magnesium vor weiterer Oxidation. Magnesium und Magnesium-Legierungen werden daher vielseitig als Werkstoffe genutzt. Besonders wichtig sind diese Leichtmetall-Legierungen für den Flugzeugbau. Aber auch Gegenstände des Alltags wie Bleistiftspitzer werden aus Magnesium hergestellt.

> Alkalimetalle und Erdalkalimetalle sind reaktionsfreudige Leichtmetalle. Sie reagieren heftig mit Sauerstoff. Diese Elemente und ihre Verbindungen zeigen charakteristische Flammenfärbungen.

1 Wie verändern sich die Eigenschaften der Alkalimetalle vom Lithium zum Caesium? Nimm den Steckbrief zu Hilfe.
2 Stelle die Wortgleichung und die Reaktionsgleichung für die Verbrennung von Calcium auf.

Steckbrief: Alkalimetalle

Element, Elementsymbol	Lithium, Li	Natrium, Na	Kalium, K	Rubidium, Rb	Caesium, Cs
Flammenfärbung	karminrot	gelb	blassviolett	rotviolett	blauviolett
Atommasse	6,9 u	23,0 u	39,1 u	85,5 u	132,9 u
Schmelztemperatur	180 °C	98 °C	64 °C	39 °C	28 °C
Siedetemperatur	1370 °C	883 °C	776 °C	696 °C	708 °C
Dichte	$0,53 \frac{g}{cm^3}$	$0,97 \frac{g}{cm^3}$	$0,86 \frac{g}{cm^3}$	$1,53 \frac{g}{cm^3}$	$1,87 \frac{g}{cm^3}$
Härte	mäßig hart				sehr weich
Reaktion mit Wasser	lebhaft				explosionsartig

Prüfe dein Wissen

Quiz

A1 a) Erkläre die Begriffe des Fensters.
b) Notiere auf der Vorderseite von Karteikarten den Begriff, auf der Rückseite die Erklärung.

A2 Erhitzt man Bleioxid (PbO_2) auf Holzkohle, so bildet sich Blei.
a) Stelle die Reaktionsgleichung auf.
b) Erläutere an diesem Beispiel die Begriffe Oxidation, Reduktion und Redoxreaktion.
c) Welcher Stoff ist bei dieser Reaktion das Reduktionsmittel, welcher das Oxidationsmittel?

A3 Stelle für die beim Thermit-Verfahren ablaufende chemische Reaktion die Reaktionsgleichung auf. Das eingesetzte Eisenoxid hat die Formel Fe_3O_4, das entstehende Aluminiumoxid hat die Formel Al_2O_3.

A4 Quarzsand besteht aus Siliciumdioxid (SiO_2). Aluminium ist ein stärkeres Reduktionsmittel als Silicium. Leite aus diesen Hinweisen ein Verfahren zur Gewinnung von Silicium ab und stelle die Reaktionsgleichung auf.

A5 Wie unterscheiden sich die Eigenschaften der Alkalimetalle von denen anderer Metalle, wie beispielsweise Eisen oder Kupfer?

A6 Um Roheisen in Stahl umzuwandeln, bläst man Sauerstoff auf die Schmelze.
a) Nenne die Bestandteile des Roheisens, die dadurch entfernt werden, und stelle für die ablaufenden Oxidationen die Reaktionsgleichungen auf.
b) Warum erhitzt sich die Schmelze, obwohl keine Wärme zugeführt wird?

A7 Wie kannst du Gold von Messing unterscheiden?

A8 In einem Goldring ist die Zahl 333 eingraviert.
a) Was kannst du daraus ableiten?
b) Berechne, wie viel Gramm reines Gold dieser Ring enthält, wenn er 5 g wiegt.

Know-how

A9 Entwickle einen Plan, wie du die Metalle Aluminium, Zink, Blei und Kupfer unterscheiden kannst.

A10 Prüfe Münzen von 2 Cent und 5 Cent mit einem Magneten. Erkläre den Zusammenhang zwischen deiner Beobachtung und der Farbe der Münze.

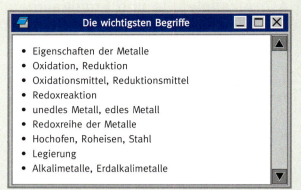

Die wichtigsten Begriffe
- Eigenschaften der Metalle
- Oxidation, Reduktion
- Oxidationsmittel, Reduktionsmittel
- Redoxreaktion
- unedles Metall, edles Metall
- Redoxreihe der Metalle
- Hochofen, Roheisen, Stahl
- Legierung
- Alkalimetalle, Erdalkalimetalle

A11 Ein Reagenzglas wird zu etwa einem Viertel mit Kaliumnitrat (KNO_3) gefüllt. Es wird so lange kräftig erhitzt, bis eine Schmelze entstanden ist, aus der Gasbläschen aufsteigen. Dann wirft man Aktivkohle in die Schmelze. Die Aktivkohle verbrennt unter intensivem Aufglühen. Erkläre diese Beobachtung.

A12 Quecksilberoxid (HgO), ein orangeroter Feststoff, kann bei ständiger Zufuhr von Wärmeenergie in Quecksilber und Sauerstoff zerlegt werden.
a) Stelle die Reaktionsgleichung auf.
b) Warum lässt sich Quecksilberoxid leichter zerlegen als Oxide unedler Metalle?
c) Informiere dich über die Giftigkeit von Quecksilber. Warum darf die Zerlegung von Quecksilberoxid nicht als Schulversuch durchgeführt werden?

Natur – Mensch – Technik

A13 Warum verwendet man zur Herstellung von Heizkörpern und Geräten wie: Bügeleisen, Kochplatten und Töpfen metallische Werkstoffe?

A14 Edelmetalle wie Gold, Silber und Kupfer wurden wesentlich früher vom Menschen genutzt als unedle Metalle wie Eisen oder Aluminium. Begründe diese Tatsache.

A15 Warum sollte man Ohrstecker möglichst aus Edelmetallen herstellen?

A16 Früher wurden Fahrradrahmen ausschließlich aus Stahl hergestellt. Warum verwendet man heute statt des Werkstoffs Stahl häufig Aluminium oder Titan?

A17 Oft klebt man hinter Heizkörpern Aluminiumfolie an das Mauerwerk. Begründe den Sinn dieser Maßnahme.

A18 a) Welche Standorte eignen sich für die Gewinnung von Roheisen?
b) Warum hat man Hochöfen häufig an Flüssen errichtet?

86 Schätze der Erde – Metalle

Schätze der Erde – Metalle

Basiswissen

1. Oxidation und Reduktion

a) Oxidation ist eine chemische Reaktion, bei der Sauerstoff gebunden wird. Als Reaktionsprodukte entstehen dabei Oxide.

$2\,Cu + O_2 \longrightarrow 2\,CuO$; exotherm
Kupfer   Sauerstoff   Kupferoxid

b) Reduktion ist eine chemische Reaktion, bei der einem Oxid Sauerstoff entzogen wird. Sie ist die Umkehrung der Oxidation.

$2\,Ag_2O \longrightarrow 4\,Ag + O_2$; endotherm
Silberoxid   Silber   Sauerstoff

c) Bei einer **Redoxreaktion** laufen Oxidation und Reduktion gleichzeitig ab. **Oxidationsmittel** übertragen Sauerstoff auf andere Stoffe. Sie werden dabei reduziert. **Reduktionsmittel** entziehen einem Oxid den Sauerstoff. Sie werden oxidiert.

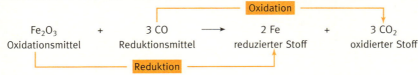

2. Redoxreihe der Metalle

| Natrium | Magnesium | Aluminium | Zink | Eisen | Blei | Kupfer | Silber | Quecksilber | Gold |

Je weiter links die Metalle in der Redoxreihe stehen, desto unedler sind sie und desto größer ist ihre Reduktionswirkung.

Je weiter rechts die Metalle in der Redoxreihe stehen, desto edler sind sie. Ihre Oxide sind gute Oxidationsmittel, denn sie geben leicht Sauerstoff ab.

3. Legierungen

Legierungen sind metallische Werkstoffe, die durch Zusammenschmelzen mehrerer Metalle hergestellt werden. Sie besitzen günstigere Werkstoffeigenschaften als die reinen Metalle.

Legierung	Bestandteile
Bronze	Kupfer und Zinn
Messing	Kupfer und Zink
Stahl	Eisen und z. B. Chrom, Nickel
Amalgam	Quecksilber und z. B. Silber

4. Eisenerz – Roheisen – Stahl

Eisenerze sind Mineralien mit einem hohen Anteil oxidischer oder sulfidischer Eisen-Verbindungen.

Im Hochofen gewinnt man aus Eisenerz **Roheisen**. Als Reduktionsmittel dient dabei Kohlenstoffmonooxid, das bei der Verbrennung von Koks entsteht. Roheisen enthält bis zu 5 % Kohlenstoff und weitere Bestandteile.

Bei der Herstellung von **Stahl** werden Kohlenstoff und weitere Begleitstoffe durch Aufblasen von Sauerstoff auf die Roheisenschmelze zum großen Teil oxidiert und damit entfernt.

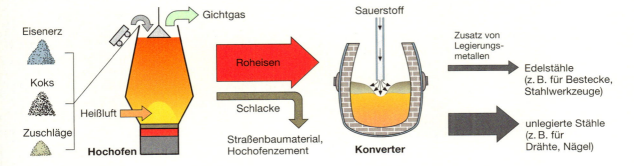

5 Wasser – Element oder Verbindung?

Die Erde verdankt ihren Beinamen „blauer Planet" ausgedehnten Meeren, die drei Viertel der Erdoberfläche bedecken. Obwohl es den lebenswichtigen Stoff Wasser in Hülle und Fülle gibt, gilt er als kostbares Gut, denn das zum Leben benötigte Süßwasser ist knapp. Die Meere bestehen aus ungenießbarem Salzwasser. Nur 0,26 % des Wassers auf der Erde eignen sich als Trinkwasser.

Zentrale Fragen:
- Wie wird Trinkwasser gewonnen?
- Welche Vorgänge laufen in einer Kläranlage ab?
- Inwiefern ist Wasser ein ungewöhnlicher Stoff?
- Welche Elemente sind am Aufbau von Wasser beteiligt?
- Wie kann Wasserstoff genutzt werden?

5.1 Der Kreislauf des Wassers

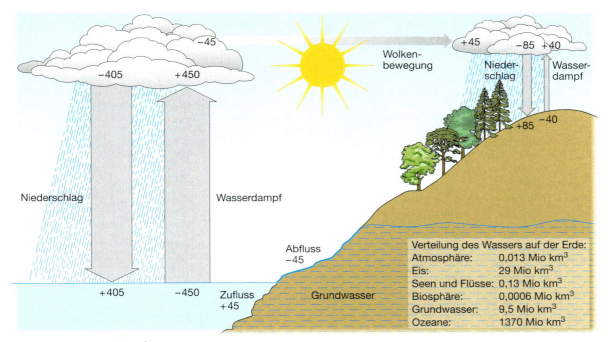

Wassertransport in 1000 km³ pro Jahr

Das Wasser auf der Erde befindet sich in einem ständigen **Kreislauf:** Über den Meeren verdunsten große Wassermengen; sie steigen auf und kondensieren zu Wolken. Der größte Teil des Wassers gelangt als Niederschlag ins Meer zurück. Der Rest fällt als Regen oder Schnee auf das Land. Ein Drittel der Niederschläge versickert dort im Boden und bildet das Grundwasser. Dieses bewegt sich unterirdisch zu nahe liegenden Bächen und Flüssen. Zusammen mit dem Oberflächenwasser fließt es so in die Meere zurück. Ein großer Teil der auf den Boden fallenden Niederschläge verdunstet direkt oder auf dem Weg über die Pflanzen und verstärkt die Wolkenbildung.

Wassernutzung. Allein im *privaten Bereich* verwendet jeder von uns täglich 128 Liter Trinkwasser. Zusätzlich werden im *öffentlichen Bereich* für jeden Einwohner täglich 75 Liter Wasser bereitgestellt.

Es geht dabei um Krankenhäuser, Schwimmbäder, Grünanlagen, Straßenreinigung oder das Kleingewerbe. Der Wasserbedarf im privaten und im öffentlichen Bereich entspricht zusammen aber nur 12 % der insgesamt genutzten Wassermenge. 60 % entfallen allein auf das von den *Kraftwerken* benötigte Kühlwasser.
Großverbraucher sind auch die meisten *Industriebetriebe*. So erfordert der Bau eines Autos fast 400 000 Liter Wasser; selbst für eine Getränkedose sind es drei Liter. Für die Herstellung eines Mikrochips sind 80 Liter Wasser erforderlich und bei der Produktion von 1 kg Zucker werden 120 Liter Trinkwasser zu Abwasser.

> Das Wasser bewegt sich auf der Erde in einem ständigen Kreislauf. Bei der Wassernutzung haben Kraftwerke und Industrie den größten Anteil. Nur 12 % entfallen auf den privaten und öffentlichen Bereich.

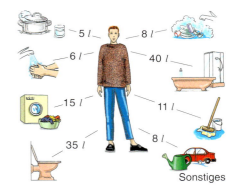

Private Wassernutzung (Durchschnittswerte pro Tag für eine Person)

1 Beschreibe den Kreislauf des Wassers auf der Erde.
2 Warum spricht man besser von der Wassernutzung als vom Verbrauch des Wassers?
3 Wie viele Liter Wasser sind in den Meeren enthalten?
4 Wo findet sich Süßwasser auf der Erde? Wie viel Prozent des Wassers auf der Erde ist Süßwasser?

Wasser – Element oder Verbindung? **89**

5.2 Trinkwasser – (k)ein Naturprodukt?

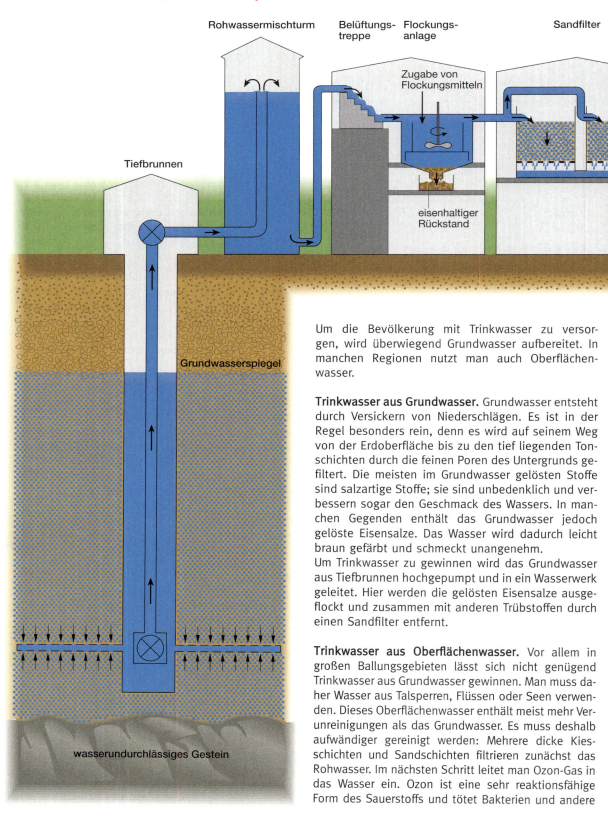

Um die Bevölkerung mit Trinkwasser zu versorgen, wird überwiegend Grundwasser aufbereitet. In manchen Regionen nutzt man auch Oberflächenwasser.

Trinkwasser aus Grundwasser. Grundwasser entsteht durch Versickern von Niederschlägen. Es ist in der Regel besonders rein, denn es wird auf seinem Weg von der Erdoberfläche bis zu den tief liegenden Tonschichten durch die feinen Poren des Untergrunds gefiltert. Die meisten im Grundwasser gelösten Stoffe sind salzartige Stoffe; sie sind unbedenklich und verbessern sogar den Geschmack des Wassers. In manchen Gegenden enthält das Grundwasser jedoch gelöste Eisensalze. Das Wasser wird dadurch leicht braun gefärbt und schmeckt unangenehm.
Um Trinkwasser zu gewinnen wird das Grundwasser aus Tiefbrunnen hochgepumpt und in ein Wasserwerk geleitet. Hier werden die gelösten Eisensalze ausgeflockt und zusammen mit anderen Trübstoffen durch einen Sandfilter entfernt.

Trinkwasser aus Oberflächenwasser. Vor allem in großen Ballungsgebieten lässt sich nicht genügend Trinkwasser aus Grundwasser gewinnen. Man muss daher Wasser aus Talsperren, Flüssen oder Seen verwenden. Dieses Oberflächenwasser enthält meist mehr Verunreinigungen als das Grundwasser. Es muss deshalb aufwändiger gereinigt werden: Mehrere dicke Kiesschichten und Sandschichten filtrieren zunächst das Rohwasser. Im nächsten Schritt leitet man Ozon-Gas in das Wasser ein. Ozon ist eine sehr reaktionsfähige Form des Sauerstoffs und tötet Bakterien und andere

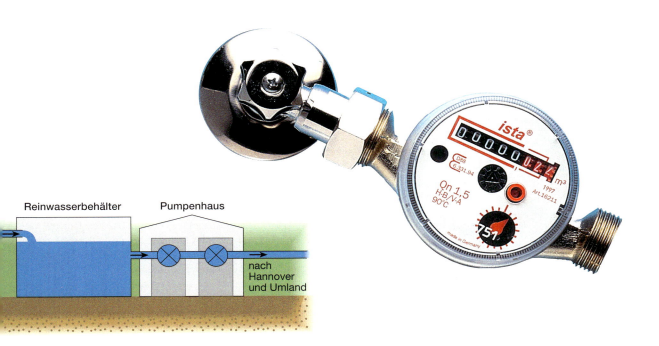

Krankheitserreger ab. Außerdem ballen sich in Gegenwart von Ozon kleinste Schmutzteilchen zu größeren Flocken zusammen. Eine dicke Aktivkohle-Schicht adsorbiert anschließend alle Verunreinigungen.

Bevor nun das gereinigte Oberflächenwasser in das Leitungsnetz eingespeist wird, kann Chlor oder Chlordioxid zugesetzt werden. Diese *Chlorung* bewirkt, dass sich in den langen Leitungen keine Bakterien oder andere Keime ansiedeln und vermehren können.

Trinkwasser aus Uferfiltrat. Wo Mangel an Grundwasser besteht, entnehmen die Wasserwerke Wasser aus einem Fluss und lassen es in der Uferzone versickern. Dabei wird es auf dem Weg durch den sandigen Untergrund auf natürliche Weise gereinigt. Einige hundert Meter vom Fluss entfernt fördern Pumpen das Wasser als *Uferfiltrat* aus Tiefbrunnen wieder herauf. Anschließend wird es zu Trinkwasser aufbereitet.

In manchen Gebieten leitet man das Uferfiltrat in Wasserschutzgebiete und versprüht es dort. Dabei reichert es sich mit Luftsauerstoff an. Die Bodenbakterien können dann Schadstoffe schneller abbauen. Das versickerte Wasser erhöht so den natürlichen Grundwasservorrat.

Trinkwasserversorgung. In Deutschland verkaufen 7000 Wasserversorgungsunternehmen täglich viele Millionen Liter Trinkwasser. Das Wasser wird gereinigt, aufbereitet, kontrolliert, gespeichert und über ein großes Trinkwasserleitungsnetz verteilt.

Diese Versorgung mit Trinkwasser kostet in Deutschland durchschnittlich 1,50 € pro Kubikmeter (m^3). 1 m^3 ist das Volumen eines Würfels mit der Kantenlänge von einem Meter und entspricht 1000 l Wasser. Da die Kosten vom Verbraucher zu bezahlen sind, gibt es in jedem Haus eine **Wasseruhr.** Sie misst die vom Wasserwerk gelieferte Wassermenge. Einmal im Jahr wird die Uhr abgelesen und aus dem gemessenen Verbrauch werden die Kosten berechnet: Eine dreiköpfige Familie braucht im Monat durchschnittlich 12,6 m^3 Wasser und muss somit knapp 19 € pro Monat bezahlen.

An der Wasseruhr lässt sich auch erkennen, ob alle Anschlüsse im Hause dicht schließen. Das kleine Dreieck in der Mitte der Uhr dreht sich bereits, wenn ein Wasserhahn tropft.

> Trinkwasser kann aus Grundwasser, Oberflächenwasser und Uferfiltrat gewonnen werden. Oberflächenwasser muss weit aufwändiger als Grundwasser gereinigt werden. Zum Schutz vor Keimen wird das Trinkwasser oft mit Chlor versetzt. Trinkwasser ist teuer. Der an der Wasseruhr abgelesene Verbrauch wird abgerechnet.

1 Beschreibe die verschiedenen Möglichkeiten der Trinkwassergewinnung.
2 Erkundige dich über die Herkunft des Trinkwassers an deinem Wohnort.
3 Sieh auf eurer letzten Wasserrechnung nach, wie viel Trinkwasser eure Familie im letzten Jahr verbraucht hat. Wie viel kostete das Trinkwasser?

5.3 Kläranlagen reinigen Abwässer

Abwasser ist verschmutztes Wasser, das aus Haushalten und Betrieben zur Kläranlage kommt. In mehreren Reinigungsstufen wird es dort gereinigt, so dass es wieder in ein Gewässer eingeleitet werden kann.

Mechanische Reinigung. In der ersten Reinigungsstufe sieben **Rechen** den gröberen Abfall heraus. Er besteht vor allem aus Papier, Holz, Kunststoff, Metall und Glas. Was hier hängen bleibt, wird in großen Behältern gesammelt.
Anschließend läuft das Abwasser langsam durch den **Sandfang** und den **Ölabscheider.** Hier setzen sich Sinkstoffe am Boden ab. Fette, Öle und andere Schwimmstoffe werden an der Oberfläche durch eine Sperre zurückgehalten und abgesaugt.
Durch das sich anschließende **Vorklärbecken** fließt das Abwasser sehr langsam hindurch. Ein Teil der Schwebstoffe sinkt zu Boden; sie werden als Schlamm entfernt.

Biologische Reinigung. Das vorgeklärte Abwasser wird dann im **Belebungsbecken** durch Kleinstlebewesen weiter gereinigt. Die im Abwasser immer noch reichlich vorhandenen Schwebstoffe und gelösten Stoffe dienen den Bakterien als Nahrung.
Im Belebungsbecken bleibt das Abwasser mehrere Stunden lang stehen. Dabei wird es ständig von unten belüftet und bewegt. So erhalten die Kleinstlebewesen den lebensnotwendigen Sauerstoff. Bei diesen idealen Bedingungen vermehren sie sich gut und bilden einen flockigen **Belebtschlamm.**
Gleichzeitig werden anorganische Stickstoffverbindungen und Phosphate aus dem Abwasser entfernt. Die Stickstoffverbindungen werden dabei in elementaren Stickstoff umgewandelt, der in die Luft entweicht. Durch Zugabe von Eisen- oder Aluminiumverbindungen erhält man schwerlösliche Phosphate.
Aus dem Belebungsbecken wird ständig ein Teil des Belebtschlamms in ein **Nachklärbecken** gepumpt. Die Kleinstlebewesen sinken nach unten und setzen sich am Boden als Schlamm ab, der mit einem Schieber in die vertiefte Mitte des Beckens geschoben wird. Ein Teil davon wird in das Belebungsbecken zurückgepumpt, der andere Teil kommt in den Faulturm.
Das geklärte Abwasser darf jetzt in einen Bach oder Fluss eingeleitet werden.

Verwertung und Entsorgung. Die von der Rechenanlage zurückgehaltenen Abfälle werden verbrannt. Die im Ölabscheider zurückgehaltenen Abfälle werden ebenfalls verbrannt. Der Sand aus dem Sandfang kann im Straßenbau benutzt werden.
Der überschüssige Schlamm wird entwässert und in Faultürmen durch Bakterien zersetzt. Das dabei entstehende Gas wird in Gasmotoren verbrannt, um elektrische Energie zu erzeugen. Der ausgefaulte Schlamm wird auf einer Deponie gelagert oder verbrannt. Falls er keine schädlichen Stoffe enthält, kann er als Dünger eingesetzt werden.

> In Kläranlagen wird Abwasser aus Haushalten und Betrieben in mehreren Stufen so weit gereinigt, dass es wieder in einen Fluss eingeleitet werden kann.

1 Beschreibe die Funktionsweise einer Kläranlage.
2 Was geschieht mit den in den einzelnen Stufen abgetrennten Stoffen?
3 Welche Folgen hätte ein Ausfall der Kläranlage?

92 Wasser – Element oder Verbindung?

Kann Schmutzwasser „von allein" sauber werden?

Exkurs

Verschmutztes Wasser kann nicht nur mit Filtern und anderen technischen Anlagen gereinigt werden. In der Natur reinigt sich das Wasser anscheinend auch von allein. Das Wasser in Bächen, Flüssen und Seen ist nämlich sehr lebendig. Es enthält unzählig viele, winzig kleine Lebewesen, die die Reinigungsarbeit übernehmen.

Unter einem guten Mikroskop kannst du sie sehen. Die kleinsten sind die Bakterien. Etwas größer sind die Einzeller. Es sind Amöben, Pantoffeltierchen, Wimperntierchen und Geißeltierchen.

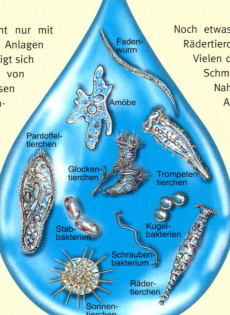

Noch etwas größer sind die Mehrzeller wie Rädertierchen oder Fadenwürmer.

Vielen dieser Kleinstlebewesen dienen die Schmutzteilchen aus dem Wasser als Nahrung, vor allem der Schmutz aus Abwasser – wenn sie sich nicht gerade gegenseitig auffressen. Auf diese Weise reinigen die Kleinstlebewesen das Wasser. Man spricht deshalb von der *Selbstreinigung* der Gewässer.

Die Reinigungsarbeit der Kleinstlebewesen wird auch in den *Klärwerken* zur Abwasserreinigung genutzt.

Muscheln kontrollieren das Wasser

Exkurs

Abwasser darf nur dann in ein Gewässer eingeleitet werden, wenn der Schadstoffgehalt gesetzlich festgelegte Höchstwerte nicht überschreitet. Zur Kontrolle überwachen in Deutschland etwa 150 Messstellen die Gewässer rund um die Uhr. Die Überwachung der Wasserqualität erfolgt in zwei Stufen.

Stufe 1: Die Messstation entnimmt ständig Wasserproben und misst vollautomatisch die Temperatur, den Sauerstoffgehalt und den Gehalt an Salzen und Säuren.

Stufe 2: Wenn sich bei einer Untersuchung auffällige Veränderungen der Messwerte ergeben, wird automatisch eine weitere Probe entnommen und Alarm ausgelöst. Die Probe wird dann umfassend in einem Labor auf Schadstoffe (giftige Schwermetallsalze, Schädlingsbekämpfungsmittel) untersucht.
Auch Art und Anzahl von Kleinstlebewesen geben Hinweise auf die Wassergüte.

Eine ständige und sehr empfindliche Kontrolle des Wassers ermöglichen Muscheln: Sie schließen sofort ihre Schalen, wenn sie Schadstoffe im Wasser feststellen.

Ein magnetisch gesteuerter Bewegungsmelder an der Muschelschale registriert, wie weit sie geschlossen ist. Über einen Zentralrechner kann dann gegebenenfalls Umweltalarm ausgelöst werden.

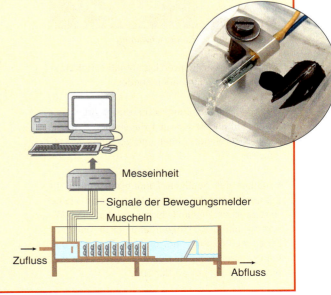

Wasser – Element oder Verbindung?

5.4 Wasser – der etwas andere Stoff

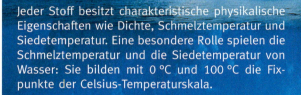

Jeder Stoff besitzt charakteristische physikalische Eigenschaften wie Dichte, Schmelztemperatur und Siedetemperatur. Eine besondere Rolle spielen die Schmelztemperatur und die Siedetemperatur von Wasser: Sie bilden mit 0 °C und 100 °C die Fixpunkte der Celsius-Temperaturskala.

Dichte-Anomalie von Eis und Wasser. Im Allgemeinen hat ein Stoff im festen Zustand eine größere Dichte als im geschmolzenen Zustand: Ein Eisenstück sinkt in einer Eisenschmelze genau so auf den Boden wie eine Kerze in flüssigem Wachs. Eis dagegen schwimmt auf flüssigem Wasser, denn die Dichte von Eis ist mit 0,92 $\frac{g}{cm^3}$ geringer als die Dichte von flüssigem Wasser (1 $\frac{g}{cm^3}$). Diese Anomalie lässt sich folgendermaßen erklären: Beim Gefrieren bildet sich eine Gitterstruktur mit Hohlräumen. Im Eis sind die Wasser-Teilchen dadurch weniger dicht gepackt als im flüssigem Wasser.

Dichte-Anomalie des flüssigen Wassers. Bei fast allen Stoffen nimmt die Dichte beim Erwärmen ab, da sich die Stoffe ausdehnen. Nur bei Wasser steigt die Dichte beim Erwärmen von 0 °C auf 4 °C zunächst etwas an und beginnt erst dann zu sinken. Wasser besitzt also bei 4 °C seine größte Dichte.

Wärmespeicherung. Am Strand merkt man, dass sich der Sand in der Sonne viel schneller aufheizt als das Wasser. Nachts kühlt er sich auch viel schneller ab als das Wasser. Wasser kann nämlich bei gleicher Temperaturerhöhung etwa sechsmal mehr Wärme aufnehmen und speichern als Sand oder auch Gestein. Deshalb verhalten sich die Wassermassen der Meere wie ein riesiger Wärmespeicher: Sie sorgen in den am Meer gelegenen Ländern für ein relativ ausgeglichenes Klima.

Verdampfungswärme. Beim Schwitzen verdunstet das Wasser auf der Haut und kühlt sie dabei ab. So schützt sich der Körper vor Überhitzung. Die für das Verdampfen erforderliche Energie wird direkt der Umgebung entzogen. Man spricht von der *Verdampfungswärme*.
Um eine bestimmte Menge zu verdampfen, benötigt man bei Wasser wesentlich mehr Energie als bei den meisten anderen Flüssigkeiten.

> Wasser ist ein Stoff mit ungewöhnlichen Eigenschaften: Wasser besitzt bei 4 °C seine größte Dichte. Eis hat eine geringere Dichte als flüssiges Wasser. Die Verdampfungswärme und die Wärmespeicherfähigkeit sind viel größer als bei anderen Stoffen.

Eis in Wasser und Wachs in geschmolzenem Wachs

1 Was versteht man unter den Dichte-Anomalien des Wassers?
2 Warum befindet sich Wasser mit einer Temperatur von 4 °C immer am Boden eines Sees?
3 Warum ändern sich die Lufttemperaturen über dem Meer nicht so stark wie über dem Festland?
4 a) Warum sollte man Badekleidung nicht am Körper trocknen lassen?
b) Erkläre an diesem Beispiel den Zusammenhang zwischen den Begriffen Verdampfungswärme und Verdunstungskälte.
5 Wie kann man mit Hilfe eines Handtuchs im Sommer am Strand seine Getränkeflasche kühl halten?

Wasser – Element oder Verbindung?

Wasser – alltäglich und doch außergewöhnlich

Ergebnisse:

→ **Hohlschliff**
Schlittschuhläufer gleiten leicht über das Eis. Durch den Druck des Schlittschuhs werden die Wasser-Teilchen dichter zusammen gepresst, das Eis schmilzt dadurch, denn flüssiges Wasser hat eine größere Dichte als Eis. Unter dem Hohlschliff sammelt sich ein Wasserpolster, auf dem der Schlittschuh leicht gleitet.

→ **Wasser formt die Erde**
Wasser versickert in Spalten und Ritzen von Gesteinen und sprengt beim Gefrieren Gesteinsbrocken ab. Flüsse graben sich in die Landschaft und bilden Täler und Schluchten. Regen spült Erde fort und Flüsse schwemmen sie an anderer Stelle wieder an.

→ **Dichte von Wasser**

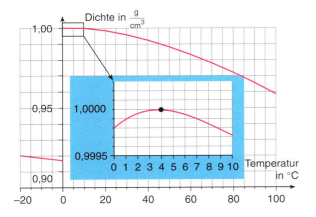

→ **Golfstrom**
Gewaltige Wärmemengen werden von dem Wasser der Ozeane gespeichert und mit den Meeresströmungen verteilt. So fließt der warme Golfstrom aus dem Golf von Mexiko nach Nordeuropa und beeinflusst unser Klima. Am Anfang ist der Golfstrom etwa 80 km breit, 640 m tief und 25 °C warm. Er transportiert Wärmeenergie von den Tropen bis zur Arktis.

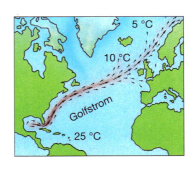

→ **Oberflächenspannung**
Wasserläufer flitzen über die Wasseroberfläche, als ob Wasser eine Haut hätte. Auch wenn sie ruhig sitzen bleiben, sinken sie nicht ein. Das liegt daran, dass sich die Wasser-Teilchen an der Oberfläche gegenseitig fest anziehen. Man spricht auch von der *Oberflächenspannung* des Wassers.

Aufgaben

1. Warum sind Schlittschuhkufen nicht wie ein Messer geschliffen?
2. Warum platzt eine Flasche Wasser in der Tiefkühltruhe?
3. Wie ändert sich das Volumen, wenn man einen Liter Wasser
   a) von 20 °C auf 4 °C abkühlt,
   b) bei 0 °C zu Eis erstarren lässt?
4. Welches Volumen hat ein Kilogramm Eis?
5. Nenne zwei Beispiele für die Verwendung von Wasser als Wärmeträger und als Wärmespeicher.
6. *Experimentelle Hausaufgabe:* Fülle ein Glas randvoll mit Wasser. Lasse vorsichtig so lange Münzen in das Glas gleiten, bis das Wasser überläuft. Erläutere deine Beobachtungen.

5.5 Wasser löst Vieles ...

Wasser löst feste Stoffe: Kaliumpermanganat (A), Zucker (B)

Wasser löst Flüssigkeiten: Säure (A), Saftkonzentrat (B)

Wasser löst Gase: Kohlenstoffdioxid (A), Sauerstoff (B)

Viele *feste Stoffe* lösen sich ähnlich gut in Wasser wie Kochsalz oder Zucker. Besonders gut erkennen lässt sich der Lösungsvorgang bei farbigen Stoffen, wie dem violetten Kaliumpermanganat oder dem blauen Kupfersulfat. Es entstehen farbige **Lösungen**.

Auch viele Flüssigkeiten lösen sich in Wasser. Einige lassen sich sogar in beliebigen Verhältnissen mit Wasser vermischen. Das gilt beispielsweise für Alkohol. So ist Bier im Wesentlichen eine wässrige Lösung mit 50 ml Alkohol in einem Liter Wasser. Ein Liter Rum kann bis zu 800 ml Alkohol enthalten.
Konzentrierte wässrige Lösungen müssen für die Anwendung häufig verdünnt werden. Ein einfaches Beispiel ist das Verdünnen eines Saftkonzentrats bei der Zubereitung eines Getränks. Entsprechend erhält man auch die für den Chemieunterricht benötigten Säuren: Die konzentrierte Säure wird im gewünschten Verhältnis mit reinem Wasser verdünnt.

Wasser löst auch viele *gasförmige Stoffe,* beispielsweise Sauerstoff aus der Luft. Nur weil Wasser gelösten Sauerstoff enthält, können Fische über ihre Kiemen atmen.
Wird das Gas Kohlenstoffdioxid in Wasser eingeleitet, so löst sich ziemlich viel. Das Wasser schmeckt dann leicht säuerlich. Getränke, in denen Kohlenstoffdioxid gelöst ist, bezeichnet man deshalb als *kohlensäurehaltige* Getränke. Bei den Bläschen, die aus Sprudel, Sekt oder Bier aufsteigen, handelt es sich um nichts anderes als Kohlenstoffdioxid.

Die Löslichkeit von Gasen steigt mit zunehmendem Druck. Beim Abfüllen von kohlensäurehaltigen Getränken wird Kohlenstoffdioxid unter erhöhtem Druck gelöst. Öffnet man die Flasche, sinkt mit dem Druck auch die Löslichkeit des Gases: Es steigen Bläschen von Kohlenstoffdioxid auf.

> Wasser ist ein Lösungsmittel für viele feste, flüssige und gasförmige Stoffe. *Lösungen* bestehen aus einem Lösungsmittel und dem gelösten Stoff. Die Löslichkeit von Gasen nimmt mit steigendem Druck zu.

1 Notiere einige Stoffe, die sich in Wasser lösen.
2 Wird beim Auflösen einer Brausetablette nur ein fester Stoff in Wasser gelöst?
3 Wie gelangt der Sauerstoff in Flüsse und Seen?
4 Warum werden gelegentlich bei kleineren Fließgewässern künstlich Stromschnellen angelegt? Erkläre.
5 Informiere dich über die in Erfrischungsgetränken gelösten Stoffe. Stelle sie für mehrere Getränke nach Art und Menge in einer Tabelle zusammen.

5.6 ... aber nicht beliebig viel

Kupfersulfat wird gelöst

Kochsalz, Kupfersulfat, Natriumcarbonat und viele andere feste Stoffe lösen sich in Wasser. Aber es lassen sich nicht beliebig große Mengen auflösen. In 100 ml Wasser lösen sich bei 20 °C höchstens 36 g Kochsalz. Gibt man weiteres Salz hinzu, bleibt es unverändert als **Bodenkörper** liegen. Die überstehende Lösung ist dann mit Kochsalz **gesättigt.** Von jedem Stoff löst sich also nur eine bestimmte Menge, bis eine *gesättigte Lösung* entsteht.

Beim Erwärmen verschwindet der Bodensatz in vielen Fällen. Er löst sich zusätzlich in der bereits vorhandenen Lösung auf. Lässt man die warme Lösung abkühlen, bilden sich wieder Kristalle. Die Löslichkeit von festen Stoffen ist also von der Temperatur abhängig. In der Regel löst sich umso mehr, je höher die Temperatur des Lösungsmittels ist.

Die Zunahme der Löslichkeit ist allerdings unterschiedlich. Beim Kochsalz steigt die Löslichkeit nur wenig an, während sie sich beim Kupfersulfat stark erhöht.

Die Löslichkeit von Gasen wird mit steigender Temperatur geringer: In Mineralwasser gelöstes Kohlenstoffdioxid entweicht, wenn man die Lösung erhitzt. Wenn im Sommer kleine Gewässer zu stark von der Sonne erwärmt werden, kann dies für die im Wasser lebenden Organismen tödlich sein: Mit zunehmender Temperatur löst sich immer weniger Sauerstoff im Wasser. Die Lebewesen drohen zu ersticken.

> Lösungen sind gesättigt, wenn sich ein Bodenkörper gebildet hat. Bei den meisten festen Stoffen steigt die Löslichkeit mit der Temperatur. Die Löslichkeit von Gasen nimmt mit steigender Temperatur ab.

1 Nenne zwei Möglichkeiten, wie man den Bodensatz einer gesättigten Lösung auflösen kann.
2 Erkundige dich, wie viel Salz in 1 l Meerwasser und in 1 l Wasser aus dem Toten Meer enthalten ist. Überlege, ob das Tote Meer eine mit Salz gesättigte Lösung ist.
3 Warum drohen Fische in kleinen Teichen im Sommer zu ersticken?
4 Industriebetriebe dürfen ihr warmes Kühlwasser auch dann nicht in Flüsse einleiten, wenn es vollkommen schadstofffrei ist. Erkläre.
5 Warme Cola schmeckt abgestanden. Erkläre.

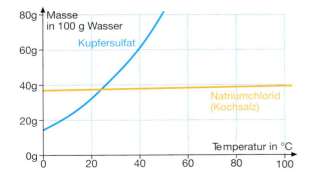

Einfluss der Temperatur auf die Löslichkeit von Natriumchlorid und Kupfersulfat

Wasser – Element oder Verbindung? **97**

Praktikum — Wasser als Lösungsmittel

V1: Wasser löst Feststoffe

Materialien: Becherglas (200 ml), Waage, Spatel; destilliertes Wasser, Natriumchlorid (Kochsalz), Kupfersulfat (Xn,N), Natriumcarbonat (Xi).

Durchführung:
1. Löse in 100 ml destilliertem Wasser möglichst viel Kochsalz. Gib portionsweise jeweils 5 g Salz zum Wasser, bis sich trotz gründlichem Umrühren nichts mehr löst.
2. Notiere die gelöste Salzmenge.
3. Wiederhole Schritt 1 mit
   a) Kupfersulfat in 50 ml Wasser
   b) Natriumcarbonat in 50 ml Wasser.
4. Notiere auch hier die gelösten Mengen.

Aufgaben:
a) Rechne jeweils auf 100 ml um und vergleiche die gelösten Mengen.
b) Woran erkennst du eine gesättigte Lösung?

V2: Wasser enthält gelöste Gase

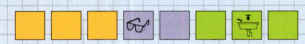

Materialien: Becherglas (400 ml, hoch), Messzylinder (10 ml, 25 ml), Glastrichter, Thermometer, Gasbrenner; Leitungswasser, stilles Mineralwasser.

Durchführung:
1. Fülle das Becherglas zur Hälfte mit Leitungswasser.
2. Stelle den Trichter auf den Boden des Becherglases und stülpe den mit Leitungswasser gefüllten 10-ml-Messzylinder darüber.
3. Erwärme das Wasser langsam auf 50 °C und lies nach jeder Temperaturerhöhung um 10 Grad das Gasvolumen im Messzylinder ab.
4. Wiederhole den Versuch mit stillem Mineralwasser. Verwende dabei den 25-ml-Messzylinder.

Aufgaben:
a) Notiere die Messwerte für die Wasserproben in Form einer Tabelle.
b) Vergleiche die Ergebnisse.

V3: Einfluss der Temperatur auf die Löslichkeit

Materialien: Dreifuß mit Drahtnetz, Brenner, Becherglas (100 ml), Thermometer, Waage, Spatel; destilliertes Wasser, Kaliumnitrat (O).

Durchführung:
1. Stelle mit 50 g Wasser und Kaliumnitrat eine gesättigte Lösung her.
2. Erwärme die Lösung langsam bis auf 100 °C. Rühre dabei um und gib nochmals 10 g des Salzes hinzu.

Aufgaben:
a) Notiere deine Beobachtungen.
b) Formuliere einen Je-desto-Satz in Bezug auf die gelöste Salzmenge und die Temperatur.
c) Vergleiche mithilfe der Abbildung auf Seite 97 die Temperaturabhängigkeit der Löslichkeit von Kaliumnitrat mit der von Natriumchlorid.

V4: Wasserhärte

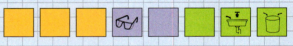

Materialien: Gesamthärte-Teststäbchen; Mineralwasser, Leitungswasser, Meerwasser, destilliertes Wasser.

Durchführung: Tauche ein Teststäbchen in die Wasserprobe und lies den Härtebereich ab.

Aufgabe: Notiere deine Messwerte.

V5: Schaumbildung

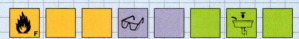

Materialien: Stopfen, Tropfpipette; Mineralwasser, Leitungswasser, Meerwasser, destilliertes Wasser, Seifenlösung (alkoholisch (F), nach BOUTRON und BOUDET).

Durchführung:
1. Fülle ein Reagenzglas zur Hälfte mit der Wasserprobe. Gib zwei Tropfen Seifenlösung hinzu, setze den Stopfen auf und schüttle kräftig.
2. Gib weitere Seifenlösung hinzu, bis sich durch das Schütteln ein bleibender Schaum bildet.
3. Wiederhole den Versuch mit den anderen Wasserproben.

Aufgabe: Notiere deine Beobachtungen.

Lösungen – verdünnt und konzentriert

Unser Trinkwasser – eine Lösung
Im Wasserbehälter vieler Kaffeemaschinen beobachtet man einen weißen Kalkbelag. Es handelt sich um Kesselstein, der sich aus dem Wasser beim Erhitzen abscheidet. Unser Trinkwasser ist also kein reines Wasser: Es ist eine Lösung, die verschiedene Stoffe enthält. Erhitzt man diese Lösung oder dampft man sie ein, so bleibt der Kesselstein zurück. Da Kesselstein ein schlechter Wärmeleiter ist, muss er regelmäßig entfernt werden. Dazu benutzt man häufig Zitronensäure.
Die Unterschiede zwischen Trinkwasser und destilliertem Wasser zeigen sich auch bei der Überprüfung der elektrischen Leitfähigkeit: Trinkwasser leitet den Strom, destilliertes Wasser dagegen nicht.

Essig – eine Säurelösung
Haushaltsessig ist kein reiner Stoff, sondern eine 5%ige Lösung von Essigsäure in Wasser. In 100 g Essig sind also 5 g reine Säure gelöst. Ist der Essig durch Vergären von Obst gewonnen worden, so enthält er zusätzlich Geschmacksstoffe von Äpfeln oder Weintrauben.

Das Tote Meer – eine konzentrierte Salzlösung
Das Tote Meer ist eine der Hauptattraktionen in Israel. Touristen versäumen es selten, dort Halt zu machen und sich ins Wasser zu legen: Das ist erstaunlicherweise auch ohne Schwimmbewegungen möglich.
Das Wasser des Toten Meeres ist eine etwa 25%ige Salzlösung. Aufgrund des hohen Salzgehalts ist die Dichte dieser Lösung so groß, dass Menschen darin nicht untergehen. Sie können schwimmend ein Buch lesen!
Der Salzgehalt des Toten Meeres steigt weiter an, weil einerseits über den Jordan immer weniger Wasser zufließt und andererseits die Verdunstung unverändert hoch bleibt.

Liköre – alkoholische Zuckerlösungen
Auf den Etiketten von verschiedenen Likören findet man als Hauptbestandteile Alkohol und Zucker. Der Alkohol-Anteil beträgt bis zu 30 % Vol: In 100 ml Likör liegen 30 ml Alkohol gelöst vor. Darüber hinaus sind in Likören Geschmacksstoffe enthalten, etwa die Aromastoffe von Orangen, Aprikosen oder Kirschen.

Löslichkeit von Stoffen (in g pro 100 g Wasser bei 20 °C)

Ammoniak	51,8	Natriumnitrat	88,3	Kaliumchlorid	34,2
Chlor	0,73	Calciumchlorid*	74,5	Kaliumnitrat	31,7
Kohlenstoffdioxid	0,173	Magnesiumchlorid*	54,6	Kupfersulfat*	20,8
Sauerstoff	0,0044	Natriumchlorid	35,9	Eisensulfat*	26,6
Stickstoff	0,0019	Magnesiumsulfat*	35,6	Alaun*	5,5

* Werte beziehen sich auf das wasserfreie Salz.

Aufgaben

1. **a)** Welchen Unterschied stellt man fest, wenn 100 ml Leitungswasser und 100 ml Meerwasser vollständig verdampft werden?
   b) Wie viel Salz würde ungefähr beim Verdampfen von 100 g des Wassers aus dem Toten Meer übrig bleiben?

2. Auf zwei Likörflaschen stehen die Angaben „22 % Vol" und „38 % Vol". Was bedeuten diese Angaben?

3. Wie viel Gramm Natriumchlorid lassen sich bei 20 °C in 500 g Wasser lösen?

5.7 Wasser = Wasserstoffoxid

Wasserdampf reagiert mit Magnesium.

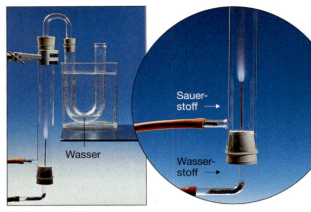

Synthese von Wasser

Im Altertum lehrten die griechischen Philosophen, dass sich alle Stoffe aus den vier Elementen Feuer, Erde, Wasser und Luft zusammensetzen. Noch heute sprechen wir vom Wasser als dem „nassen Element" und verwenden den Begriff dabei im Sinne der alten Griechen.

Ob Wasser aber auch im heutigen Sinne ein Element ist, kann durch ein einfaches Experiment gezeigt werden.

Analyse des Wassers. Leitet man Wasserdampf über erhitzte Magnesiumspäne, so glüht das Metall auf und reagiert zu weißem Magnesiumoxid. Gleichzeitig bildet sich ein farbloses, brennbares Gas. Es handelt sich dabei um das Element **Wasserstoff**. Das Reaktionsschema lautet also:

Wasser + Magnesium ⟶
 Wasserstoff + Magnesiumoxid; exotherm

Wasser ist demnach zerlegbar. Es ist also im chemischen Sinne kein Element, sondern eine Verbindung von Wasserstoff mit Sauerstoff, es ist *Wasserstoffoxid*. Diese chemisch korrekte Bezeichnung ist jedoch im allgemeinen Sprachgebrauch nicht üblich.

Wasserstoff. Für das Element Wasserstoff verwendet man das chemische Zeichen **H** (griech. *hydrogenium*: Wasserbildner). Die kleinsten Teilchen im Wasserstoff-Gas sind Moleküle, die aus je zwei Wasserstoff-Atomen aufgebaut sind. Die Formel für Wasserstoff lautet daher H_2.

Wasserstoff ist das Gas mit der geringsten Dichte: Erst 14 Liter wiegen so viel wie ein Liter Luft. Trotz seiner Brennbarkeit verwendete man Wasserstoff daher lange Zeit zur Füllung von Ballons.

Synthese des Wassers. Weil Wasser das Oxid des Wasserstoffs ist, muss es sich bei der Verbrennung von Wasserstoff bilden: Lässt man eine Wasserstoff-Flamme in reinem Sauerstoff brennen, so schlägt sich an den Wänden des Reaktionsgefäßes eine farblose Flüssigkeit nieder. Mit weißem Kupfersulfat bildet sie blaues Kupfersulfat-Hydrat, es handelt sich also um Wasser. Die Synthese von Wasser aus den Elementen Wasserstoff und Sauerstoff bestätigt damit das Ergebnis der Analyse des Wassers.

Wasser-Moleküle sind jeweils aus zwei Wasserstoff-Atomen und einem Sauerstoff-Atom aufgebaut. Wasser hat daher die Molekülformel H_2O:

$2\ H_2\ (g)\quad +\quad O_2\ (g)\quad \longrightarrow\quad 2\ H_2O\ (l);\ \text{exotherm}$
Wasserstoff   Sauerstoff   Wasser

Wasserstoff-Gas verbrennt mit reinem Sauerstoff mit einer sehr heißen Flamme. Man verwendet daher Wasserstoff/Sauerstoff-Brenner zum Schweißen und zum Schneiden schwer schmelzbarer Metalle sowie für die Verarbeitung von Glas.

> Wasser ist eine Verbindung aus den Elementen Wasserstoff und Sauerstoff, es ist Wasserstoffoxid. Die Molekülformel des Wassers lautet H_2O.

1 Warum Wasser ist kein chemisches Element?
2 Wasserstoff reagiert mit Sauerstoff zu Wasser.
a) Wie nennt man diese Reaktion?
b) Warum kann man Wasser auch als Wasserstoffoxid bezeichnen?
3 Beschreibe die Vorgehensweise der Chemiker, wenn sie die Zusammensetzung einer Verbindung ermitteln.
4 Warum kann man Wasserstoff als Brennstoff verwenden?

5.8 Wasserstoff in Labor und Technik

Leitet man ein Wasserstoff/Sauerstoff-Gemisch in eine Seifenlösung, so kann man die Seifenblasen mit einem brennenden Holzspan entzünden. Sie explodieren mit lautem Knall. Ein Wasserstoff/Sauerstoff-Gemisch wird daher als **Knallgas** bezeichnet. Reiner Wasserstoff brennt dagegen ruhig ab: Hält man eine brennende Kerze an die Öffnung eines mit Wasserstoff gefüllten Glaszylinders, entzündet sich das Gas und verbrennt mit kaum sichtbarer Flamme. Führt man die Kerze weiter in den Zylinder ein, so erlischt sie. Zieht man die Kerze langsam heraus, entzündet sie sich erneut an der Flammenfront. Wasserstoff ist also brennbar, unterhält die Verbrennung aber nicht.

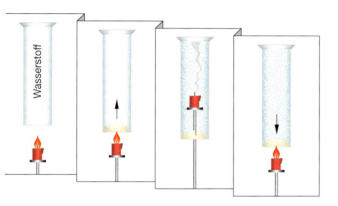

Knallgasprobe. Bei Reaktionen mit Wasserstoff muss man unbedingt prüfen, ob die Apparatur frei von Sauerstoff ist. Dazu führt man die *Knallgasprobe* durch: Man fängt eine Gasprobe in einem Reagenzglas auf und entzündet sie. Enthält die Gasprobe noch Sauerstoff, verbrennt sie mit einem pfeifenden Geräusch.

Wasserstoff im Labor. Die Reaktion von Salzsäure mit einem unedlen Metall wie Zink oder Eisen ist die gebräuchlichste Methode, um Wasserstoff in kleinen Mengen herzustellen. Man tropft beispielsweise Salzsäure auf Zinkgranalien und fängt das entstehende Wasserstoff-Gas in einer pneumatischen Wanne auf. Will man einen gleichmäßigen Wasserstoff-Strom erzeugen, benutzt man einen *KIPPschen Apparat*. Falls Wasserstoff in größeren Mengen benötigt wird, verwendet man eine Druckgasflasche. Der auffällig rote Anstrich weist darauf hin, dass sie ein brennbares Gas enthält.

Wasserstoff – ein Reduktionsmittel. Leitet man Wasserstoff über erhitztes Kupferoxid, so glüht das Kupferoxid auf und es bilden sich Kupfer und Wasser.

$$CuO\ (s)\ +\ H_2\ (g) \longrightarrow Cu\ (s)\ +\ H_2O\ (g);\ \text{exotherm}$$
Kupferoxid   Wasserstoff   Kupfer   Wasser

Ganz ähnlich reagiert Wasserstoff mit Oxiden anderer Metalle. Wasserstoff entzieht Oxiden Sauerstoff, es wirkt als *Reduktionsmittel*.

> Wasserstoff bildet mit Sauerstoff ein explosives Gemisch (Knallgas). Reiner Wasserstoff brennt ruhig ab. Wasserstoff reduziert Metalloxide. Im Labor kann Wasserstoff durch die Reaktion von Salzsäure mit unedlen Metallen hergestellt werden.

1 Warum erlischt eine Kerze in Wasserstoff-Gas?
2 Erkläre anhand der Reaktionsgleichung im Text die Begriffe Oxidation, Reduktion und Reduktionsmittel.

Wasserstoff — Praktikum

V1: Darstellung und Nachweis von Wasserstoff

Materialien: Reagenzglas mit seitlichem Ansatz, Schlauch, Gasableitungsrohrstopfen, Stopfen mit Kanüle und Einwegspritze (5 ml), pneumatische Wanne, Gasbrenner; Magnesiumspäne (F), Salzsäure (verd.).

Durchführung:
1. Baue die Apparatur wie im Bild auf und gib mit der Einwegspritze langsam verdünnte Salzsäure zu einem Spatel Magnesiumspäne.
2. Warte etwas und fange dann das entstehende Gas in zwei Reagenzgläsern auf. Verschließe sie sofort unter Wasser mit einem Stopfen.
3. Führe mit beiden Reagenzgläsern die Knallgasprobe durch und beobachte genau.

Aufgaben:
a) Notiere deine Beobachtungen.
b) Gib die wichtigsten Eigenschaften des entstehenden Gases an.
c) Warum solltest du das entstehende Gas nicht sofort auffangen?
d) Wieso ist die Knallgasprobe zur Sicherheit bei Reaktionen mit Wasserstoff durchzuführen?

Chemie-Recherche

`http://www.schroedel.de/chemie_heute.html`

Suche:

Wasserstoff – früher und heute

Ergebnisse:

→ **Knallgas**
Ein Wasserstoff/Luft-Gemisch ist explosiv, wenn es zwischen 4 % und 75 % Wasserstoff enthält.

→ **DÖBEREINERS Feuerzeug**
In dieser um 1820 gebauten Zündmaschine entzündet sich Wasserstoff-Gas „von allein". Ursache ist die Verwendung von Platinwolle: Normalerweise lässt sich Wasserstoff an der Luft erst bei 585 °C entzünden. An der Platinoberfläche setzt die exotherme Reaktion jedoch schon bei Raumtemperatur ein. Das Platin erwärmt sich und die Zündtemperatur ist bald erreicht. Platin wirkt also bei dieser Reaktion als **Katalysator**. Ein Katalysator beschleunigt eine chemische Reaktion. Er wird dabei jedoch nicht verbraucht und kann erneut verwendet werden.

Ein Kloben Zink taucht in verdünnte Salzsäure. Es entsteht Wasserstoff. Öffnet man den Hahn (e), so strömt das Gas durch den Druck der Flüssigkeit nach außen auf den Platinschwamm (f). Dieser glüht auf, der Wasserstoff entzündet sich.

→ **Der „Zeppelin" – ein Luftschiff**
Ferdinand Graf ZEPPELIN entwickelte ab 1900 Luftschiffe mit einer Gondel für Lasten und Passagiere an der Unterseite. Die Luftschiffe waren mit Wasserstoff-Gas gefüllt. Da Wasserstoff sehr viel leichter ist als Luft, ist es als Ballongas gut geeignet und würde heute noch verwendet werden, wenn nicht das Unglück mit der „Hindenburg" passiert wäre.
Die „Hindenburg" war das größte jemals gebaute Luftschiff; sie fasste 200 000 m³ Wasserstoff-Gas. Am 6. Mai 1937 fing das Luftschiff nach einem Flug von Frankfurt nach New York beim Landen Feuer und brannte vollständig aus. Mit dieser Katastrophe, bei der 35 Menschen ums Leben kamen, war das Kapitel Wasserstoff in der Luftfahrt praktisch beendet.

→ **Der Raketentreibstoff**
Spaceshuttle und Energija sind die leistungsstärksten Transporter der amerikanischen und russischen Raumfahrt. Ihre Schubkraft beziehen sie aus der Verbrennung von Wasserstoff. Der Treibstofftank des Spaceshuttle fasst 1,5 Millionen Liter flüssigen Wasserstoff. Ein weiterer Tank enthält den zur Verbrennung benötigten Sauerstoff ebenfalls in flüssiger Form. Die beiden Gase werden unter hohem Druck in die Brennkammer geleitet. Dort reagieren sie zu Wasserdampf, der mit bis zu 12 000 $\frac{km}{h}$ aus der Düse schießt und so den benötigten Schub liefert. Der gesamte Treibstoff ist in weniger als neun Minuten verbrannt.

Aufgaben

1. Erkläre die Funktionsweise des Feuerzeugs von DÖBEREINER.
2. Warum ist der Wasserstoff der „Hindenburg" verbrannt, aber nicht explodiert?
3. **a)** Welches Gas wird heutzutage statt Wasserstoff als Ballongas verwendet?
   b) Wodurch erfolgt der Auftrieb in einem Heißluftballon?
4. **a)** Wie viel wiegen 1,5 Millionen Liter flüssiger Wasserstoff ($\varrho = 71 \frac{g}{l}$) in einem Spaceshuttle?
   b) Wie viel würde das gleiche Volumen Flugzeugbenzin wiegen ($\varrho = 780 \frac{g}{l}$)?

Wasserstoff-Technologie

Exkurs

Gewinnung. Wasserstoff kommt auf der Erde nicht als Element vor. Er muss erst unter hohem Energieaufwand aus Wasserstoff-Verbindungen wie Erdgas oder Benzin oder durch die Zerlegung von Wasser hergestellt werden.

Die elektrische Energie für diese Reaktionen könnte man aus Sonnen-, Wind- und Wasserenergie gewinnen. Die Verwendung von Wasserstoff in großem Maßstab scheiterte bisher jedoch an den hohen Kosten für die Herstellung.

Speicherung und Transport. Wasserstoff kann als Gas in Druckbehältern oder in verflüssigter Form in Stahlbehältern aufbewahrt werden. Um Wasserstoff-Gas zu verflüssigen, muss es unter Druck auf −240 °C abgekühlt werden. Wasserstoff wird in Drucktanks per Bahn, Lkw oder Schiff oder über ein Pipeline-Netz transportiert.

Anwendung. Wasserstoff ist ein umweltfreundlicher Treibstoff für alle Fahrzeuge. Statt schädlicher Abgase bildet sich lediglich Wasserdampf. Wasserstoff kann auf verschiedene Weise als Treibstoff verwendet werden:

Auf den Straßen fahren bereits Versuchsautos mit *Wasserstoff-Motoren,* in denen Wasserstoff an Stelle von Benzin verbrannt wird. Die ersten Wasserstoff-Tankstellen sind auch schon eröffnet. Probleme bereitet jedoch noch die Größe der Tanks.

Eine zweite Art von Fahrzeugen hat einen Elektromotor als Antrieb. Der Strom wird in *Brennstoffzellen* erzeugt. Sie wandeln die Energie, die bei der Reaktion von Wasserstoff mit Sauerstoff frei gesetzt wird, direkt in elektrische Energie um. Getankt wird meist ein flüssiger Kraftstoff. Eine kleine chemische Fabrik an Bord des Fahrzeugs spaltet daraus den Wasserstoff ab.

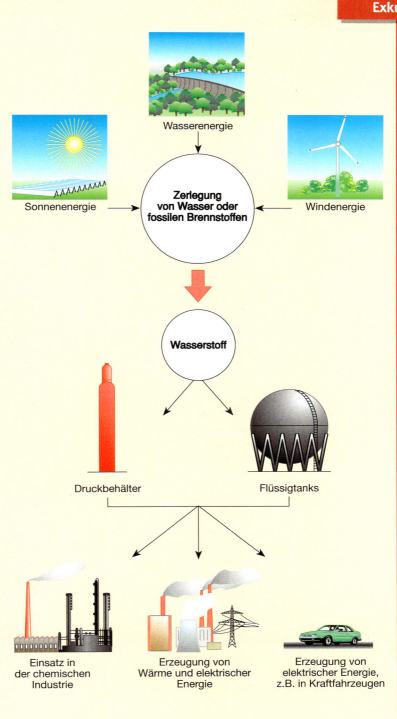

1 Wie kann Wasserstoff gewonnen und gespeichert werden? Wozu kann er genutzt werden?

2 Welche Vorteile und Nachteile hätte die Verwendung von Wasserstoff als Flugzeugtreibstoff?

Wasser – Element oder Verbindung?

Prüfe dein Wissen

Quiz

A1 a) Erkläre die Begriffe des Fensters.
b) Notiere auf der Vorderseite von Karteikarten den Begriff, auf der Rückseite die Erklärung.

A2 Auf welche Weise wird Oberflächenwasser für die Trinkwassergewinnung aufbereitet?

A3 Warum eignet sich destilliertes Wasser nicht als Trinkwasser?

A4 Wie sollte Wasser aufgrund seiner chemischen Zusammensetzung eigentlich genannt werden?

A5 Auf welche Weise kann man Wasserstoff als Energieträger verwenden?

Know-how

A6 Formuliere die Reaktionsgleichungen für die folgenden Reaktionen:
a) Wolframoxid (WO_3) reagiert mit Wasserstoff.
b) Zink reagiert mit Wasserdampf.

A7 Wenn in einer Apparatur vor dem Erhitzen neben Wasserstoff noch Sauerstoff vermutet wird, führt man die Knallgasprobe durch. Was folgerst du aus folgenden Beobachtungen?
a) Die Probe brennt fast geräuschlos ab.
b) Es entsteht ein pfeifendes Geräusch.

A8 Welche Wirkungen sind zu erwarten, wenn man folgende Gase in eine Kerzenflamme leitet:
Sauerstoff, Stickstoff, Wasserstoff, Kohlenstoffdioxid?

A9 Bei einer Temperatur unter 0 °C wandert eine Drahtschlinge, an der ein Gewicht hängt, durch den Eisblock ohne ihn zu zerteilen. Erkläre diese Beobachtung.

A10 In einem Liter Wasser wurden 80 g Zucker gelöst, in zwei Litern Wasser wurden 120 g Zucker gelöst. Welche Lösung ist konzentrierter?

Die wichtigsten Begriffe
- Kreislauf des Wassers
- Trinkwassergewinnung
- Abwasserreinigung
- Dichte-Anomalien des Wassers
- Löslichkeit
- Lösung
- Lösungsmittel, gelöster Stoff
- Wasserstoff
- Knallgasprobe

A11 Wasser ist ein gutes Lösungsmittel für viele Stoffe. Beschreibe je ein Experiment, mit dem man nachweisen kann, dass im Leitungswasser a) Feststoffe und b) Gase gelöst sind.

Natur – Mensch – Technik

A12 Im Frühjahr zeigen sich oft Schäden im Straßenbelag. Erkläre, wie Regen und Frost diese Schäden verursacht haben.

A13 Bei einem Unfall erhält der Tank eines Heizöltransporters einen Riss. 10 % des Tankinhalts von 20 m³ gelangen in das Grundwasser. Wie viel Grundwasser könnte unbrauchbar werden, wenn ein Liter Heizöl bis zu eine Million Liter Trinkwasser ungenießbar macht?

A14 Beim Erhitzen von Leitungswasser auf 60 °C bilden sich am Boden des Gefäßes Gasblasen, die nach oben steigen. Wie kann man das Gas untersuchen? Fertige eine Versuchsskizze an.

A15 Ermittle aus der Wasserrechnung deiner Familie, wie viel eine Person pro Tag durchschnittlich verwendet. Vergleiche mit den Angaben auf S. 89.

A16 Erläutere das folgende Diagramm.

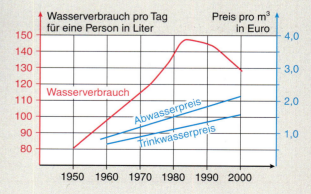

104 Wasser – Element oder Verbindung?

Wasser – Element oder Verbindung?

Basiswissen

1. Trinkwasser

Herkunft:
- Grundwasser (inkl. Quellwasser): 72 %
- Oberflächenwasser: 22 %
- Uferfiltrat: 6 %

Gewinnung:
Rohwasser → Filtrieren → Ausflocken → Adsorption an Aktivkohle → Chlorung → Trinkwasser

Private Nutzung im Haushalt: (pro Tag)
- 5 l
- 8 l
- 6 l
- 40 l
- 15 l
- 11 l
- 35 l
- 8 l Sonstiges

2. Abwasserreinigung in der Kläranlage

Abwasserzulauf → **Mechanische Stufe:** Rechen, Sandfang, Vorklärbecken → **Biologisch-chemische Stufe:** Belebungsbecken, Nachklärbecken, Entfernen von Stickstoff-Verbindungen, Phosphatfällung, Filtration → gereinigtes Abwasser; Faulgas, Faulschlamm

3. Wasser = Wasserstoffoxid

$$2\,H_2\,(g) + O_2\,(g) \underset{\text{Analyse}}{\overset{\text{Synthese}}{\rightleftarrows}} 2\,H_2O\,(l)$$

Wasserstoff + Sauerstoff → Wasser

Die Bildung von Wasser aus den Elementen ist stark exotherm.

4. Lösungen

Lösungen bestehen aus einem Lösungsmittel und dem gelösten Stoff. Wasser ist ein gutes Lösungsmittel für viele feste, flüssige und gasförmige Stoffe. Je höher der Anteil des gelösten Stoffes im Lösungsmittel ist, desto konzentrierter ist die Lösung. Hat sich ein Bodenkörper gebildet, dann ist die Lösung gesättigt.

5. Steckbriefe

Wasser (H_2O)
Eigenschaften:
farblose, geruchlose Flüssigkeit;
guter Wärmespeicher, hohe Verdampfungswärme, hohe Oberflächenspannung;
Schmelztemperatur: 0 °C
Siedetemperatur: 100 °C
größte Dichte von Wasser (4 °C): $1{,}000\,0\ \frac{g}{cm^3}$
Dichte von Wasser (0 °C): $0{,}999\,6\ \frac{g}{cm^3}$
Dichte von Eis (0 °C): $0{,}92\ \frac{g}{cm^3}$
Verwendung:
Lebensmittel, Lösungsmittel, Kühlmittel

Wasserstoff (H_2)
Eigenschaften:
farbloses, geruchloses Gas, leichter als Luft;
brennbar, mit Sauerstoff explosiv (Knallgas);
entsteht durch Reaktion eines Metalls mit einer Säure;
wichtige Verbindungen: Wasser, Methan (Erdgas)
Dichte (20 °C): $0{,}084\ \frac{g}{l}$
Schmelztemperatur: −259 °C
Siedetemperatur: −253 °C
Verwendung:
Brennstoff, Reduktionsmittel

6 Quantitative Betrachtungen – klare Verhältnisse

flüssiger Wasserstoff
flüssiger Sauerstoff

… four – three – two – one – zero: Mit ohrenbetäubendem Lärm, mit großen Dampfwolken und grellem Feuerschein hebt der Spaceshuttle ab. Dieses Mal bringt er einen Wettersatelliten in den Weltraum.

Der große zigarrenförmige Tank enthält in getrennten Kammern flüssigen Wasserstoff und flüssigen Sauerstoff. Beim Start fließen in einer Sekunde 15 Tonnen Wasserstoff und Sauerstoff zu den Triebwerken und reagieren dort zu Wasserdampf.

Wasserstoff und Sauerstoff reagieren in einem ganz bestimmten Verhältnis miteinander, sodass sie bei der Reaktion vollständig verbraucht werden.

Der Wasserdampf tritt mit sehr großer Geschwindigkeit aus den Triebwerken. So entsteht der gewaltige Schub, der die Raumfähre in ihre Umlaufbahn in bis zu 1000 km Höhe über der Erde bringt.

Zentrale Fragen:
- Wie lässt sich aus einfachen Experimenten eine Verhältnisformel ableiten?
- Was versteht man in der Chemie unter der Stoffmenge?
- Wie hängt die Masse einer Stoffportion mit der Teilchenzahl zusammen?
- Welcher Zusammenhang besteht bei Gasen zwischen Volumen und Teilchenzahl?

6.1 H₂O – vom Experiment zur Formel

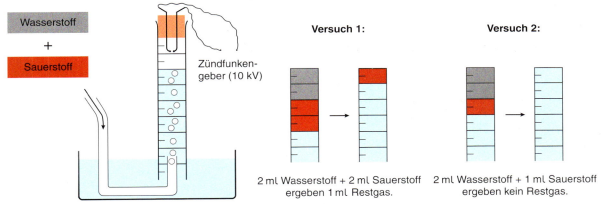

In welchem Volumenverhältnis reagieren Wasserstoff und Sauerstoff?

2 ml Wasserstoff + 2 ml Sauerstoff ergeben 1 ml Restgas.

2 ml Wasserstoff + 1 ml Sauerstoff ergeben kein Restgas.

Anfang des 19. Jahrhunderts untersuchte der französische Forscher GAY-LUSSAC die Frage, in welchem *Volumenverhältnis* Wasserstoff-Gas und Sauerstoff-Gas miteinander zu Wasser reagieren. Dazu ließ er abgemessene Portionen beider Gase in einem mit Quecksilber gefüllten Glasrohr aufsteigen und löste die Knallgasreaktion durch einen elektrischen Funken aus. Immer wenn er *zwei* Volumenteile Wasserstoff mit *einem* Volumenteil Sauerstoff umsetzte, reagierte das Gasgemisch vollständig, es blieb *kein* Gas übrig. Bei diesem Volumenverhältnis setzen sich die Gase also vollständig zu Wasser um.

Dasselbe Volumenverhältnis liefert auch die Zerlegung von Wasser im HOFMANNschen Wasser-Zersetzungsapparat. Dabei scheidet sich an einem Pol genau doppelt so viel Wasserstoff-Gas ab, wie Sauerstoff-Gas am anderen Pol.

Das Volumenverhältnis zwischen Wasserstoff-Gas und Sauerstoff-Gas beträgt also sowohl bei der Synthese von Wasser als auch bei der Analyse von Wasser 2 zu 1.

$$\frac{V(\text{Wasserstoff})}{V(\text{Sauerstoff})} = \frac{2}{1}$$

Massenverhältnis. Dem Volumenverhältnis entspricht ein bestimmtes Massenverhältnis. Es lässt sich aus den Tabellenwerten für die Dichte der beiden Gase berechnen:

Bei 20 °C und normalem Luftdruck besitzen zwei Liter Wasserstoff-Gas eine Masse von 0,168 g; ein Liter Sauerstoff-Gas wiegt 1,33 g. Das Massenverhältnis zwischen der Wasserstoff-Portion und der Sauerstoff-Portion beträgt sowohl bei der Synthese als auch bei der Analyse von Wasser 1 zu 8.

$$\frac{m(\text{Wasserstoff})}{m(\text{Sauerstoff})} = \frac{0{,}168 \text{ g}}{1{,}33 \text{ g}} = \frac{1}{8}$$

Dasselbe Massenverhältnis besteht auch zwischen *zwei* Wasserstoff-Atomen und *einem* Sauerstoff-Atom:

$$\frac{2 \cdot m(\text{Wasserstoff-Atom})}{m(\text{Sauerstoff-Atom})} = \frac{2 \cdot 1{,}008 \text{ u}}{16 \text{ u}} = \frac{1}{8}$$

Daraus folgt: Wasser enthält doppelt so viele Wasserstoff-Atome wie Sauerstoff-Atome. Dieses *Atomanzahlverhältnis* wird durch die **Verhältnisformel** H₂O₁ oder kurz H₂O ausgedrückt.

Weitere Untersuchungen ergaben, dass Wasser aus Molekülen besteht, die jeweils aus einem Sauerstoff-Atom und zwei Wasserstoff-Atomen aufgebaut sind. Die Molekülformel des Wassers stimmt demnach mit der Verhältnisformel überein.

> Das Atomanzahlverhältnis in einer Verbindung ergibt sich, indem man das experimentell ermittelte Massenverhältnis mit dem Verhältnis der Atommassen vergleicht.

1 a) Welches Restgas bleibt übrig, wenn 2 ml Wasserstoff und 3 ml Sauerstoff zur Reaktion gebracht werden?
b) Wie kann man experimentell bestätigen, dass die Überlegung richtig ist?

2 Wie lauten die Verhältnisformeln?
a) Kupferchlorid enthält halb so viele Kupfer-Atome wie Chlor-Atome.
b) Im Aluminiumoxid ist das Anzahlverhältnis zwischen Aluminium-Atomen und Sauerstoff-Atomen 2 : 3.

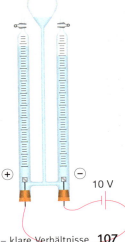

Zerlegung von Wasser im HOFMANN-Apparat

Quantitative Betrachtungen – klare Verhältnisse **107**

6.2 Mit der Waage „zählen"

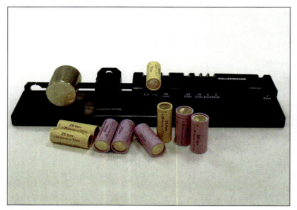

Geld wird mit der Waage „gezählt".

Ein Mol entspricht ...

In der Chemie will man oft wissen, wie viele Teilchen in einer Stoffportion enthalten sind. Doch die Teilchen sind viel zu klein und ihre Anzahl ist viel zu groß, um sie abzählen zu können. Eine Lösung bietet das Verfahren, mit dem in Banken das in Rollen gepackte Geld „nachgezählt" wird: Das Gewicht einer einzelnen Münze ist bekannt; die Rolle aus 50 Münzen muss das 50fache Gewicht besitzen. Man wiegt die Münzrolle und prüft damit, ob die Anzahl der Münzen korrekt ist.
Analog dazu erhält man die Anzahl N der Kohlenstoff-Atome in einer Kohlenstoff-Portion, wenn man ihre Masse durch die Masse eines C-Atoms dividiert. Für 12 g Kohlenstoff gilt:

$$N(\text{C-Atome}) = \frac{m(\text{Kohlenstoff})}{m(\text{C-Atom})} = \frac{12\text{ g}}{12\text{ u}}$$

Für die Auswertung muss man wissen, wie die Einheit 1 g mit der atomaren Masseneinheit 1 u zusammenhängt:

1 g = 602 200 000 000 000 000 000 000 u ≈ $6 \cdot 10^{23}$ u

$$N(\text{C-Atome}) = \frac{m(\text{Kohlenstoff})}{m(\text{C-Atom})} = \frac{12 \cdot 6 \cdot 10^{23}\text{ u}}{12\text{ u}}$$

$N(\text{C-Atome}) = 6 \cdot 10^{23}$

12 g Kohlenstoff enthalten also $6 \cdot 10^{23}$ C-Atome.

Die Zahl $6 \cdot 10^{23}$ hat für das Zählen von Teilchen dieselbe Bedeutung wie das *Dutzend* zum Zählen anderer Dinge. So spricht man von einem Dutzend und meint damit 12 Stück. In der Chemie spricht man von einem Mol und meint damit $6 \cdot 10^{23}$ Teilchen.
1 Mol ist die Einheit einer Zählgröße, die man als **Stoffmenge** bezeichnet; das Zeichen für die Stoffmenge ist n: Eine Stoffportion hat die Stoffmenge $n = 1$ mol, wenn sie $6 \cdot 10^{23}$ Teilchen enthält.

Die Teilchenanzahl N ist der Stoffmenge n direkt proportional: $N \sim n$
Den Proportionalitätsfaktor bezeichnet man als **AVOGADRO-Konstante N_A**:

$N = N_A \cdot n$

Für die AVOGADRO-Konstante gilt:

$$N_A = \frac{N}{n} = \frac{6 \cdot 10^{23}}{1\text{ mol}} = 6 \cdot 10^{23}\,\frac{1}{\text{mol}}$$

Mit Hilfe der AVOGADRO-Konstanten N_A kann man also die Stoffmenge n und die Teilchenanzahl N ineinander umrechnen.

Molare Masse. Die Teilchenanzahl in einer Stoffportion direkt anzugeben ist ziemlich umständlich. Meist betrachtet man daher nur die Stoffmenge n. Sie ist – wie die Teilchenanzahl N – direkt proportional zu der Masse m der Stoffportion: $m \sim n$
Den Proportionalitätsfaktor bezeichnet man als **molare Masse M**:

$m = M \cdot n$

Die molare Masse ist der Quotient aus der Masse m und der Stoffmenge n einer Stoffportion:

$M = \dfrac{m}{n}$;   Einheit: $1\,\dfrac{\text{g}}{\text{mol}}$

Die molare Masse ist eine stoffspezifische Größe wie die Dichte oder die Schmelztemperatur.

Größe		Einheit	
Name	Zeichen	Name	Zeichen
Masse	m	Kilogramm	kg
Länge	l	Meter	m
Stoffmenge	n	Mol	mol

Einige Größen und ihre Einheiten

108 Quantitative Betrachtungen – klare Verhältnisse

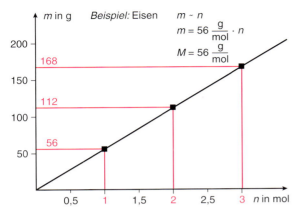

Beziehung zwischen Masse und Stoffmenge

Beispiel Kohlenstoff: Eine Kohlenstoff-Portion mit der Stoffmenge $n = 1$ mol hat die Masse 12 g. Es gilt:

$$M(C) = \frac{m}{n} = \frac{12\text{ g}}{1\text{ mol}} = 12\,\frac{\text{g}}{\text{mol}}$$

Beispiel Eisen: Ein Eisen-Atom besitzt die Masse 56 u. Für 1 mol Eisen gilt demnach (1 g = $6 \cdot 10^{23}$ u):

$$m = 56 \cdot 6 \cdot 10^{23}\text{ u} = 56\text{ g}$$

Die molare Masse von Eisen ist also

$$M(\text{Fe}) = \frac{m}{n} = \frac{56\text{ g}}{1\text{ mol}} = 56\,\frac{\text{g}}{\text{mol}}$$

Es fällt auf, dass bei *Elementen* der Zahlenwert der *molaren Masse* mit dem Zahlenwert der *Atommasse* übereinstimmt. Nur die Einheiten sind verschieden.

Die molare Masse einer Verbindung erhält man durch Addition der molaren Massen der beteiligten Elemente. Dabei orientiert man sich an der jeweiligen Verhältnisformel oder Molekülformel.

Beispiel Kupfersulfid:
$$M(\text{Cu}_2\text{S}) = 2 \cdot M(\text{Cu}) + M(\text{S})$$
$$= 2 \cdot 63{,}5\,\tfrac{\text{g}}{\text{mol}} + 1 \cdot 32\,\tfrac{\text{g}}{\text{mol}} = 159\,\tfrac{\text{g}}{\text{mol}}$$

> Ein Mol ist die Einheit der Stoffmenge n. In der Stoffmenge $n = 1$ mol sind $6 \cdot 10^{23}$ Teilchen enthalten.
> Die molare Masse M ist der Quotient aus der Masse m und der Stoffmenge n einer Stoffportion.

1 Was versteht man unter der Stoffmenge $n = 1$ mol?
2 Was ist die molare Masse? Wozu benötigt man sie?
3 Erkläre die Bedeutung der AVOGADRO-Konstanten mit eigenen Worten. Gib Größenzeichen und Zahlenwert an.
4 a) Gib die molare Masse von Gold, Zink und Chrom an.
b) Berechne die molare Masse von Ethanol (C_2H_5OH).

Rechenbeispiele

Berechnung der molaren Masse:

Welche molare Masse besitzt Traubenzucker ($C_6H_{12}O_6$)?

Gegeben: $M(\text{H-Atom}) = 1\,\tfrac{\text{g}}{\text{mol}}$, $M(\text{O-Atom}) = 16\,\tfrac{\text{g}}{\text{mol}}$, $M(\text{C-Atom}) = 12\,\tfrac{\text{g}}{\text{mol}}$

$$M(C_6H_{12}O_6) = 6 \cdot 12\,\tfrac{\text{g}}{\text{mol}} + 12 \cdot 1\,\tfrac{\text{g}}{\text{mol}} + 6 \cdot 16\,\tfrac{\text{g}}{\text{mol}}$$
$$= 180\,\tfrac{\text{g}}{\text{mol}}$$

Traubenzucker besitzt die molare Masse $180\,\tfrac{\text{g}}{\text{mol}}$.

Berechnung der Stoffmenge:

Welche Stoffmenge an Kupfer-Atomen ist in 12,5 g Kupfer enthalten?

Gegeben: $m(\text{Kupfer}) = 12{,}5$ g, $M(\text{Cu}) = 63{,}5\,\tfrac{\text{g}}{\text{mol}}$

$$n(\text{Cu}) = \frac{m(\text{Kupfer})}{M(\text{Cu})} = \frac{12{,}5\text{ g}}{63{,}5\,\tfrac{\text{g}}{\text{mol}}} = 0{,}20\text{ mol}$$

12,5 g Kupfer enthalten 0,20 mol Kupfer-Atome.

Berechnung der Masse:

Welche Masse hat eine Kohlenstoffdioxid-Portion mit der Stoffmenge 3,2 mol?

Gegeben: $n(CO_2) = 3{,}2$ mol, $M(CO_2) = 44\,\tfrac{\text{g}}{\text{mol}}$

$$m(CO_2) = M(CO_2) \cdot n(CO_2) = 44\,\tfrac{\text{g}}{\text{mol}} \cdot 3{,}2\text{ mol} = 140{,}8\text{ g}$$

Eine Kohlenstoffdioxid-Portion mit einer Stoffmenge von 3,2 mol hat eine Masse von 140,8 g.

Berechnung der Teilchenanzahl:

Wie viele Moleküle sind in 5,6 g Kohlenstoffmonooxid enthalten?

Gegeben: $m(\text{Kohlenstoffmonooxid}) = 5{,}6$ g, $M(CO) = 28\,\tfrac{\text{g}}{\text{mol}}$

$$n(CO) = \frac{m(\text{Kohlenstoffmonooxid})}{M(CO)} = \frac{5{,}6\text{ g}}{28\,\tfrac{\text{g}}{\text{mol}}} = 0{,}2\text{ mol}$$

$$N(CO) = N_A \cdot n(CO) = 6 \cdot 10^{23}\,\tfrac{1}{\text{mol}} \cdot 0{,}2\text{ mol} = 1{,}2 \cdot 10^{23}$$

In 5,6 g Kohlenstoffmonooxid sind $1{,}2 \cdot 10^{23}$ CO-Moleküle enthalten.

---

5 Wie viele Kohlenstoffdioxid-Moleküle sind in 25 g Kohlenstoffdioxid enthalten?
6 Für ein Experiment werden 1,5 mmol Natriumchlorid (NaCl) benötigt. Wie viel Natriumchlorid ist abzuwiegen?
7 14 g Eisen sollen vollständig mit Schwefel zu Eisensulfid (FeS) umgesetzt werden.
a) Formuliere die Reaktionsgleichung.
b) Berechne die Stoffmenge der Eisen-Atome und die Stoffmenge der benötigten Schwefel-Atome.
c) Welche Masse hat die erforderliche Schwefel-Portion?

6.3 Von der Reaktionsgleichung zum Stoffumsatz

Wortgleichung	Kohlenstoffmonooxid	+	Sauerstoff	$\longrightarrow$	Kohlenstoffdioxid
Reaktionsgleichung	**2 CO**	+	**O_2**	$\longrightarrow$	**2 CO_2**
Modell		+		$\longrightarrow$	
Moleküle	2 CO-Moleküle	+	1 O_2-Molekül	$\longrightarrow$	2 CO_2-Moleküle
Stoffmengen	2 mol Kohlenstoffmonooxid	+	1 mol Sauerstoff	$\longrightarrow$	2 mol Kohlenstoffdioxid
Teilchenanzahlen	$2 \cdot 6 \cdot 10^{23}$ CO-Moleküle	+	$1 \cdot 6 \cdot 10^{23}$ O_2-Moleküle	$\longrightarrow$	$2 \cdot 6 \cdot 10^{23}$ CO_2-Moleküle
Massen	m (Kohlenstoffmonooxid) $m(CO) = n(CO) \cdot M(CO)$ $m(CO) = 2 \text{ mol} \cdot 28 \frac{g}{mol}$ $m(CO) = 56 \text{ g}$	+	m (Sauerstoff) $m(O_2) = n(O_2) \cdot M(O_2)$ $m(O_2) = 1 \text{ mol} \cdot 32 \frac{g}{mol}$ $m(O_2) = 32 \text{ g}$	$\longrightarrow$	m (Kohlenstoffdioxid) $m(CO_2) = n(CO_2) \cdot M(CO_2)$ $m(CO_2) = 2 \text{ mol} \cdot 44 \frac{g}{mol}$ $m(CO_2) = 88 \text{ g}$
Massenerhaltung	$m(CO) + m(O_2) = 88 \text{ g}$			$\longrightarrow$	$m(CO_2) = 88 \text{ g}$

Quantitative Aussagen einer Reaktionsgleichung

Chemische Reaktionen beschreibt man mit Hilfe von **Reaktionsgleichungen.** Für die beteiligten Stoffe verwendet man dabei die jeweiligen *Molekülformeln* oder die jeweiligen *Verhältnisformeln*. Faktoren vor den Formeln geben das Verhältnis der Teilchenanzahlen und damit das Verhältnis der *Stoffmengen* an. Für jedes Element stimmt die Anzahl der Atome auf der linken Seite mit der Anzahl der Atome auf der rechten Seite überein: Die Anzahl der Atome wird durch eine chemische Reaktion nicht verändert.

Massenberechnungen. Mit Hilfe von Reaktionsgleichungen kann man die Massenverhältnisse bei chemischen Reaktionen berechnen. Eine wichtige Basis für solche Berechnungen sind das *Gesetz von der Erhaltung der Masse* und das *Gesetz der konstanten Massenverhältnisse*.
Ist die Masse eines der Ausgangsstoffe bekannt, so kann man die Masse der anderen Ausgangsstoffe oder eines Produkts berechnen. Ebenso kann man aus der Masse eines Produkts auch die benötigten Massen der Ausgangsstoffe ermitteln. Die Vorgehensweise bei solchen Berechnungen soll hier am Beispiel der Reaktion von Kohlenstoffmonooxid mit Sauerstoff verdeutlicht werden. Dabei soll berechnet werden, welche Masse Sauerstoff für die Reaktion von 200 g Kohlenstoffmonooxid benötigt wird.

Grundlage aller Überlegungen ist die Reaktionsgleichung:

2 CO + (1) O_2 $\longrightarrow$ 2 CO_2

Für die Reaktion gilt das Gesetz der konstanten Massenverhältnisse:

$$\frac{m(O_2)}{m(CO)} = k$$

Für die Masse von Sauerstoff und von Kohlenstoffmonooxid gilt:

$$m(O_2) = n(O_2) \cdot M(O_2)$$

$$m(CO) = n(CO) \cdot M(CO)$$

Setzt man diese Gleichungen in die obige Gleichung ein, erhält man:

$$\frac{m(O_2)}{m(CO)} = \frac{n(O_2) \cdot M(O_2)}{n(CO) \cdot M(CO)}$$

Es ist sinnvoll, in den Größengleichungen von vornherein die gesuchte Größe in den Zähler zu schreiben; so kann man die Gleichung leichter auflösen. Nach dem Umstellen der Gleichung ergibt sich:

$$m(O_2) = \frac{n(O_2) \cdot M(O_2) \cdot m(CO)}{n(CO) \cdot M(CO)}$$

Nun werden die Zahlenwerte in die Gleichung eingesetzt. Für die Stoffmengen muss man dabei die Angaben aus der Reaktionsgleichung übernehmen:

$$m(O_2) = \frac{1 \text{ mol} \cdot 32 \frac{g}{mol} \cdot 200 \text{ g}}{2 \text{ mol} \cdot 28 \frac{g}{mol}} = 114,3 \text{ g}$$

Für die Verbrennung von 200 g Kohlenstoffmonooxid benötigt man also 114,3 g Sauerstoff.

110 Quantitative Betrachtungen – klare Verhältnisse

Fehlerbetrachtung. Bei der Bewertung der Rechenergebnisse muss berücksichtigt werden, dass man in der Regel idealisierte Werte berechnet hat. Die Ausgangsstoffe sind oft chemisch nicht rein; sie enthalten also Beimengungen anderer Stoffe, so dass die Massen der Ausgangsstoffe tatsächlich kleiner sind.

Außerdem werden die Ausgangsstoffe auch in den modernsten chemischen Anlagen meist nicht vollständig umgesetzt. Daher benötigt man in vielen Fällen eine größere Menge an Ausgangsstoffen als theoretisch berechnet.

> Mithilfe der molaren Massen und dem Stoffmengenverhältnis aus der Reaktionsgleichung kann man die Massen der an einer chemischen Reaktion beteiligten Stoffe berechnen.

1 a) Wie viele Tonnen Branntkalk können aus 25 t Kalkstein (Calciumcarbonat) hergestellt werden?
b) Warum liegt die wirklich erzeugte Menge an Branntkalk meist unter dem berechneten Wert?

2 In der Bauindustrie werden 15 t Branntkalk benötigt. Welche Menge Kalkstein muss dafür eingesetzt werden?

3 Calciumoxid reagiert mit Wasser zu Calciumhydroxid.
a) Welche Masse besitzt das entstandene trockene Calciumhydroxid, wenn 10 g Calciumoxid umgesetzt werden.
b) Welche Stoffmengen an Calciumoxid und Wasser sind an der Reaktion beteiligt?

4 Wie viel Gramm Schwefel benötigt man, um 150 g Silbersulfid (Ag_2S) herzustellen?

5 Welche Masse Magnesium ist zur Herstellung von 75 g Magnesiumoxid notwendig?

6 Ein Aluminiumdraht hat eine Masse von 8 Gramm.
a) Wie groß ist die Stoffmenge an Aluminium?
b) Welche Masse an Aluminiumoxid entsteht, wenn der Draht vollständig mit Sauerstoff zu Aluminiumoxid reagiert?

7 Traubenzucker ($C_6H_{12}O_6$) wird mit Kupferoxid (CuO) gemischt. Beim Erhitzen findet folgende Reaktion statt:
$C_6H_{12}O_6 + a\ CuO \longrightarrow b\ Cu + x\ H_2O\ (g) + y\ CO_2\ (g)$
a) Bestimme die Faktoren a, b, x und y.
b) Welche Masse Kupferoxid wird benötigt, um 5 g Traubenzucker umzusetzen?
c) Welche Masse Wasser entsteht bei der Reaktion?

8 In einer Abwasserprobe werden 10 g Schwefelsäure ermittelt. Das Abwasser soll mit Calciumhydroxid neutralisiert werden. Welche Masse Calciumhydroxid wird für eine vollständige Neutralisation mindestens benötigt?

9 In einem Kohlekraftwerk werden pro Jahr rund 1 000 000 t Steinkohle umgesetzt. Wie viele Tonnen Kohlenstoffdioxid entstehen näherungsweise dabei? Welche Fehlerquellen müssen berücksichtigt werden?

Rechenbeispiel

Berechnung der Masse eines entstehenden Stoffes:
Welche Masse Calciumoxid (Branntkalk) kann man beim Kalkbrennen aus 5 t Calciumcarbonat (Kalkstein) herstellen?

1. **Aufstellen der Reaktionsgleichung:**
$CaCO_3\ (s) \longrightarrow CaO\ (s) + CO_2\ (g)$
$n\ (CaCO_3) \quad = n\ (CaCO)$

2. **Gesuchte Größe:**
m (Branntkalk)

3. **Gegebene Größen:**
m (Kalkstein) $= 5$ t
$M\ (CaCO_3) = 100\ \frac{g}{mol}$; $M\ (CaO) = 56\ \frac{g}{mol}$

4. **Aufstellen der Größengleichung:**
$$\frac{m\ (\text{Branntkalk})}{m\ (\text{Kalkstein})} = \frac{n\ (CaO) \cdot M\ (CaO)}{n\ (CaCO_3) \cdot M\ (CaCO_3)}$$

$$m\ (\text{Branntkalk}) = \frac{n\ (CaO) \cdot M\ (CaO) \cdot m\ (\text{Kalkstein})}{n\ (CaCO_3) \cdot M\ (CaCO_3)}$$

5. **Einsetzen der Zahlenwerte:**
$$m\ (\text{Branntkalk}) = \frac{1\ mol \cdot 56\frac{g}{mol} \cdot 5 \cdot 10^6\ g}{1\ mol \cdot 100\frac{g}{mol}}$$

m (Branntkalk) $= 2{,}8 \cdot 10^6\ g = 2{,}8$ t

Aus 5 t Kalkstein kann man 2,8 t Branntkalk gewinnen.

Industrielle Herstellung von Calciumoxid (Branntkalk) durch thermische Zersetzung Calciumcarbonat (Kalkstein) bei Temperaturen über 1000 °C

6.4 AVOGADRO und die Gase

Start einer Rakete

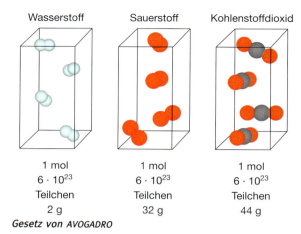

Gesetz von AVOGADRO

Beim Antrieb von Raketen wird Wasserstoff mit Sauerstoff verbrannt, um die nötige Schubkraft zu erzeugen. Raketen werden daher mit flüssigem Wasserstoff und flüssigem Sauerstoff betankt. Das richtige *Massenverhältnis* ergibt sich dabei aus der Reaktionsgleichung. Werden Wasserstoff und Sauerstoff dagegen bei Raumtemperatur umgesetzt, muss man das richtige *Volumenverhältnis* der Gase beachten.

Experimentelle Untersuchungen zeigen, dass Gase stets in einem einfachen ganzzahligen Volumenverhältnis mit einander reagieren. So beträgt das Volumenverhältnis bei der Reaktion von Wasserstoff mit Sauerstoff 2 zu 1. Dabei fällt auf, dass das Volumenverhältnis dem Teilchenanzahlverhältnis entspricht:

$$2\,H_2 + O_2 \longrightarrow 2\,H_2O; \quad \frac{n(H_2)}{n(O_2)} = \frac{2}{1} \quad \frac{V(H_2)}{V(O_2)} = \frac{2}{1}$$

Gesetz von AVOGADRO. Aus der Übereinstimmung des Volumenverhältnisses und des Teilchenverhältnisses bei der Reaktion lässt sich eine wichtige Schlussfolgerung ziehen: In *zwei* Liter Wasserstoff sind doppelt so viele Teilchen enthalten wie in *einem* Liter Sauerstoff. *Ein* Liter Wasserstoff hat demnach genau so viele Teilchen wie *ein* Liter Sauerstoff. Diese Feststellung hat der italienische Naturforscher AVOGADRO bereits in der zweiten Hälfte des 19. Jahrhunderts für alle Gase verallgemeinert. Man spricht daher vom *Gesetz von AVOGADRO: Gasförmige Stoffe enthalten bei gleichem Volumen, gleichem Druck und gleicher Temperatur gleich viele Teilchen.*

Aus dem Gesetz von AVOGADRO ergibt sich, dass ein Liter eines jeden Gases bei gleichen Bedingungen gleich viele Teilchen enthält. Der Wiener Chemiker LOSCHMIDT bestimmte ihre Anzahl: Es sind rund $2{,}5 \cdot 10^{22}$ Teilchen.

Molares Volumen. Häufig stellt sich das Problem, zwischen der Stoffmenge und dem Volumen einer gasförmigen Stoffprobe umzurechnen. Ähnlich wie man bei der Umrechnung zwischen der Stoffmenge und der Masse als Hilfsgröße die molare Masse M benutzt, benötigt man bei der Umrechnung zwischen der Stoffmenge und dem Volumen das *molare Volumen* V_m.

Das molare Volumen V_m ist definiert als Quotient aus dem Volumen V und der Stoffmenge n einer Stoffportion:

$$V_m = \frac{V}{n} \quad \text{oder} \quad V = n \cdot V_m \quad \text{oder} \quad n = \frac{V}{V_m}$$

Mit Hilfe dieser Gleichungen kann man zwischen dem Volumen und der Stoffmenge einer Gasportion umrechnen.

Bei gleichen Bedingungen ist nach dem Gesetz von AVOGADRO das molare Volumen aller Gase gleich: Bei 0 °C und normalen Luftdruck (1013 hPa) beträgt es $22{,}4\,\frac{l}{mol}$. Da sich Gase bei einer Temperaturerhöhung ausdehnen, nimmt das molare Volumen mit steigender Temperatur zu. Bei 20 °C und 1013 hPa beträgt das molare Volumen $24\,\frac{l}{mol}$.

Berechnungen. Ein Luftballon enthält 3,7 l Wasserstoff. Wie viel Mol Wasserstoff-Moleküle enthält der Luftballon? Die Temperatur beträgt 20 °C, der Druck im Luftballon liegt etwas über dem normalen Luftdruck.

$$n = \frac{V}{V_m} = \frac{3{,}7\,l}{24\,\frac{l}{mol}} = 0{,}15\,mol$$

Der Luftballon enthält bei den gegebenen Bedingungen rund 0,15 mol Wasserstoff-Moleküle.

Berechnungen des Volumens können auch in komplexere Fragestellungen eingebunden sein, bei dem sowohl Volumen als auch Massen angegeben sind. Wie bei folgender Aufgabe:
Welches Volumen an Sauerstoff (20 °C, 1013 hPa) wird benötigt, um 10 g Wasserstoff zu verbrennen?

Basis ist bei solchen Berechnungen immer die Reaktionsgleichung, aus der sich das Stoffmengenverhältnis ergibt:

$$2\,H_2 + O_2 \longrightarrow 2\,H_2O$$

Zunächst bildet man den Quotienten aus der gesuchten Größe und der gegebenen Größe und berechnet ihn über das Stoffmengenverhältnis. Gesucht ist hier das Volumen des Sauerstoffs ($V(O_2)$); gegeben ist die Masse des Wasserstoffs ($m(H_2)$).
Man erhält somit:

$$\frac{V(O_2)}{m(H_2)} = \frac{n(O_2) \cdot V_m}{n(H_2) \cdot M(H_2)}$$

$$V(O_2) = \frac{n(O_2) \cdot V_m \cdot m(H_2)}{n(H_2) \cdot M(H_2)}$$

Das Stoffmengenverhältnis entnimmt man der Reaktionsgleichung. Zwei Mol Wasserstoff reagieren mit einem Mol Sauerstoff.
Durch Einsetzen aller Zahlenwerte erhält man:

$$V(O_2) = \frac{1\,\text{mol} \cdot 24\frac{l}{mol} \cdot 10\,g}{2\,\text{mol} \cdot 2\frac{g}{mol}}$$

$$V(O_2) = 60\,l$$

Zur Verbrennung von 10 g Wasserstoff benötigt man 60 l Sauerstoff.

Gleiche Volumina von Gasen enthalten bei gleichem Druck und gleicher Temperatur gleich viele Teilchen (Gesetz von AVOGADRO).

1 Wie viel Gramm Calciumcarbonat muss mit verdünnter Salzsäure umgesetzt werden, damit 100 l Kohlenstoffdioxid entstehen? Die Reaktion wird bei 1013 hPa und 20 °C durchgeführt.
2 Magnesium reduziert Kohlenstoffdioxid.
a) Wie viel Gramm Kohlenstoffdioxid werden benötigt, um 10 g Kohlenstoff zu erhalten?
b) Welches Volumen nimmt das benötigte Kohlenstoffdioxid-Gas bei 0 °C und 1013 hPa ein? Welches Volumen nimmt es bei 20 °C und 1013 hPa ein?

Rechenbeispiel

Berechnung des Volumens eines entstehenden Stoffes:
Durch Einwirken von Salzsäure auf Calciumcarbonat wird in einem Gasentwickler Kohlenstoffdioxid hergestellt. Welches Volumen an Kohlenstoffdioxid entsteht bei 0 °C und 1013 hPa, wenn 80 g Calciumcarbonat vollständig umgesetzt werden?

1. **Aufstellen der Reaktionsgleichung:**
$$CaCO_3 + 2\,HCl \longrightarrow CaCl_2 + H_2O + CO_2$$
$$\Rightarrow n(CO_2) = n(CaCO_3)$$

2. **Gesuchte Größe:**
V (Kohlenstoffdioxid)

3. **Gegebene Größen:**
m (Calciumcarbonat) = 80 g
$M(CaCO_3)$ = $100\,\frac{g}{mol}$; $V_m = 22,4\,\frac{l}{mol}$

4. **Aufstellen der Größengleichung:**
$$\frac{V\,(\text{Kohlenstoffdioxid})}{m\,(\text{Calciumcarbonat})} = \frac{n(CO_2) \cdot V_m}{n(CaCO_3) \cdot M(CaCO_3)}$$

$$V\,(\text{Kohlenstoffdioxid}) = \frac{n(CO_2) \cdot V_m \cdot m\,(\text{Calciumcarbonat})}{n(CaCO_3) \cdot M(CaCO_3)}$$

5. **Einsetzen der Zahlenwerte:**
$$V\,(\text{Kohlenstoffdioxid}) = \frac{1\,\text{mol} \cdot 22,4\frac{l}{mol} \cdot 80\,g}{1\,\text{mol} \cdot 100\frac{g}{mol}}$$

$$V\,(\text{Kohlenstoffdioxid}) = 17,9\,l$$

Bei der Reaktion von 80 Gramm Calciumcarbonat mit verdünnter Salzsäure entstehen 17,9 l Kohlenstoffdioxid.

---

3 Wie viel Liter Kohlenstoffdioxid (0 °C, 1013 hPa) entstehen bei der Verbrennung von 5 Tonnen Koks, der 90 % reinen Kohlenstoff enthält?
4 Welches Volumen an Wasserstoff erhält man bei 0 °C und 1013 hPa, wenn 5,0 g Calcium mit Wasser reagieren?
5 Kupferoxid (CuO) wird von Wasserstoff-Gas reduziert.
a) Formuliere Wortgleichung und Reaktionsgleichung.
b) Welches Volumen Wasserstoff (20 °C, 1013 hPa) wird benötigt, um 3,2 g Kupferoxid zu reduzieren?
6 Wie viel Milliliter Sauerstoff (20 °C, 1013 hPa) erhält man bei der Reduktion von 3,5 g Silberoxid?
7 Wasserstoffperoxid (H_2O_2) zerfällt in Gegenwart eines Katalysators in Wasser und Sauerstoff.
Welches Volumen Sauerstoff erhält man bei 20 °C und 1013 hPa aus 120 g einer 10 %igen Lösung von Wasserstoffperoxid?

Quantitative Betrachtungen – klare Verhältnisse **113**

Prüfe dein Wissen

Quiz

A1 a) Erkläre die Begriffe des Fensters.
b) Notiere auf der Vorderseite von Karteikarten den Begriff, auf der Rückseite die Erklärung.

A2 Man betrachtet eine Portion Sauerstoff mit der Stoffmenge an Sauerstoff-Molekülen von 2 mol.
a) Wie viele Sauerstoff-Moleküle sind in dem Gas enthalten?
b) Wie viele Sauerstoff-Atome liegen darin vor?

A3 Ein kleines Gold-Körnchen der Masse 1 mg ist gerade noch unter dem Lichtmikroskop zu sehen.
a) Wie viele Mole Gold-Atome enthält es?
b) Welcher Anzahl an Gold-Atomen entspricht das?
c) Wie lange würde das Zählen der Au-Atome im Gold-Körnchen dauern, wenn es eine „Zählmaschine" gäbe, die eine Million Atome pro Sekunde zählen könnte?

Know-how

A4 Kohlenstoffmonooxid-Gas (CO) und Sauerstoff-Gas (O_2) reagieren miteinander zu Kohlenstoffdioxid-Gas (CO_2).
Stelle das Volumenverhältnis und das Verhältnis der Teilchenanzahlen schematisch dar.

A5 a) Erläutere den Einfluss einer erhöhten Konzentration auf die Reaktionsgeschwindigkeit anhand des Teilchen-Modells.
b) Was versteht man unter der RGT-Regel?

A6 In der Abbildung ist die *Dichte* einiger gasförmiger Elemente gegen ihre *Atommasse* aufgetragen. Es ergeben sich zwei Geraden mit unterschiedlicher Steigung.

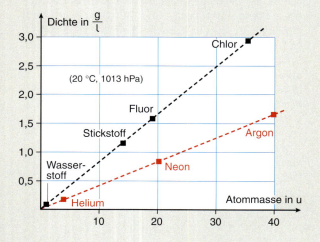

Die wichtigsten Begriffe
- Verhältnisformel
- Molekülformel
- Stoffmenge, Mol
- AVOGADRO-Konstante
- molare Masse
- molares Volumen
- AVOGADROsches Gesetz
- Stöchiometrie

a) Woran könnte es liegen, dass die Steigung der oberen Geraden doppelt so groß ist wie die der unteren Geraden?
b) Auf welcher Geraden und an welcher Stelle liegt der Punkt für das Element Sauerstoff?
c) Erkläre die direkte Proportionalität zwischen Dichte und Atommasse mit Hilfe des AVOGADROschen Gesetzes.
d) Die an der unteren Gerade aufgeführten Elemente gehören zu der Gruppe der so genannten *Edelgase*.
Welche weiteren Edelgase gibt es? Vergleiche dazu das Periodensystem am Ende des Buches.

A7 a) Stickstoff besteht wie Sauerstoff aus zweiatomigen Molekülen. Berechne mit Hilfe dieser Angabe die Dichte von Stickstoff bei 20 °C und normalem Luftdruck.
b) Das giftige Gas Blausäure hat die Verhältnisformel HCN. Die Dichte von Blausäure ist genauso groß wie die von Stickstoff. Welche Molekülformel besitzt Blausäure?

A8 In der Gasbrennerflamme verbrennt Methan (CH_4) mit Luftsauerstoff zu Kohlenstoffdioxid und Wasserdampf.
a) Formuliere die Reaktionsgleichung.
b) In welchem Volumenverhältnis stehen die vier Gase zueinander?

Natur – Mensch – Technik

A9 Schmelzen von Gold und Kupfer lassen sich in jedem Massenverhältnis mischen und kristallisieren. Die Kupfer/Gold-Legierungen mit den Zusammensetzungen CuAu und Cu_3Au leiten besonders gut den elektrischen Strom; sie werden deshalb auch technisch genutzt.
Welche Portionen Kupfer und Gold muss man schmelzen und mischen, um je 100 g Rotgold der Sorten CuAu und Cu_3Au zu erhalten?

A10 In Mexiko und Peru behandelt man Silbererze mit Quecksilber. Dabei bildet sich ein Amalgam mit der Zusammensetzung Ag_3Hg. Beim Erhitzen auf 350 °C verdampft das in dem Amalgam gelöste Quecksilber und Silber bleibt zurück. Wie viel Kilogramm Silber kann man maximal in einer Tonne Quecksilber lösen?

114 Quantitative Betrachtungen – klare Verhältnisse

Stoffmengen und Teilchenzahlen

Basiswissen

1. Volumenverhältnisse bei Gasreaktionen

Gase reagieren stets in ganzzahligen Volumenverhältnissen miteinander.
Beispiel: Synthese von Wasserdampf

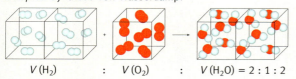

$V(H_2)$: $V(O_2)$: $V(H_2O)$ = 2 : 1 : 2

2. AVOGADROsches Gesetz

Gasförmige Stoffe enthalten bei gleichem Volumen, gleichem Druck und gleicher Temperatur gleich viele Teilchen.

3. Stoffmenge und Mol

Das Mol ist die Einheit der Stoffmenge n. Eine Stoffportion hat die Stoffmenge $n = 1$ mol, wenn sie $6 \cdot 10^{23}$ Teilchen (Atome oder Moleküle) enthält.
Mit der AVOGADRO-Konstanten N_A lassen sich Stoffmenge n und Teilchenanzahl N ineinander umrechnen:

$$N_A = \frac{N}{n} = 6 \cdot 10^{23} \frac{1}{mol}$$

4. Molare Masse und molares Volumen

a) Die *molare Masse* M ist der Quotient aus der Masse und der Stoffmenge einer Stoffportion:

$M = \frac{m}{n}$; Einheit: $\frac{g}{mol}$

Die molare Masse eines Elementes stimmt in ihrem Zahlenwert mit der Atommasse überein. Nur die Einheiten sind verschieden. Die molare Masse einer Verbindung erhält man durch Addition der molaren Massen der Elemente.

b) Das *molare Volumen* V ist der Quotient aus dem Volumen und der Stoffmenge einer Stoffportion:

$V_m = \frac{V}{n}$; Einheit: $\frac{l}{mol}$

Das molare Volumen der Gase nimmt bei konstantem Druck mit steigender Temperatur zu.
Bei Raumtemperatur und normalem Druck hat das molare Volumen den Wert:

V_m (Gase, 20 °C, 1013 hPa) = 24 $\frac{l}{mol}$

5. Stöchiometrisches Rechnen

Auf der Grundlage chemischer Gleichungen lassen sich die Stoffmenge n, die Masse m und das Volumen V der an einer Reaktion beteiligten Stoffe berechnen. Dabei kann das folgende Schema verwendet werden:

1. Aufstellen der Reaktionsgleichung.
2. Gesuchte Größe notieren.
3. Gegebene Größen notieren.
4. Größengleichung aufstellen und nach der gesuchten Größe umstellen.
5. Einsetzen aller bekannter Größen in die Größengleichung und Berechnung des Ergebnisses
6. Formulieren eines Antwortsatzes.

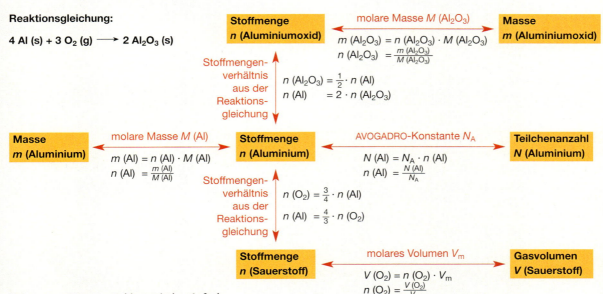

Schema zur Lösung stöchiometrischer Aufgaben

Quantitative Betrachtungen – klare Verhältnisse

7 Schätze der Erde – Salze

Das Tote Meer ist das salzreichste Gewässer der Erde. Die außergewöhnlich hohe Konzentration an Salz führt dazu, dass die Dichte des Meerwassers so groß ist, dass ein Mensch darin nicht untergehen kann. Der Hauptanteil des gelösten Salzes im Toten Meer ist Kochsalz (Natriumchlorid). „Totes Meersalz" wird sowohl medizinisch als auch industriell genutzt.
Salz ist einer der wichtigsten Grundstoffe der chemischen Industrie, aus dem sich eine Vielzahl von Rohstoffen und Produkten gewinnen lassen. Es war Jahrhunderte lang so kostbar, dass man es als weißes Gold bezeichnete.

Zentrale Fragen:
- Was versteht man unter Salzen?
- Wie hängen Bildung und Eigenschaften von Salzen mit dem Aufbau der Atome zusammen?
- Wie kann man Formeln von Salzen aufstellen?
- Nach welchen Gesichtspunkten sind die Elemente im Periodensystem geordnet?

Kochsalz im Alltag

Ergebnisse:

→ **Eigenschaften**
Die bekannteste Eigenschaft von Kochsalz ist sein salziger Geschmack. Deshalb wird es seit Alters her zum Würzen und Konservieren von Speisen verwendet. Auch heute noch wird Schinken eingesalzen und Heringe in Salz eingelegt.
Die Dichte von Kochsalz beträgt 2,16 $\frac{g}{cm^3}$.
Die Schmelztemperatur und die Siedetemperatur liegen relativ hoch: Salz schmilzt bei 801 °C und siedet bei 1465 °C.

elektrische Leitfähigkeit von Salzwasser:
Im Gegensatz zu festem Salz leitet Salzwasser den elektrischen Strom. Allerdings ist die Leitfähigkeit einer Salzlösung mehrere tausend Mal geringer als die von Metallen. Auch geschmolzenes Salz ist elektrisch leitfähig.

→ **Salz – kostbarer als Gold?**
Salz besaß seit jeher für den Menschen eine besondere Bedeutung. Größere Siedlungen entwickelten sich daher in der Nähe von Salzvorkommen und an den Salzhandelswegen. Noch heute erinnern viele Städtenamen wie Hallstadt (griech. *hals:* Salz), Salzwedel, Reichenhall, Salzburg oder Halle an die Ursprünge dieser Städte. Zu manchen Zeiten war Salz wertvoller als Gold; es war deshalb gelegentlich auch Anlass kriegerischer Auseinandersetzungen.

→ **Streusalz**
Salzlösungen erstarren bei tieferen Temperaturen als reines Wasser. Eine Lösung von 30 g Natriumchlorid in 1 l Wasser gefriert erst bei etwa –2 °C. Deshalb verwendet man dieses Salz als preiswertes Streusalz gegen Straßenglätte. Natriumchlorid kann bis zu –10 °C eingesetzt werden. Um das Streusalz für den menschlichen Genuss unbrauchbar zu machen, wird es *vergällt:* Man setzt Eisenoxid und Farbstoffe hinzu.
Der Einsatz von Streusalz ist jedoch umstritten: Das Salz gelangt in den Boden und schädigt Pflanzen und Bäume. An Autos beschleunigt Streusalz Korrosionsvorgänge.

→ **Physiologische Kochsalz-Lösung**
Eine Lösung von 0,9 % Natriumchlorid in Wasser bezeichnet man als physiologische Kochsalz-Lösung. Sie hat etwa die gleiche Konzentration an gelösten Teilchen wie Blutplasma und wird in der Medizin im Notfall als Blutplasma-Ersatz eingesetzt.

→ **Salzgewinnung**
In Deutschland gibt es viele unterirdische Salzvorkommen. Das so genannte *Steinsalz* wird entweder bergmännisch abgebaut oder unterirdisch aufgelöst und dann in Salinen auskristallisiert.

→ **Badesalz aus dem Toten Meer**
400 m unterhalb des Meeresspiegels liegt an der Grenze zwischen Israel und Jordanien das Tote Meer. Es ist das salz- und mineralreichste Gewässer der Erde. Aus unterirdischen Quellen fließt mineralreiches Wasser in den abflusslosen See und verdunstet dort. So ist der Salzgehalt bis heute auf etwa 25 % angestiegen. Dem Salz, das auch als Badesalz verkauft wird, wird eine heilende Wirkung bei Hautkrankheiten zugeschrieben.

Aufgaben:
1 Nenne Eigenschaften von Kochsalz.
2 Wozu kann Kochsalz verwendet werden?
3 Recherchiere: Weshalb steigt der Salzgehalt des Toten Meeres an?

7.1 Bildung von Salzen

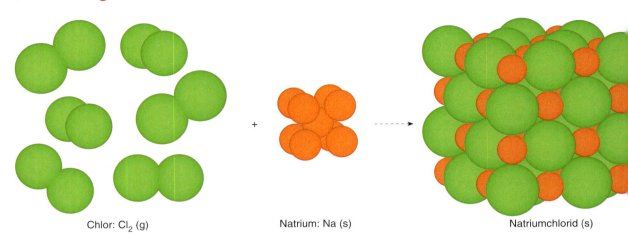

Chlor: Cl$_2$ (g)   Natrium: Na (s)   Natriumchlorid (s)

Leitet man Chlor auf geschmolzenes Natrium, so reagiert das Metall mit einer grellen gelben Flamme. Die Reaktion ist stark exotherm. An der Glaswand setzt sich ein weißes Pulver als Reaktionsprodukt ab. Es handelt sich um *Natriumchlorid.*
Nach dem Abkühlen kann man den weißen Feststoff abkratzen. Er löst sich gut im Wasser. Beim Eindampfen der wässrigen Lösung erhält man kleine würfelförmige Kristalle. Natriumchlorid schmeckt salzig, es ist im Alltag als *Kochsalz* bekannt.

Am Aufbau von Natriumchlorid-Kristallen sind genauso viele Natrium-Atome wie Chlor-Atome beteiligt. Die Formel ist also NaCl.

2 Na (s) + Cl$_2$ (g) ⟶ 2 NaCl (s), exotherm
Natrium   Chlor   Natriumchlorid

Chlor reagiert auch mit anderen Metallen zu Chloriden. Die Chloride haben ähnliche Eigenschaften wie Kochsalz. Man spricht daher allgemein von Salzen.

Eisenwolle glüht in Chlor auf. Dabei entsteht braunes Eisenchlorid. Die Reaktion ist weniger exotherm als die mit Natrium, denn Eisen ist reaktionsträger.

2 Fe (s) + 3 Cl$_2$ (g) ⟶ 2 FeCl$_3$ (s); exotherm
Eisen   Chlor   Eisenchlorid

Ebenso wie **Chlor** reagieren auch die Elemente **Fluor**, **Brom** und **Iod** mit Metallen zu Salzen. Da sich diese Elemente auch sonst ähneln, werden sie zur Elementfamilie der **Halogene** (griech. *hals:* Salz; griech. *gennan:* bilden) zusammengefasst, die entstehenden Salze heißen Metallhalogenide.

Brom reagiert mit Aluminium bereits bei Raumtemperatur. Dabei wird so viel Wärme frei, dass glühendes Aluminium umher geschleudert wird.

2 Al (s) + 3 Br$_2$ (l) ⟶ 2 AlBr$_3$ (s); exotherm
Aluminium   Brom   Aluminiumbromid

Iod ist das reaktionsträgste Halogen, es reagiert mit Zink nur langsam. Gibt man jedoch einige Tropfen Wasser zu, wird die Reaktion so lebhaft, dass ein Teil des Iods durch die Reaktionswärme verdampft.

Zn (s) + I$_2$ (s) ⟶ ZnI$_2$ (s); exotherm
Zink   Iod   Zinkiodid

Salze. Die Reaktion von Metallen mit Halogenen unter Bildung von *Metallhalogeniden* ist ein typisches Beispiel für die Salzbildung. Auch andere Nichtmetalle reagieren mit Metallen zu *salzartigen* Stoffen: Aus Sauerstoff und Metallen bilden sich *Metalloxide.* Aus Schwefel und Metallen entstehen *Metallsulfide.*

Steckbrief: Halogene

	Atommasse	Schmelztemperatur	Siedetemperatur	Dichte bei 20 °C	Reaktion mit Wasserstoff	Reaktion mit Metallen
Fluor, F$_2$	19,0 u	−220 °C	−188 °C	1,58 $\frac{g}{l}$	explosionsartig	explosionsartig
Chlor, Cl$_2$	35,5 u	−101 °C	−34 °C	2,95 $\frac{g}{l}$		
Brom, Br$_2$	79,9 u	−7 °C	59 °C	3,12 $\frac{g}{cm^3}$		
Iod, I$_2$	126,9 u	114 °C	185 °C	4,94 $\frac{g}{cm^3}$	sehr langsam	mäßig

Schätze der Erde – Salze

Reaktion von Chlor mit Eisen

Reaktion von Brom mit Aluminium

Reaktion von Iod mit feuchtem Zink

Benennung von Salzen. Im Namen eines Salzes, das aus einem Metall und einem Nichtmetall gebildet wird, nennt man zuerst das Metall. Der Name des Nichtmetalls folgt dann häufig in verkürzter Form, ausgehend vom wissenschaftlichen Namen des Elements. Die Endung ist immer – **id**.
Beispiele:
Kaliumchlor**id** (KCl), Magnesiumbrom**id** (MgBr$_2$), Magnesiumox**id** (MgO), Kupfersulf**id** (Cu$_2$S).

Metalle reagieren mit Nichtmetallen zu Salzen. Wichtige Beispiele sind die Metallhalogenide, die Metalloxide und die Metallsulfide.

1 Die folgenden Reaktionsgleichungen sind nicht korrekt. Korrigiere sie und begründe dein Vorgehen.
a) Na + Cl ⟶ NaCl;   b) Na + Cl$_2$ ⟶ NaCl
2 Das Kochsalz, das wir in der Küche verwenden, wird nicht durch die chemische Reaktion von Natrium mit Chlor hergestellt. Erkundige dich, woher unser Speisesalz stammt, schlage auch hier im Chemiebuch nach.
3 Wie heißt das Salz, das aus Fluor und Kalium entsteht?
4 Brom reagiert mit Eisen zu Eisenbromid (FeBr$_3$). Gib die Reaktionsgleichung an.
5 Mit den Elementen Natrium, Brom, Eisen, Schwefel, Aluminium und Sauerstoff gibt es neun Möglichkeiten, dass ein Nichtmetall mit einem Metall reagiert. Formuliere für jede Möglichkeit die Wortgleichung und die Reaktionsgleichung.
6 Ähnlich wie beim Wort Halogen weisen die Silben Hall oder Hell in geografischen Angaben auf Salz hin. Suche im Atlas nach solchen Beispielen.
7 Ermittle die Verhältnisformel von Aluminiumchlorid mit Hilfe der folgenden Messergebnisse.
m(Reagenzglas) = 16,00 g
m(Reagenzglas mit Aluminium) = 16,93 g
m(Reagenzglas mit Aluminiumchlorid) = 20,60 g

Rechenbeispiel

Vom Experiment zur Verhältnisformel

Zur Ermittlung der Verhältnisformel von Natriumchlorid wird zuerst ein Reagenzglas genau abgewogen. Dann gibt man ein Stück Natrium in das Reagenzglas und wiegt erneut. Nun lässt man das Natrium mit Chlor reagieren und wiegt danach noch einmal:
m(Reagenzglas) = 16,00 g
m(Reagenzglas mit Natrium) = 16,46 g
m(Reagenzglas mit Natriumchlorid) = 17,17 g

Auswertung:

1. *Masse an Natrium:*
   m(Natrium) = 16,46 g – 16,00 g = 0,46 g

2. *Masse an Natriumchlorid:*
   m(Natriumchlorid) = 17,17 g – 16,00 g = 1,17 g

3. *Masse an Chlor:*
   m(Chlor) = m(Natriumchlorid) – m(Natrium)
   = 1,17 g – 0,46 g = 0,71 g

4. *Stoffmenge an Natrium-Atomen in 0,46 g Natrium:*
   $n(\text{Na}) = \dfrac{m(\text{Natrium})}{M(\text{Na})} = \dfrac{0,46 \text{ g}}{23 \frac{\text{g}}{\text{mol}}} = 0,02 \text{ mol}$

5. *Stoffmenge an Chlor-Atomen in 0,71 g Chlor:*
   $n(\text{Cl}) = \dfrac{m(\text{Chlor})}{M(\text{Cl})} = \dfrac{0,71 \text{ g}}{35,5 \frac{\text{g}}{\text{mol}}} = 0,02 \text{ mol}$

6. *Atomanzahlverhältnis und Verhältnisformel:*
   $\dfrac{N(\text{Na})}{N(\text{Cl})} = \dfrac{n(\text{Na})}{n(\text{Cl})} = \dfrac{0,02 \text{ mol}}{0,02 \text{ mol}} = 1 : 1$

Die Verhältnisformel von Natriumchlorid ist NaCl.

Schätze der Erde – Salze

7.2 Das Periodensystem der Elemente

Das Periodensystem der Elemente ist eine Tabelle, in der alle bekannten Elemente aufgeführt sind. In einer vereinfachten Form werden nur die so genannten *Hauptgruppenelemente* berücksichtigt. Die Tabelle besteht dann aus acht Spalten und sieben Zeilen.

Die Spalten des Periodensystems bezeichnet man als **Gruppen.** In jeder Gruppe steht eine *Elementfamilie.* Dabei sind die Elemente nach steigender Atommasse angeordnet. In der ersten Hauptgruppe stehen die Alkalimetalle, in der zweiten die Erdalkalimetalle. Die Halogene bilden die VII. Hauptgruppe, die Edelgase die VIII. Hauptgruppe.

Jede Zeile des Periodensystems beginnt so mit einem Alkalimetall und endet mit einem Edelgas. Da die Elemente der gleichen Familie periodisch wiederkehren, werden diese Zeilen **Perioden** genannt. Wasserstoff und Helium bilden die erste Periode. Die anderen Perioden bestehen aus acht Elementen.

Im Periodensystem werden die Elemente periodenweise von links nach rechts durchnummeriert. So erhält jedes Element seine **Ordnungszahl.** Diese Reihenfolge weicht an einigen Stellen von der Anordnung der Elemente nach steigender Atommasse ab: Kalium steht hinter Argon, obwohl es die geringere Atommasse hat. Aufgrund seiner chemischen Eigenschaften gehört Kalium jedoch eindeutig in die Gruppe der Alkalimetalle, Argon in die Gruppe der Edelgase. Die chemische Verwandtschaft ist also wichtiger als die Ordnung nach der Atommasse.

Zahlreiche wichtige Elemente wie Eisen, Kupfer oder Gold sind in dieser vereinfachten Form des Periodensystems nicht erfasst. Um alle Elemente zu berücksichtigen, werden zwischen der II. und III. Hauptgruppe Nebengruppen eingefügt.

> Im Periodensystem der Elemente sind die Elemente tabellarisch geordnet. Die Spalten werden als Gruppen bezeichnet, die Zeilen als Perioden. Die Elemente einer Gruppe bilden eine Elementfamilie.

1 Ordne den Gruppen I, II, VII und VIII die Namen der Elementfamilien zu.
2 Welche Ordnungsprinzipien bestimmen den Aufbau des Periodensystems?
3 Wo stehen im Periodensystem die Metalle und wo die Nichtmetalle?
4 Nenne zwei Elementpaare, deren Ordnungszahlen nicht der Aufeinanderfolge der Atommassen gehorchen.
5 Die Ähnlichkeiten zwischen den Elementen sind in den Gruppen I, II, VII und VIII sehr stark ausgeprägt. Warum ist das bei den anderen Gruppen nicht der Fall? Betrachte dabei die Elemente der IV. Gruppe.
6 Natrium reagiert mit Sauerstoff zu Natriumoxid (Na_2O). Stelle die Reaktionsgleichung für die Reaktion auf. Zu welchem Verbindungstyp ist das Produkt zu rechnen?

Ordnungsprinzip Gruppe (Elementfamilie):
Die Elemente einer Elementfamilie stehen untereinander. Innerhalb einer solchen Gruppe nimmt die Atommasse von oben nach unten zu.
Insgesamt gibt es acht Gruppen. Sie werden mit den römischen Zahlen I (Alkalimetalle) bis VIII (Edelgase) gekennzeichnet.

Atommasse in u $\longrightarrow$
Elementsymbol $\longrightarrow$
Ordnungszahl $\longrightarrow$

	19,00
	F
9	

Ordnungsprinzip Periode:
Die Elemente einer Periode stehen nebeneinander.
Die Perioden werden mit den Zahlen 1 bis 7 bezeichnet.

	I	II	III	IV	V	VI	VII	VIII
1	1,008 $_1$H							4,003 $_2$He
2	6,94 $_3$Li	9,01 $_4$Be	10,81 $_5$B	12,01 $_6$C	14,00 $_7$N	16,00 $_8$O	19,00 $_9$F	20,18 $_{10}$Ne
3	22,99 $_{11}$Na	24,31 $_{12}$Mg	26,98 $_{13}$Al	28,09 $_{14}$Si	30,97 $_{15}$P	32,07 $_{16}$S	35,45 $_{17}$Cl	39,94 $_{18}$Ar
4	39,10 $_{19}$K	40,08 $_{20}$Ca	69,72 $_{31}$Ga	72,61 $_{32}$Ge	74,92 $_{33}$As	78,96 $_{34}$Se	79,90 $_{35}$Br	83,80 $_{36}$Kr
5	85,47 $_{37}$Rb	87,62 $_{38}$Sr	114,8 $_{49}$In	118,71 $_{50}$Sn	121,75 $_{51}$Sb	127,60 $_{52}$Te	126,90 $_{53}$I	131,2 $_{54}$Xe
6	132,91 $_{55}$Cs	137,33 $_{56}$Ba	204,38 $_{81}$Tl	207,2 $_{82}$Pb	208,98 $_{83}$Bi	$_{84}$Po	85At	86Rn
7	87Fr	88Ra						

Metalle | **Nichtmetalle**

Metall oder Nichtmetall?
Metalle stehen im Periodensystem links und unten, Nichtmetalle stehen rechts und oben. Metalle und Nichtmetalle werden durch eine Diagonale getrennt, die vom Bor über Arsen zum Astat verläuft.

Salz oder Molekülverbindung?
Mit Hilfe des Periodensystems lässt sich vorhersagen, ob bei der Reaktion ein Salz oder eine Molekülverbindung entsteht:

Metall + Nichtmetall $\longrightarrow$ Salz

Nichtmetall + Nichtmetall $\longrightarrow$ Molekülverbindung

120 Schätze der Erde – Salze

Der lange Weg zum Periodensystem der Elemente

Exkurs

BOHRsches Atommodell:
Der tiefere Zusammenhang der Ordnung der Elemente im Periodensystem offenbarte sich erst ein halbes Jahrhundert nach MENDELEEVs Periodensystem: Im Jahre 1913 gelang BOHR die Entschlüsselung der Struktur der Atomhülle.

BOHR
1913

МЕНДЕЛЕЕВ
1869/1871

MENDELEEVs Periodensystem:
Unabhängig von MEYER veröffentlichte der russische Chemiker MENDELEEV 1869 eine Übersicht, in der chemisch ähnliche Elemente – geordnet nach steigender Atommasse – jeweils *nebeneinander* aufgeführt sind. An einigen Stellen setzte er ein Fragezeichen, um auf noch unbekannte Elemente hinzuweisen, z.B. die auf Aluminium bzw. Silicium folgenden Elemente. Zwei Jahre später machte er einen verbesserten Vorschlag, in dem chemisch ähnliche Elemente jeweils *untereinander* stehen. Seine gleichzeitig gemachten Voraussagen über die Eigenschaften der unbekannten Elemente wurden nach wenigen Jahren mit der Entdeckung von Gallium und Germanium glänzend bestätigt.

MEYER
1864/1870

MEYERs Periodensystem:
In einem 1864 erschienenen Buch stellte der deutsche Chemiker Lothar MEYER die Atommassen der damals bekannten Elemente zusammen. Seine Übersicht umfasst insgesamt 13 Gruppen, in denen jeweils bis zu fünf chemisch ähnliche Elemente *untereinander* stehen. 1870 stützte er in einem Zeitschriftenbeitrag MENDELEEVs Aussagen. Mithilfe einer Grafik zeigte er dabei, dass sich auch die Größen der Atome mit steigender Atommasse periodisch ändern.

NEWLANDS
1865

NEWLANDS und die Oktaven:
Der englische Chemiker NEWLANDS wagte sich noch einen Schritt weiter und erntete dafür den Spott seiner Zeitgenossen: Er ordnete die Elemente nach steigender Atommasse und stellte chemisch verwandte Elemente untereinander. Es gelang ihm nach diesem Schema 35 Elemente in einer übersichtlichen Tabelle einzuordnen. Die Tabelle hatte nur sieben Spalten, die Edelgase waren noch nicht entdeckt. In jedem achten Feld stand so ein verwandtes Element. In Anlehnung an die Musik beschrieb er diese Harmonie der Elemente als „Law of Octaves" (1865).

DÖBEREINER
1829

DÖBEREINER und die Triaden:
Der deutsche Chemiker DÖBEREINER ordnete immer drei Elemente nach chemisch ähnlichem Verhalten und stellte überrascht in diesen Triaden (griech. *treis:* drei) einen mathematischen Zusammenhang fest: Die Atommasse des mittleren Elementes entsprach dem Mittelwert der Atommassen der beiden äußeren Elemente (1816). Aber erst 13 Jahre später wagte er es, seine Theorie zu einer mathematischen Ordnung der Natur zu veröffentlichen.

BERZELIUS
1814

BERZELIUS und die Bestimmung der Atommassen:
Der schwedische Arzt und Chemiker BERZELIUS präzisierte die DALTONschen Atommassen mit verfeinerten experimentellen Methoden. Im Laufe von zehn Jahren bestimmte er die Atommassen aller damals bekannten 46 Elemente (1814). Auf BERZELIUS gehen auch die noch heute benutzten Elementsymbole zurück.

DALTON
1808

DALTON und die Einführung des Begriffes Atom:
Der englische Lehrer und Naturforscher DALTON verstand unter den Atomen die kleinsten Bausteine der von LAVOISIER beschriebenen chemischen Elemente: „Die chemische Synthese und Analyse geht nicht weiter als bis zur Trennung der Atome und ihrer Wiedervereinigung" (1808).
Zuvor hatte DALTON als erster die Atommassen von Elementen bestimmt (1805). Er gab der Masse des leichtesten Atoms (Wasserstoff) willkürlich den Wert 1. Bei der experimentellen Ermittlung der Atommassen unterliefen ihm zwar grobe Fehler, aber er war auf dem richtigen Weg.

LAVOISIER
1789

LAVOISIER und die Klärung des Begriffes Element:
Der französische Chemiker LAVOISIER schrieb: „... so sind alle Substanzen, die wir noch durch keinen Weg haben zerlegen können, für uns Elemente."

Schätze der Erde – Salze **121**

7.3 Das Kern/Hülle-Modell des Atoms

Metalle leiten bekanntlich den elektrischen Strom, ohne sich dabei zu verändern. Als Erklärung führt man an, dass sich negativ geladene *Elektronen* (e⁻) durch das Metall bewegen können. Jedes Elektron weist *eine negative Elementarladung* auf. Die Elektronen fließen vom Minuspol einer Spannungsquelle durch den Leitungsdraht zum Pluspol. Wie lässt sich das Auftreten von negativ geladenen Elektronen mit dem Aufbau der Stoffe aus – insgesamt gesehen – elektrisch neutralen Atomen erklären? Das Atommodell von DALTON muss dazu durch das auf RUTHERFORD zurückgehende Kern/Hülle-Modell ersetzt werden.

RUTHERFORDS Streuversuch. Am Ende des 19. Jahrhunderts hatte man das Phänomen der *Radioaktivität* entdeckt: Einige Stoffe senden Strahlung aus, durch die beispielsweise eine lichtdicht verpackte Fotoplatte geschwärzt wird. Experimente zeigten dann, dass es drei verschiedene Arten radioaktiver Strahlung gibt; man spricht deshalb von α-Strahlung, β-Strahlung und γ-Strahlung. Bei der α-Strahlung handelt es sich um Teilchen, die 4-mal so schwer sind wie ein Wasserstoff-Atom und stets eine *positive* Ladung aufweisen, die zwei Elementarladungen entspricht. α-Teilchen können dünne Metallfolien durchdringen.

An einer Goldfolie untersuchte RUTHERFORD, ob α-Teilchen durch Gold-Atome abgelenkt werden. Die Folie war zwar nur 0,000 4 mm dick, enthielt aber immerhin noch 1000 Atomschichten.
Die α-Teilchen wurden mit Hilfe eines Zinksulfid-Schirms beobachtet. Jedes α-Teilchen erzeugt beim Auftreffen einen winzigen Lichtblitz, der sich mit einer Lupe erkennen lässt.

Im Juni 1909 berichtete RUTHERFORDS Mitarbeiter GEIGER, der inzwischen mehr als 100 000 Lichtblitze gezählt hatte, von unerwarteten Beobachtungen: „Es zeigt sich, dass α-Teilchen manchmal sehr stark abgelenkt werden. Etwa jedes Zehntausendste wird sogar zurückgeworfen, so als sei es auf ein festes Hindernis geprallt".

Dieses Ergebnis kam völlig überraschend. „Es war fast genau so unglaublich, als ob Sie eine 15-Zoll-Granate gegen ein Stück Seidenpapier abfeuern und sie kommt zurück und trifft Sie", meinte RUTHERFORD. Er folgerte, dass es im Atom einen Ort geben müsste, in dem die positive Ladung konzentriert ist. Anders ließ sich die starke Ablenkung der positiven α-Teilchen nicht erklären. Zwei Jahre später veröffentlichte er dann seine bahnbrechende Theorie vom Aufbau der Atome, das Kern/Hülle-Modell.

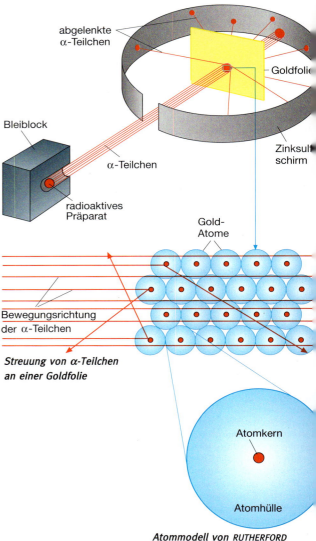

Streuung von α-Teilchen an einer Goldfolie

Atommodell von RUTHERFORD

Kern/Hülle-Modell. Ein Atom hat ein Massenzentrum mit positiver Ladung, den **Atomkern**. Er enthält mehr als 99,9 % der Masse des Atoms, ist aber 10 000-mal kleiner als das Atom selbst. Er gleicht damit einem Stecknadelkopf mitten in einem Heißluftballon.
Um den Atomkern bewegen sich die negativ geladenen, fast masselosen **Elektronen.** Sie bilden die **Atomhülle.** Insgesamt ist ein Atom **elektrisch neutral,** denn die negative Ladung in der Atomhülle stimmt mit der positiven Ladung des Kerns überein. Das ganze Atom entspricht einer Kugel mit einem Radius von etwa einem zehnmillionstel Millimeter (0,000 000 1 mm).

Proton. Die positive Ladung des Atomkerns ergibt sich aus der Ladung von Teilchen, die jeweils *eine positive Elementarladung* aufweisen. Dieser Baustein des Atomkerns wird als *Proton* (griech.: das Erste) bezeichnet. Ein Proton im Atomkern kompensiert also jeweils die Ladung eines Elektrons in der Atomhülle. Die Masse eines Protons entspricht etwa der atomaren Masseneinheit 1 u.

Der Atomkern eines Wasserstoff-Atoms ist am einfachsten gebaut. Er besteht aus einem einzigen Proton; dementsprechend gehört auch nur ein Elektron zu einem Wasserstoff-Atom. Ein Helium-Atom weist *zwei* Elektronen in der Atomhülle auf und der Atomkern enthält zwei Protonen. Atomkerne mit drei Protonen gehören zu den Atomen des Elements Lithium. Ordnet man alle Elemente nach steigender Protonenzahl, so nimmt die Zahl der Protonen in den Atomkernen jeweils um genau *eins* zu. Zweier- oder Dreierschritte treten nicht auf.

Das schwerste natürlich vorkommende Atom ist das Uran-Atom. Es hat 92 Protonen im Kern. Die Anzahl der Protonen im Atomkern heißt auch **Kernladungszahl**. Sie ist genau so groß wie die Anzahl der Elektronen in der Atomhülle. Durch die Kernladungszahl wird eindeutig festgelegt, zu welchem Element ein Atom gehört: Jedes Atom mit sechs Protonen ist ein Kohlenstoff-Atom.

Neutron. Mit Ausnahme des Wasserstoffs haben die Atome aller Elemente eine deutlich größere Masse als die in ihrem Atomkern enthaltenen Protonen. So hat ein Lithium-Atom mit drei Protonen eine Masse von 7 u. Da ein Elektron so gut wie keine Masse trägt, muss der Kern neben den Protonen noch weitere Bausteine enthalten: Es handelt sich um Teilchen, die keine elektrische Ladung haben, die *Neutronen*. Ihre Masse stimmt praktisch mit der von Protonen überein.

Die Bausteine der Atomkerne bezeichnet man zusammen als **Nukleonen** (lat. *nucleus:* Kern). Die Anzahl aller Nukleonen in einem Atomkern bestimmt die **Massenzahl** eines Atoms. Mit der folgenden Schreibweise symbolisiert man den Aufbau eines Atoms:

$^{23}_{11}$Na $\quad$ Massenzahl / Kernladungszahl Atomart

Teilchen	Symbol	Ladung	Masse
Proton	p⁺	+1	1 u
Neutron	n	0	1 u
Elektron	e⁻	−1	0,000 5 u

Elementarteilchen und ihre Eigenschaften

Bau einiger Atomkerne

$^{7}_{3}$Li
Zahl der Protonen
+ Zahl der Neutronen
= **Massenzahl**
(= Nukleonenzahl)

$^{31}_{15}$P
Zahl der Protonen
= **Kernladungszahl**
(= Ordnungszahl)
(= Zahl der Elektronen)

Symbolische Schreibweise für den Aufbau eines Atoms

Nach dem Kern/Hülle-Modell besteht das Atom aus einem winzigen Atomkern und der Atomhülle. Der Atomkern enthält fast die gesamte Masse des Atoms. Er besteht aus positiv geladenen Protonen und elektrisch neutralen Neutronen. In der Atomhülle befinden sich die negativ geladenen Elektronen.

1 Wie groß wäre ein Atom, wenn der Atomkern etwa die Größe eines Tischtennisballes (d = 3 cm) hätte?
2 Beschreibe den Aufbau der folgenden Atomarten: $^{16}_{8}$O, $^{24}_{12}$Mg, $^{40}_{20}$Ca.
3 α-Teilchen lassen sich als Atomkerne eines gasförmigen Elements auffassen. Um welches Element handelt es sich?
4 Recherchiere, worum es sich bei β-Strahlung und γ-Strahlung handelt.

7.4 Ionen – geladene Teilchen

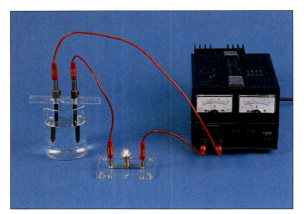

Salzwasser leitet den elektrischen Strom.

Ebenso wie Salzwasser leitet auch Mineralwasser den elektrischen Strom. In der Lösung müssen also ebenfalls bewegliche Ionen vorhanden sein. Neben Natrium-Ionen und Chlorid-Ionen enthält Mineralwasser zum Beispiel auch Calcium-Ionen und Magnesium-Ionen. Sowohl Calcium-Ionen als auch Magnesium-Ionen sind *zweifach positiv* geladen. Beide Ionen besitzen also zwei Elektronen weniger in der Atomhülle als Protonen im Atomkern. Als Symbole schreibt man Ca^{2+} beziehungsweise Mg^{2+}.
Ein Beispiel für ein zweifach negativ geladenes Ion ist das Sulfid-Ion S^{2-}.

Destilliertes Wasser und kristallines Speisesalz sind jeweils für sich allein Nichtleiter. Salzwasser dagegen leitet den elektrischen Strom. Die Lösung muss also bewegliche Ladungsträger enthalten.

Ionen. Im Gegensatz zu den metallischen Leitern beruht die Leitfähigkeit in Salzwasser nicht auf frei beweglichen Elektronen, sondern auf geladenen Atomen, die man als *Ionen* bezeichnet (griech. *ion*: wandernd).
In einer Salzlösung sind die Ionen beweglich, sie können so die für den Stromfluss notwendigen Ladungen transportieren.
Ionen sind neben Atomen und Molekülen eine dritte Art von Teilchen, die am Aufbau der Materie beteiligt sind. Sie bauen ganze Gebirge auf und auch das Salz der Weltmeere besteht aus Ionen.
Positiv geladene Ionen bezeichnet man als **Kationen**, negativ geladene Ionen nennt man **Anionen**. Im Salzwasser liegen *Natrium-Kationen* und *Chlorid-Anionen* vor.

Ionenladung. Atome und Ionen eines Elements haben die gleiche Anzahl von Protonen und Neutronen im Atomkern. Sie unterscheiden sich jedoch in der Anzahl der Elektronen in der Atomhülle:
Chlorid-Ionen sind einfach negativ geladen; ein Chlorid-Ion besitzt in der Atomhülle *ein Elektron mehr* als ein Chlor-Atom. Als Symbol für das Chlorid-Ion schreibt man Cl^-.
Natrium-Ionen sind einfach positiv geladen; ein Natrium-Ion besitzt in der Atomhülle *ein Elektron weniger* als ein Natrium-Atom. Das Symbol für das Natrium-Ion ist Na^+.
Salzwasser enthält ebenso viele Natrium-Ionen wie Chlorid-Ionen. Insgesamt ist die Lösung also elektrisch neutral.

> Salzlösungen enthalten bewegliche Ionen.
> Man unterscheidet positiv geladene Kationen und negativ geladene Anionen.

1 Zeichne die Schaltskizze eines Stromkreises, mit dem die elektrische Leitfähigkeit von Salzwasser nachgewiesen werden kann.
2 Wie nennt man positiv geladenen Ionen? Wie heißen negativ geladene Ionen? Nenne je drei Beispiele.
3 Warum leitet Salzwasser den elektrischen Strom, Speisesalzkristalle dagegen nicht?
4 Erstelle analog der unten stehenden Tabelle einen Vergleich des Calcium-Atoms mit dem Calcium-Ion sowie des Schwefel-Atoms mit dem Sulfid-Ion.
5 Informiere dich, welche Kationen und welche Anionen in Mineralwasser enthalten sind.

Art des Teilchens	Natrium-Atom	Natrium-Ion	Chlor-Atom	Chlorid-Ion
Anzahl der Protonen (p^+) im Kern	11	11	17	17
Anzahl der Elektronen (e^-) in der Hülle	11	10	17	18
Ladung des Teilchens insgesamt	0	+1	0	–1
Symbol	Na	Na^+	Cl	Cl^-

7.5 Die Elektrolyse

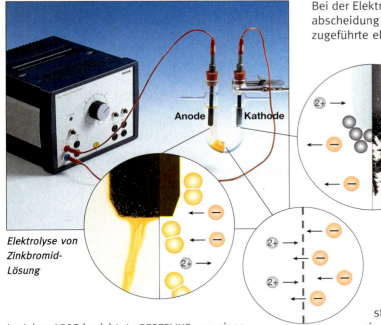

Elektrolyse von Zinkbromid-Lösung

Bei der Elektrolyse laufen Ionenwanderung und Stoffabscheidung nicht freiwillig ab. Sie werden durch die zugeführte elektrische Energie erzwungen.

Die Vorgänge, die an den Elektroden gleichzeitig ablaufen, lassen sich gedanklich voneinander trennen und durch einzelne Reaktionsgleichungen beschreiben. Auf diese Weise ergeben sich so genannte *Teilgleichungen*. Sie werden mit einem gestrichelten Reaktionspfeil geschrieben.

Für die Zusammenfassung zu einer Reaktionsgleichung ist die Regel der **Elektroneutralität** zu beachten: Die Anzahl der Elektronen, die insgesamt von den Anionen abgegeben werden, muss stets mit der Anzahl der Elektronen übereinstimmen, die insgesamt von den Kationen aufgenommen werden. Für die Elektrolyse von Zinkbromid-Lösung gilt:

Im Jahre 1803 berichtete BERZELIUS von einer besonderen Wirkung des elektrischen Stroms auf Salze: „Die Bestandteile der Salze werden beim Stromdurchgang getrennt und je nach ihrer Natur bei der einen oder anderen Polspitze gesammelt". Eine solche Zerlegung eines Stoffes durch elektrischen Gleichstrom nennt man **Elektrolyse**. Den Minuspol bezeichnet man **Kathode** und den Pluspol als **Anode**. Zusammenfassend spricht man von **Elektroden**. Stoffe, die sich elektrolysieren lassen, heißen **Elektrolyte**. Zu ihnen gehören Salzlösungen sowie saure und alkalische Lösungen.

Elektrolyse von Zinkbromid. Taucht man zwei Graphit-Stäbe in eine wässerige Lösung von Zinkbromid ($ZnBr_2$) und legt eine Gleichspannung an, so scheidet sich am negativ geladenen Pol metallisches Zink ab. Gleichzeitig bildet sich am positiv geladenen Pol gelbbraunes Brom. Am Minuspol nimmt jedes Zink-Ion zwei Elektronen ($2\,e^-$) von der Kathode auf. Am Pluspol geben Bromid-Ionen je ein Elektron an die Anode ab. Dabei verlieren die Ionen ihre elektrische Ladung, sie werden *entladen*. Es entstehen Zink-Atome und Brom-Moleküle (Br_2).

Durch diese Vorgänge nimmt im Bereich der Kathode die Konzentration der Zink-Ionen und im Bereich der Anode die Konzentration der Bromid-Ionen ab. Aufgrund der elektrischen Anziehung wandern aber weitere Zink-Ionen aus der Lösung zur Kathode, während weitere Bromid-Ionen zur Anode wandern. Nur durch diese **Ionenwanderung** kann die Stoffabscheidung weiterlaufen.

Minuspol (Kathode): $Zn^{2+}(aq) + 2\,e^- \dashrightarrow Zn\,(s)$

Pluspol (Anode): $\quad 2\,Br^-(aq) \dashrightarrow Br_2(aq) + 2\,e^-$

Gesamtreaktion: $\quad Zn^{2+}(aq) + 2\,Br^-(aq) \longrightarrow$
$\quad\quad\quad\quad\quad\quad\quad\quad\quad Zn\,(s) + Br_2(aq)$

Elektrolysen sind elektrisch erzwungene chemische Reaktionen, bei denen sich an den Elektroden Stoffe abscheiden. Während eine Elektrolyse abläuft, findet eine Ionenwanderung statt.

1 Wie bezeichnet man positiv geladene Ionen und negativ geladene Ionen?
2 Wie nennt man die positiv geladene und wie die negativ geladene Elektrode bei der Elektrolyse?
3 Zu welchen Elektroden wandern Kationen und Anionen?
4 Welche Vorgänge laufen bei einer Elektrolyse ab?
5 Formuliere für die folgenden Elektrolysen die Teilgleichungen und die Gesamtreaktion:
a) Elektrolyse einer Kochsalz-Schmelze,
b) Elektrolyse einer Calciumchlorid-Schmelze.
6 Wende die Regel der Elektroneutralität auf die Elektrolyse von geschmolzenem Aluminiumchlorid ($AlCl_3$) an. Entwickle die Gleichung für die Gesamtreaktion.
7 Gib einige Beispiele für Elektrolyte an.
8 Elektrolysen laufen nicht von selbst ab, sie müssen erzwungen werden. Erläutere diesen Zusammenhang.

Schätze der Erde – Salze **125**

7.6 Schalenmodell der Atomhülle

Von besonderem Interesse für die Chemie ist die Atomhülle, in der sich die Elektronen aufhalten. Im Jahr 1913 veröffentlichte der dänische Physiker BOHR seine Theorie über den *schalenartigen* Aufbau der Atomhülle.

Schalenmodell der Atomhülle. Die Elektronen verteilen sich nicht beliebig in der Atomhülle, sondern ordnen sich schalenartig um den Atomkern an. In diesen *Elektronenschalen* bewegen sich die Elektronen mit hoher Geschwindigkeit um den Atomkern.

Man bezeichnet die Elektronenschalen von innen nach außen mit den Buchstaben **K, L, M, N, O** ... Jede der bis zu sieben Schalen eines Atoms kann nur eine begrenzte Zahl von Elektronen aufnehmen. Für die maximale Anzahl z einer Schale gilt die Beziehung: $z = 2 \cdot n^2$. Dabei ist n die Nummer der Schale.

Schalenmodell der Atomhülle

Bezeichnung der Schale	maximale Anzahl der Elektronen
K	2
L	8
M	18
N	32
O	50

Ein neu hinzu kommendes drittes Elektron gehört bereits zur zweiten Schale, der **L-Schale**. In einem *Lithium-Atom* befinden sich daher zwei Elektronen in der K-Schale und ein Elektron in der L-Schale. Die L-Schale wird bei den in der Periode folgenden Elementen weiter mit Elektronen aufgefüllt, bis sie mit acht Elektronen besetzt ist. Im *Neon-Atom* mit insgesamt zehn Elektronen ist neben der K-Schale (2 e⁻) auch die L-Schale (8 e⁻) vollständig besetzt.

Die dritte Schale, die **M-Schale**, kann maximal 18 Elektronen aufnehmen. Nach den gleichen Regeln wie bisher wird vom *Natrium-Atom* bis zum *Argon-Atom* die dritte Schale besetzt. Von den 18 Elektronen eines Argon-Atoms gehören zwei zur K-Schale und je acht zur L-Schale und zur M-Schale. Die neu hinzu kommenden Elektronen der beiden folgenden Elemente *Kalium* und *Calcium* besetzen bereits die vierte Schale, die **N-Schale**. Erst *danach* werden für die nächsten Elemente von *Scandium* bis *Zink* die fehlenden Elektronen der M-Schale aufgefüllt.

Elektronenverteilung. Um die Verteilung der Elektronen auf die Schalen zu ermitteln, geht man folgendermaßen vor:
1. Aus der Ordnungszahl des Elements liest man ab, wie viele Elektronen insgesamt zu berücksichtigen sind.
2. Die Schalen werden dann von *innen nach außen* mit Elektronen besetzt. Dabei dürfen die Maximalwerte nicht überschritten werden.

Das einzige Elektron des *Wasserstoff-Atoms* befindet sich in der inneren Schale, der **K-Schale**. Das Atom des *Heliums* besitzt zwei Elektronen auf dieser Schale. Damit ist die innere Schale **voll besetzt**.

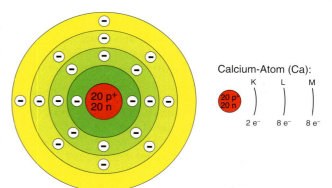

Schalenmodell des Calcium-Atoms

Schalenmodell des Helium-Atoms

In der Atomhülle bewegen sich die Elektronen in Schalen (K, L, M ...) um den Kern. Jede Schale kann maximal nur eine bestimmte Anzahl an Elektronen aufnehmen. Die Besetzung erfolgt von innen nach außen.

1 Beschreibe das Schalenmodell der Atomhülle.
2 Gib die Verteilung der Elektronen in den Atomen der folgenden Elemente an: B, C, N, O, Mg, Al, Si, P und S. Welche Schalen sind jeweils voll besetzt?

Ionisierungsenergie und Schalenmodell

Theorie

Das Schalenmodell der Atomhülle liefert ein Bild, das zahlreiche Eigenschaften der Atome erklärt. Das gilt beispielsweise für die Ionenbildung: Durch Abspaltung von Elektronen entstehen aus neutralen Atomen positiv geladene Ionen. Die Energie, die erforderlich ist, um ein Elektron vollständig aus der Atomhülle zu entfernen, nennt man **Ionisierungsenergie**.

Für die Ionisierungsenergien des Natrium-Atoms gilt:
- Von den elf Elektronen lässt sich das erste sehr viel leichter aus der Hülle entfernen als alle anderen.
- Dann folgen acht Elektronen mit leicht ansteigender, aber etwa gleich großer Ionisierungsenergie.
- Die Abspaltung der beiden letzten Elektronen erfordert wesentlich größere Energiebeträge.

Energiestufen. Diese Abstufung der Ionisierungsenergien legt es nahe, dass es für die Elektronen eines Natrium-Atoms drei verschiedene **Energiestufen** gibt: Ein Elektron befindet sich auf der *dritten* Energiestufe. Es ist am weitesten vom Atomkern entfernt, wird am wenigsten angezogen und lässt sich daher am leichtesten abtrennen. Dann folgen die acht Elektronen mittlerer Ionisierungsenergie auf der *zweiten* Energiestufe. Hier steigt die Ionisierungsenergie an, weil die verbleibenden Elektronen nach der Abspaltung eines Elektrons stärker vom Kern angezogen werden. Ihre Abspaltung erfordert deshalb mehr Energie. Die beiden Elektronen mit den größten Ionisierungsenergien befinden sich auf der *ersten* Energiestufe. Sie haben den geringsten Abstand vom Atomkern. Um diese Elektronen zu entfernen, muss die größte Energie aufgewendet werden.

Schalenmodell. Anschaulich entsprechen die drei Energiestufen den drei Schalen, in denen sich die Elektronen um den Kern des Natrium-Atoms verteilen: Die dritte Energiestufe bildet die äußere Schale, die **M-Schale**. Die acht Elektronen der zweiten Energiestufe bilden die **L-Schale**. Die Elektronen der ersten Energiestufe befinden sich in der **K-Schale**.
Bei den Atomen der anderen Elemente findet man ähnliche Abstufungen der Ionisierungsenergien wie beim Natrium-Atom. Insgesamt lassen sich auf diese Art und Weise sieben Energiestufen unterscheiden. Gleichzeitig ergeben sich auch Hinweise auf die maximale Anzahl der Elektronen in einer Schale.

1 Erkläre den Begriff der Ionisierungsenergie.
2 Warum steigen die Ionisierungsenergien im Natrium-Atom an?
3 Zeichne Energiestufen-Diagramme für Argon, Calcium und Chlor.

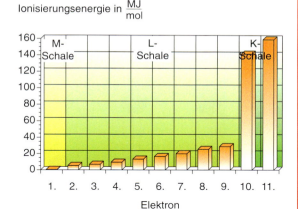

Ionisierungsenergie-Diagramm für die ersten elf Elektronen des Natrium-Atoms

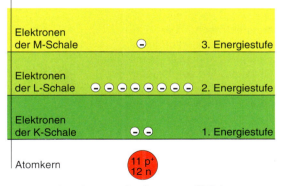

Energiestufen-Diagramm für die ersten elf Elektronen des Natrium-Atoms

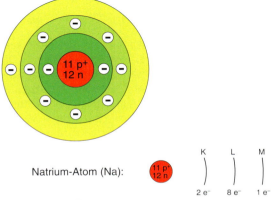

Schalenmodell des Natrium-Atoms

Schätze der Erde – Salze

7.7 Atombau und Periodensystem

Hauptgruppe

	I	II	III	IV	V	VI	VII	VIII
1	K $1 p^+$ $1 e^-$ ^1_1H							K $2 p^+$ $2 n$ $2 e^-$ ^4_2He
2	K L $3 p^+$ $4 n$ $2 e^-\ 1 e^-$ ^7_3Li	K L $4 p^+$ $5 n$ $2 e^-\ 2 e^-$ ^9_4Be	K L $5 p^+$ $6 n$ $2 e^-\ 3 e^-$ $^{11}_5B$	K L $6 p^+$ $6 n$ $2 e^-\ 4 e^-$ $^{12}_6C$	K L $7 p^+$ $7 n$ $2 e^-\ 5 e^-$ $^{14}_7N$	K L $8 p^+$ $8 n$ $2 e^-\ 6 e^-$ $^{16}_8O$	K L $9 p^+$ $10 n$ $2 e^-\ 7 e^-$ $^{19}_9F$	K L $10 p^+$ $10 n$ $2 e^-\ 8 e^-$ $^{20}_{10}Ne$
3	K L M $11 p^+$ $12 n$ $2 e^-\ 8 e^-\ 1 e^-$ $^{23}_{11}Na$	K L M $12 p^+$ $12 n$ $2 e^-\ 8 e^-\ 2 e^-$ $^{24}_{12}Mg$	K L M $13 p^+$ $14 n$ $2 e^-\ 8 e^-\ 3 e^-$ $^{27}_{13}Al$	K L M $14 p^+$ $14 n$ $2 e^-\ 8 e^-\ 4 e^-$ $^{28}_{14}Si$	K L M $15 p^+$ $16 n$ $2 e^-\ 8 e^-\ 5 e^-$ $^{31}_{15}P$	K L M $16 p^+$ $16 n$ $2 e^-\ 8 e^-\ 6 e^-$ $^{32}_{16}S$	K L M $17 p^+$ $18 n$ $2 e^-\ 8 e^-\ 7 e^-$ $^{35}_{17}Cl$	K L M $18 p^+$ $22 n$ $2 e^-\ 8 e^-\ 8 e^-$ $^{40}_{18}Ar$

(Periode)

Zwischen dem Atombau und der Stellung der Elemente im Periodensystem besteht ein enger Zusammenhang.

Außenelektronen. Die Elemente einer Elementfamilie zeigen ein ähnliches chemisches Verhalten. So reagieren die Alkalimetalle (I. Hauptgruppe) alle in gleicher Weise. Auch die Halogene (VII. Hauptgruppe) gleichen sich in ihren Eigenschaften. Alkalimetall-Atome besitzen jeweils ein Elektron auf der äußeren Schale und Halogen-Atome besitzen sieben Elektronen auf der äußeren Schale. Offensichtlich bestimmt die Zahl der *Außenelektronen* der Atome das chemische Verhalten der Stoffe. Äußere Elektronen werden auch als **Valenzelektronen** bezeichnet (lat. *valens*: wertsein), man kennzeichnet sie durch eine besondere Elektronenschreibweise:

Li·   ·Be·   ·Ḃ·   ·Ċ· |Ṅ· |Ọ· |F̄· |Ne̲|

Die Elementsymbole stehen hier für den Atomkern mit den abgeschlossenen inneren Schalen. Die Außenelektronen werden durch Punkte und Striche symbolisiert. Ein Punkt steht dabei für ein einzelnes Außenelektron. Bis zu vier Außenelektronen schreibt man als Einzelpunkte, die um das Symbol verteilt werden. Jedes weitere Außenelektron wird mit einem bereits vorhandenen Punkt zu einem Punktepaar zusammengefasst. Jedes Punktepaar schreibt man als Strich, der damit einem **Elektronenpaar** entspricht. Für Schwefel mit sechs Außenelektronen gilt also:

$$:\ddot{S}· \implies |\overline{S}·$$

3. Periode — **VI. Hauptgruppe**

6 Außenelektronen
32 Nukleonen

$^{32}_{16}$ S Element: Schwefel

16 Neutronen

16 Protonen
16 Elektronen

$^{16p^+}_{16n}$ → $2 e^-$ $8 e^-$ $6 e^-$

3 Schalen: K   L   M

Atombau und Periodensystem. Die Grundlage für die Anordnung der Elemente im Periodensystem ist die Anzahl der Protonen. Schreibt man alle Elemente mit gleicher Anzahl an besetzten Schalen in eine Zeile und alle Elemente mit gleicher Anzahl an Außenelektronen in eine Spalte, so erhält man eine Anordnung, die dem Periodensystem entspricht. Die *Periodennummer* stimmt mit der Anzahl der besetzten Schalen überein. Die *Hauptgruppennummer* ist gleich der Anzahl der Außenelektronen.

Atombau	Periodensystem
Anzahl der Protonen = Anzahl der Elektronen	Ordnungszahl
Anzahl der Protonen + Anzahl der Neutronen	Massenzahl
Anzahl der Außenelektronen	Hauptgruppennummer
Anzahl der besetzten Schalen	Periodennummer

1 Gib die Anzahl der Außenelektronen für die Elemente der 3. Periode in der Elektronenschreibweise an.
2 Warum haben die Elemente der II. Hauptgruppe ähnliche chemische Eigenschaften? Wie werden sie genannt?
3 a) Beschreibe für das Element Schwefel den schematisch dargestellten Zusammenhang von Atombau und Stellung im Periodensystem mit eigenen Worten.
b) Gib für die Elemente Li, C, Mg und Al den Zusammenhang zwischen Atombau und Stellung im Periodensystem schematisch an.

128 Schätze der Erde – Salze

7.8 Ionen und Edelgaskonfiguration

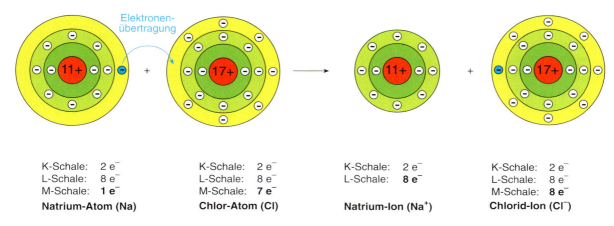

Ionenbildung durch Elektronenübertragung: Die Ionen besitzen eine Edelgaskonfiguration.

Mit dem Schalenmodell lässt sich die Frage beantworten, warum es Ionen mit unterschiedlichen Ladungszahlen gibt: Die Ionenladung hängt von der Anzahl der Außenelektronen des jeweiligen Elements ab. Die Elemente der ersten Gruppe des Periodensystems, die wie Natrium oder Kalium *ein* Außenelektron besitzen, bilden einfach positiv geladene Ionen. Die Elemente der zweiten Gruppe des Periodensystems, die wie Magnesium oder Calcium *zwei* Außenelektronen besitzen, bilden zweifach positiv geladene Ionen.

Edelgaskonfiguration. Die Ladungszahlen ergeben sich nach einer einfachen Regel: Ionen besitzen meist dieselbe Anzahl von Außenelektronen wie die Atome des Edelgases, das ihnen im Periodensystem am nächsten steht. Man sagt, die Ionen haben eine *Edelgaskonfiguration*. Meist besitzen die Ionen dabei acht Außenelektronen. Eine Ausnahme bilden das Lithium-Ion und das Beryllium-Ion, die mit zwei Außenelektronen die Edelgaskonfiguration des Helium-Atoms aufweisen.
Diese Regel bezeichnet man auch als **Edelgasregel**. Sie gilt streng genommen nur für die Elemente, die in den Hauptgruppen des Periodensystems stehen, aber auch dort gibt es Ausnahmen.

Ionenbildung. Das Natrium-Atom besitzt in der Atomhülle elf Elektronen: zwei in der K-Schale, acht in der L-Schale und eines in der M-Schale. Das Natrium-Ion hat bei gleicher Kernladungszahl wie das Natrium-Atom die Edelgaskonfiguration des Neons, also zehn Elektronen: zwei in der K-Schale und acht in der L-Schale. Bei der Ionenbildung gibt das Natrium-Atom *ein* Elektron ab. Das Natrium-Ion ist damit *einfach positiv* geladen.

Das Chlor-Atom besitzt in der Atomhülle 17 Elektronen, davon sieben Außenelektronen in der M-Schale. Das Chlorid-Ion enthält ein zusätzliches Elektron, sodass die M-Schale mit acht Elektronen der Edelgaskonfiguration des Argons entspricht. Bei der Ionenbildung nimmt das Chlor-Atom *ein* Elektron auf. Das Chlorid-Ion ist damit *einfach negativ* geladen.

Die Bildung von Ionen erfolgt durch chemische Reaktionen: Metall-Atome geben Elektronen ab, bis sie eine Edelgaskonfiguration erreichen. Nichtmetall-Atome nehmen diese Elektronen auf; die entstehenden Anionen besitzen dann ebenfalls eine Edelgaskonfiguration. Bei der Reaktion erfolgt also eine **Elektronenübertragung** vom Metall-Atom zum Nichtmetall-Atom.
Die Bildung von Ionen kann durch die Elektronenschreibweise veranschaulicht werden. Für die Bildung des Natrium-Ions und des Chlorid-Ions gilt:

$$Na\bullet \dashrightarrow Na^+ + e^-$$

$$|\overline{\underline{Cl}}\bullet + e^- \dashrightarrow |\overline{\underline{Cl}}|^-$$

Bei der Ionenbildung findet eine Elektronenübertragung zwischen Metall-Atomen und Nichtmetall-Atomen statt. Die gebildeten Ionen besitzen Edelgaskonfiguration.

1 Erkläre mit Hilfe der Edelgasregel, welche Ionen bei der Reaktion von Lithium mit Iod entstehen.
2 Stelle die Reaktion von Calcium mit Schwefel in der Elektronenschreibweise dar.
3 Welche Ionen werden von folgenden Atomen gebildet: Mg, O, F, Al, K, N?

Schätze der Erde – Salze

7.9 Die Formeln salzartiger Stoffe

Natriumchlorid, das im allgemeinen Sprachgebrauch einfach als *Salz* bezeichnet wird, ist ein typisches Beispiel für einen Stoff, der aus Ionen aufgebaut ist. In der Chemie nennt man Ionenverbindungen allgemein **Salze** oder **salzartige Stoffe**. Wichtige Beispiele sind die *Metallhalogenide*, Verbindungen von Metallen mit den Elementen aus der Gruppe der Halogene: Fluor, Chlor, Brom und Iod.
Aber auch *Metalloxide* wie das Calciumoxid (CaO) und *Metallsulfide* wie das Zinksulfid (ZnS) gehören zu den salzartigen Stoffen. Man erkennt salzartige Stoffe daran, dass sie als Schmelze oder in wässeriger Lösung den elektrischen Strom leiten.

Elektroneutralität. Stoffe, die aus Ionen aufgebaut sind, sind *elektrisch neutral*. Sie enthalten stets gleich viele positive und negative Ladungen. So besteht Natriumchlorid (NaCl) aus einfach positiv geladenen Natrium-Ionen und einfach negativ geladenen Chlorid-Ionen im Anzahlverhältnis 1:1. Magnesium-Ionen sind *zweifach* positiv geladen (Mg^{2+}). Da die Verbindung Magnesiumchlorid elektrisch neutral ist, enthält sie doppelt so viele einfach negativ geladene Chlorid-Ionen: $MgCl_2$.

Formeln salzartiger Stoffe. In den Kristallen von salzartigen Stoffen sind die Ionen gitterartig angeordnet. Diese Gitter können beliebig groß sein, also unterschiedlich viele Ionen enthalten. Die Kationen und die Anionen stehen dabei aber stets in einem konstanten Anzahlverhältnis. Dieses Anzahlverhältnis wird in den Formeln angegeben. Bei den Formeln von Salzen handelt es sich also stets um *Verhältnisformeln*.

salzartiger Stoff	Verhältnisformel	Anzahlverhältnis
Kaliumchlorid	KCl	$N(K^+) : N(Cl^-) = 1:1$
Magnesiumiodid	MgI_2	$N(Mg^{2+}) : N(I^-) = 1:2$
Aluminiumbromid	$AlBr_3$	$N(Al^{3+}) : N(Br^-) = 1:3$
Lithiumoxid	Li_2O	$N(Li^+) : N(O^{2-}) = 2:1$
Calciumsulfid	CaS	$N(Ca^{2+}) : N(S^{2-}) = 1:1$
Aluminiumoxid	Al_2O_3	$N(Al^{3+}) : N(O^{2-}) = 2:3$
Magnesiumnitrid	Mg_3N_2	$N(Mg^{2+}) : N(N^{3-}) = 3:2$

Salzartige Stoffe und ihre Verhältnisformeln

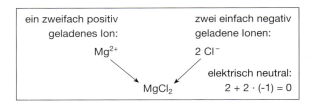

ein zweifach positiv geladenes Ion: Mg^{2+}

zwei einfach negativ geladene Ionen: $2\,Cl^-$

$MgCl_2$

elektrisch neutral: $2 + 2 \cdot (-1) = 0$

Viele salzartige Stoffe lösen sich leicht in Wasser. Daher findet man sie im Meerwasser und in geringerer Menge auch im Süßwasser. Salzartige Stoffe, die sich schlecht in Wasser lösen, sind am Aufbau der Gesteine beteiligt.

> Stoffe, die aus Ionen aufgebaut sind, bezeichnet man als Salze oder salzartige Verbindungen. Das durch ihre Verhältnisformeln beschriebene Anzahlverhältnis der Ionen ergibt sich nach dem Prinzip der Elektroneutralität.

1 a) Was versteht man unter salzartigen Stoffen?
b) Woran kann man salzartige Stoffe erkennen?
2 Stelle die Ionenbildung für die Reaktion von Calcium mit **a)** Brom und **b)** Sauerstoff im Schalenmodell dar.
3 Gib die Verhältnisformeln für Calciumnitrid, Lithiumsulfid und Aluminiumsulfid an.
4 Welche Eisen-Ionen sind in den Eisenoxiden mit den Verhältnisformeln FeO und Fe_2O_3 enthalten?
5 a) Warum bilden die Metalle der ersten Hauptgruppe mit Nichtmetallen der VII. Hauptgruppe stets Verbindungen mit dem Atomanzahlverhältnis 1:1?
b) Nenne jeweils eine salzartige Verbindung mit dem Anzahlverhältnis 2:1, 1:3, 2:3 und 3:1, die nicht der obigen Tabelle entstammt.

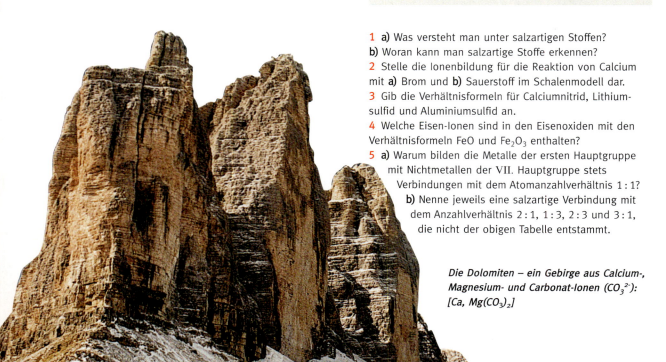

Die Dolomiten – ein Gebirge aus Calcium-, Magnesium- und Carbonat-Ionen (CO_3^{2-}): [Ca, Mg(CO_3)$_2$]

7.10 Salze – Ionen hinter Gittern

Kochsalz (NaCl)

Wenn das Wasser einer Kochsalz-Lösung verdunstet, bilden sich viele kleine, meist würfelförmige **Kristalle**. Schon früh machte man sich Gedanken, warum ohne äußere Einwirkung Kristalle mit regelmäßig angeordneten Flächen, Kanten und Ecken entstehen.

Alle Stoffe mit Ionenbindung gehören zu den **salzartigen Stoffen**. Der gemeinsame Bindungstyp erklärt auch die gemeinsamen Eigenschaften:
- Salze sind hart und spröde.
- Salze besitzen in der Regel hohe Schmelztemperaturen und hohe Siedetemperaturen.
- Salze lösen sich meist gut in Wasser.
- Wässerige Lösungen und Schmelzen von Salzen leiten den elektrischen Strom. Im festen Zustand leiten Salze den elektrischen Strom nicht.
- Schlägt man hart auf einen Salzkristall, so zerbricht er in Stücke, die meist wieder die charakteristische Kristallform besitzen.

Im Jahre 1912 untersuchte LAUE den Aufbau von Natriumchlorid mit Röntgenstrahlen. Hinter den Kristallen entstand auf einer Fotoplatte ein regelmäßiges Muster von Punkten, aus dem sich die Abstände zwischen den Mittelpunkten der Ionen berechnen lassen.

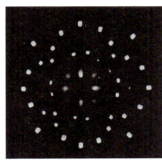

LAUE-Diagramm von Kochsalz

Vergleich Ionenverbindungen mit Molekülverbindungen. Die Eigenschaften von *Ionenverbindungen* werden durch die hohen Anziehungskräfte zwischen Kationen und Anionen im Ionengitter bestimmt.

Zwischen Molekülen herrschen dagegen geringere Anziehungskräfte. Daher besitzen *Molekülverbindungen* meist eine niedrigere Schmelz- und Siedetemperatur als Ionenverbindungen.

> Ionen bilden Kristalle mit regelmäßigen Gitterstrukturen. Dabei halten elektrische Kräfte die Ionen zusammen, man spricht von der Ionenbindung.

Gittermodelle. Den Aufbau von Ionenverbindungen stellt man in unterschiedlichen Modellen dar. Sollen lediglich die Positionen der Ionen im Kristall gezeigt werden, so verwendet man ein **Raumgittermodell**. Hier werden die Ionen durch kleine Kugeln dargestellt, die mit Stäben miteinander verbunden sind. Möchte man aber die Radienverhältnisse der Ionen wiedergeben und zeigen, wie die Ionen den Raum ausfüllen, so benutzt man das **Kugelpackungsmodell**. Hier liegen die Kugeln jedoch so dicht beieinander, dass man die Anordnung im Inneren nicht direkt erkennen kann.

Ionenbindung. Chlorid-Ionen sind größer als Natrium-Ionen. Darum bestimmen sie im Natriumchlorid-Kristall den Aufbau des Kristallgitters. Die Natrium-Ionen befinden sich in den Lücken zwischen den Anionen. Dabei wird jedes Natrium-Ion von sechs Chlorid-Ionen berührt, aber auch jedes Chlorid-Ion ist von sechs Natrium-Ionen umgeben.

Zwischen den verschiedenartig geladenen Ionen wirken starke elektrische Anziehungskräfte. Jedes Natrium-Ion zieht die benachbarten Chlorid-Ionen an, wie auch jedes Chlorid-Ion die benachbarten Natrium-Ionen an sich bindet. Diese Art der chemischen Bindung bezeichnet man als *Ionenbindung*.

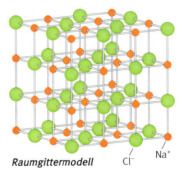

Raumgittermodell Cl^- Na^+

1 Was versteht man unter einem Kristallgitter?
2 Wodurch zeichnet sich eine Ionenbindung aus?
3 Welche Eigenschaften des Kristallbaus kann das Raumgittermodell und welche das Kugelpackungsmodell besonders deutlich wiedergeben?
4 a) Warum kann ein Ionen-Kristall im Prinzip beliebig groß werden?
b) Weshalb werden Kristalle aber nur selten sehr groß?
5 a) Warum sind Kristalle stets regelmäßig aufgebaut?
b) Warum bilden sich regelmäßige Kristalle nur, wenn sie frei schwebend – beispielsweise an einem Wollfaden – in einer Lösung wachsen?
6 Vergleiche Ionenverbindungen mit Molekülverbindungen.

Kugelpackungsmodell

Übersicht: Salzartige Stoffe

Korund
Name: Aluminiumoxid

Formel: Al$_2$O$_3$

Eigenschaften: farblos, fast so hart wie Diamant, Härte 9 nach MOHS

Verwendung: Herstellung von Schleifwerkzeugen, Schmirgelpapier, Kopfteile künstlicher Hüftgelenke

Saphir
Name: Aluminiumoxid

Formel: Al$_2$O$_3$

Eigenschaften: blau: Ein kleiner Anteil der Al^{3+}-Ionen ist durch Eisen-Ionen (Fe^{2+}) und Titan-Ionen (Ti^{4+}) ersetzt.

Verwendung: Schmuckstein, Schleifmaterial z.B. für Nagelfeilen

Rubin
Name: Aluminiumoxid

Formel: Al$_2$O$_3$

Eigenschaften: blutrot: Ein kleiner Anteil der Al^{3+}-Ionen ist durch Chrom-Ionen (Cr^{3+}) ersetzt.

Verwendung: Lagersteine in hochwertigen Taschen- und Armbanduhren, Schmuckstein

Fluorit (Flussspat)
Name: Calciumfluorid

Formel: CaF$_2$

Eigenschaften: verschiedene Farben, Härte 4 nach MOHS

Verwendung: Schmuckstein, wichtiger Rohstoff für die Herstellung von Flusssäure, Linsen für Fernrohre und Laser

Pyrit (Eisenkies, „Katzengold")
Name: Eisendisulfid

Formel: FeS$_2$

Eigenschaften: messingglänzend, Härte 6 nach MOHS

Verwendung: Herstellung von Schwefelsäure und Eisen, früher Verwendung als Feuerstein und Schmuckstein

Zinnober
Name: Quecksilbersulfid

Formel: HgS

Eigenschaften: rotes Mineral, leichter Diamantglanz

Verwendung: Gewinnung von Quecksilber, früher roter Farbstoff für Gemälde

132 Schätze der Erde – Salze

Salzgewinnung aus Steinsalz

Exkurs

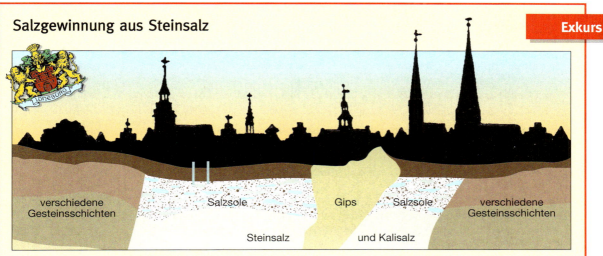

Gesteinsschichten unter Lüneburg

In Lüneburg, einer Stadt am Nordrand der Lüneburger Heide, zeugen das Rathaus und viele Bürgerhäuser vom Reichtum vergangener Zeiten. Diesen Reichtum verdankte Lüneburg dem Salz aus einem Salzstock, der unmittelbar unter der Altstadt liegt. Das Grundwasser löste das Steinsalz heraus. Diese Sole wurde hochgepumpt und in großen, mit Holz beheizten Siedepfannen eingedampft. Salz war früher ein kostbares Gut und sehr teuer.

Die Arbeit an den Siedepfannen war hart. Jeder musste mit anfassen. Der Siedemeister überwachte den Siedeprozess. Frauen und Kinder führten Hilfsarbeiten aus. Sie sorgten für das Feuer, leerten die Siedepfannen und füllten das Salz in Säcke.

Zum Sieden wurde viel Holz benötigt. Das holten sich die Salzsieder aus der Umgebung. So wurde durch den Holzeinschlag im Laufe der Jahrhunderte der Wald vernichtet. Jetzt breitete sich dort die Heide aus. Lange Zeit wurden diese Heideflächen als Schafweiden genutzt. Als die Nachfrage nach Schafwolle zurückging, fingen die Bauern an, die Heide aufzuforsten.

Zu Beginn des 20. Jahrhunderts wurden die noch vorhandenen Heideflächen unter Naturschutz gestellt, da diese Landschaft nun erhalten bleiben sollte.

Heute ist die Lüneburger Heide ein Naturparadies und für viele Menschen ein Erholungsgebiet. Zur Zeit der Heideblüte kommen alljährlich Hunderttausende von erholungsuchenden Menschen in die Lüneburger Heide und bewundern die Schönheit dieser Landschaft. Dabei denkt kaum jemand daran, dass die Heide als Folge der Salzgewinnung entstanden ist.

1 Wie wurde früher in Lüneburg Salz gewonnen?

2 Welche Eigenschaft von Salzen nutzte man dabei aus?

3 Viele Orte, bei denen Salz gefunden wurde, haben oft die Silbe *-salz* im Namen. Suche im Atlas nach solchen Orten.

4 Salz wird heute meistens aus unterirdischen Salzlagern gewonnen.
a) Suche im Atlas solche Lagerstätten.
b) Wie wird Salz heute gewonnen?

Salz sieden im Mittelalter

Schätze der Erde – Salze **133**

Chemie-Recherche

Location: http://www.schroedel.de/chemie_heute.html

Suche:
Halogene

Ergebnisse:

→ **Halogene**
Die Elemente der VII. Hauptgruppe des Periodensystems bezeichnet man als Halogene. Fluor, Chlor, Brom und Iod sind reaktionsfreudige Elemente, die in der Natur vor allem als Bestandteile von Salzen vorkommen. Daher rührt auch ihre Bezeichnung (griech. *hals:* Salz; griech. *gennan:* bilden). Die elementaren Halogene gewinnt man aus ihren Salzen. Die Halogene lösen sich in Wasser, wesentlich besser aber noch in Benzin.

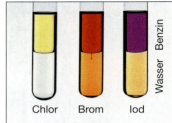

→ **Fluor**
Elementares Fluor (F_2) ist das reaktionsfähigste Element überhaupt. Fluor ist ein blassgelbes Gas, es reagiert mit fast allen Stoffen, selbst mit Glas. Deshalb kann man mit Fluor nur in speziellen Apparaturen experimentieren.
Fluor-Verbindungen dienen zur Herstellung von Kunststoffen. Zum Schutz gegen Karies enthalten viele Zahnpasten geringe Mengen an Fluorsalzen. Sie härten den Zahnschmelz.

→ **Brom**
Neben Quecksilber ist Brom (Br_2) das einzige bei Raumtemperatur flüssige Element. Der Name weist auf den üblen Geruch von Brom hin (griech. *bromos:* Gestank). Die wässerige Lösung wird Bromwasser genannt.
Die wichtigste Brom-Verbindung ist Silberbromid. Man verwendet es vor allem für die Herstellung von Filmen und Fotopapieren.

→ **Iod**
Das bei Raumtemperatur feste Iod (I_2) erhielt seinen Namen nach der Farbe des Dampfs (griech. *ioeides:* veilchenfarbig). Mit der gleichen Farbe löst sich Iod auch in Benzin. In Wasser löst sich nur wenig Iod. Die wässerige Lösung ist gelblich-braun.
Iod ist weniger giftig als Chlor. Früher war die alkoholische Lösung als *Iodtinktur* ein bekanntes Desinfektionsmittel für kleine Wunden.
Gibt man eine Lösung von Iod zu Stärke, so tritt eine tiefblaue Färbung auf. Mit dieser **Iod/Stärke-Reaktion** kann man sowohl Stärke als auch elementares Iod nachweisen.

→ **„Iod und Fluor im Salz"?**
Immer mehr Menschen kaufen „iodiertes Speisesalz mit Zusatz von Fluorid". Das Salz enthält nicht – wie die Alltagssprache vermuten lässt – die Elemente Fluor und Iod, sondern die Iod-Verbindung Kaliumiodat (KIO_3) und die Fluor-Verbindung Kaliumfluorid (KF).
Iodiertes Speisesalz soll die Iodversorgung des Körpers verbessern. Jeder Mensch benötigt täglich etwa 0,2 mg Iod, damit in der Schilddrüse genug von dem Hormon Thyroxin gebildet werden kann.
Der Zusatz von Kaliumfluorid verbessert die Fluoridversorgung des Körpers. Täglich benötigt man etwa 1 mg. Fluorid härtet den Zahnschmelz und dient so der Kariesvorsorge.

Aufgaben
1. Wozu benötigt unser Körper Iod-Verbindungen, wozu Fluor-Verbindungen?
2. Recherchiere, welche Folgen ein Iodmangel für den Menschen hat. Welche Nahrungsmittel weisen relativ hohe Iod- bzw. Fluorgehalte auf?

Steckbrief: Halogene

	Atom-masse	Schmelz-temperatur	Siede-temperatur	Dichte bei 20 °C	Reaktion mit Wasserstoff	Reaktion mit Metallen
Fluor, F_2	19,0 u	−220 °C	−188 °C	1,58 $\frac{g}{l}$	explosionsartig	explosionsartig
Chlor, Cl_2	35,5 u	−101 °C	−34 °C	2,95 $\frac{g}{l}$		
Brom, Br_2	79,9 u	−7 °C	59 °C	3,12 $\frac{g}{cm^3}$		
Iod, I_2	126,9 u	114 °C	185 °C	4,94 $\frac{g}{cm^3}$	sehr langsam	mäßig

Nachweisreaktionen für Anionen

Praktikum

V1: Chlorid-Ionen

Materialien: Tropfpipetten;
Salpetersäure (verd.; C), Silbernitrat-Lösung (1 %),
Proben: stark verdünnte Kochsalz-Lösung, stark verdünnte Salzsäure, Leitungswasser, Mineralwasser, destilliertes Wasser.

Durchführung:
1. Fülle Reagenzgläser zu einem Drittel mit den zu untersuchenden Proben.
2. Gib jeweils zehn Tropfen Salpetersäure und zehn Tropfen Silbernitrat-Lösung hinzu und schüttle.
3. Betrachte die Reagenzgläser vor einem dunklen Hintergrund.

Aufgaben:
a) Beschreibe den sich bildenden Niederschlag.
b) Formuliere die Reaktionsgleichung für die Reaktion.
c) Bestimme den Chloridgehalt der Proben mit Hilfe der folgenden Abbildung.

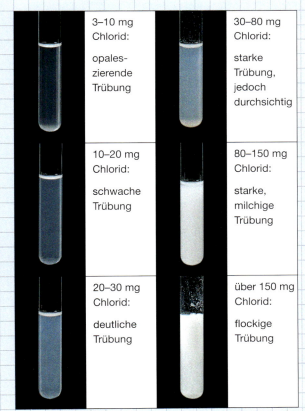

Bestimmung des Chloridgehalts. Die Zahlenangaben beziehen sich auf einen Liter Lösung.

V2: Bromid-Ionen und Iodid-Ionen

Materialien: Tropfpipetten;
Salpetersäure (verd.; C), Silbernitrat-Lösung (1 %),
Proben: stark verdünnte Kaliumbromid-Lösung, stark verdünnte Kaliumiodid-Lösung.

Durchführung:
1. Fülle Reagenzgläser zu einem Drittel mit den zu untersuchenden Proben.
2. Gib jeweils zehn Tropfen Salpetersäure und zehn Tropfen Silbernitrat-Lösung hinzu und schüttle.
3. Vergleiche die Niederschläge in beiden Lösungen.

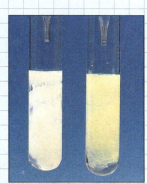

Aufgaben:
a) Beschreibe die sich bildenden Niederschläge.
b) Formuliere die Reaktionsgleichungen.
c) Worin unterscheiden sich die Niederschläge von Silberchlorid, Silberbromid und Silberiodid?

V3: Löslichkeit von Silberhalogeniden in Ammoniak-Lösung

Materialien: Tropfpipetten;
Salpetersäure (verd.; C), Silbernitrat-Lösung (1 %), Ammoniak-Lösung (verd.),
Proben: stark verdünnte Kaliumchlorid-Lösung, stark verdünnte Kaliumiodid-Lösung.

Durchführung:
1. Fülle ein Reagenzglas zu einem Viertel mit Kaliumchlorid-Lösung.
2. Gib zehn Tropfen Salpetersäure und zehn Tropfen Silbernitrat-Lösung hinzu und schüttle.
3. Versetze den Niederschlag tropfenweise mit Ammoniak-Lösung und schüttle vorsichtig.
4. Tropfe Salpetersäure zu der klaren Lösung.
5. Überprüfe die Kaliumiodid-Lösung ebenso.

Aufgaben:
a) Beschreibe und deute deine Beobachtungen.
b) Eine Laborantin ist sich nicht sicher, ob in einer Lösung Chlorid-Ionen oder Iodid-Ionen vorliegen. Wie muss sie vorgehen, um Klarheit zu erlangen?

Schätze der Erde – Salze **135**

Exkurs

Leuchtspuren der Elemente

Wenn Sonnenlicht durch ein Prisma fällt, erhält man ein Spektrum aller Farben des Regenbogens. Die einzelnen Farben gehen dabei fließend ineinander über. Man spricht von einem *kontinuierlichen Spektrum*. Bringt man eine Natrium-Verbindung in eine Flamme, so wird gelbes Licht ausgestrahlt. Das Spektrum besteht hier nur aus einer einzigen gelben Linie. Zur Betrachtung eines Spektrums benutzt man ein *Spektroskop*.

Die anderen Alkalimetalle und einige Erdalkalimetalle haben Spektren mit charakteristischen Linienmustern. Um festzustellen, ob eine Stoffprobe bestimmte Alkalimetalle oder Erdalkalimetalle enthält, braucht man daher nur die Flammenfärbung der Probe mit einem Spektroskop zu betrachten und das Spektrum mit den *Linienspektren* der Elemente zu vergleichen.

Die deutschen Wissenschaftler BUNSEN und KIRCHHOFF fanden 1860 bei der spektroskopischen Untersuchung des Bad Dürkheimer Mineralwassers Spektrallinien von zwei bis dahin noch unbekannten Elementen. Die Namen der neuen Elemente gehen auf die Farben der Spektrallinien zurück: Rubidium (lat. *ruber*: rot) und Caesium (lat. *caesius*: himmelblau).

1 Welche Elemente werden durch das nebenstehende Spektrum nachgewiesen?

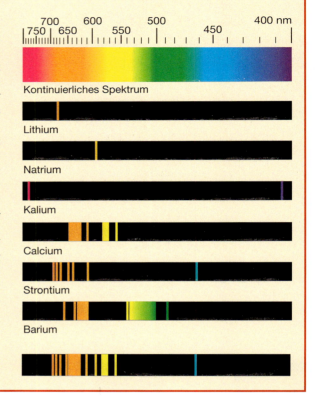

Exkurs

Karies – ein Säureanschlag auf die Zähne

Zähne enthalten schwer lösliche Calciumsalze. Sie sorgen für die nötige Härte der Zähne. Besonders hart ist die äußere Schicht des Zahns, der Zahnschmelz.

Der Körper gleicht die natürliche Abnutzung der Zähne mit Calcium-Verbindungen aus der Nahrung aus. Es gibt aber auch Vorgänge, die den Zahnschmelz verstärkt abbauen. Besonders schlimm ist es, wenn Säuren auf die Zähne einwirken. Jeder kennt das unangenehme Gefühl, wenn man unverdünnten Zitronensaft an die Zähne bekommt. Die Zahnoberfläche wird stumpf, weil die Zitronensäure den Zahnschmelz anätzt.

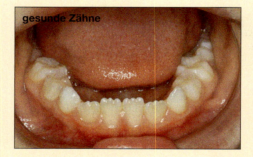

gesunde Zähne

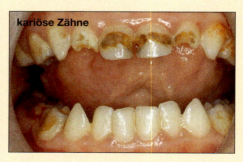

kariöse Zähne

Auch bei Karies ist eine Säure für den Zahnverfall verantwortlich. Verursacher dieser Krankheit sind Bakterien, die sich von Zucker ernähren. Als Stoffwechselprodukt entsteht Milchsäure. Diese Säure wandelt die schwer löslichen Calciumsalze in leicht lösliche Salze um. Schließlich wird der Zahnschmelz durchbrochen und das weichere Zahnbein wird dann rasch zerstört.

Das beste Mittel gegen Karies ist eine gute Zahnpflege. Vor allem nach dem Genuss zuckerhaltiger Nahrungsmittel müssen die Zähne geputzt werden.

Alkalimetalle und Erdalkalimetalle

Praktikum

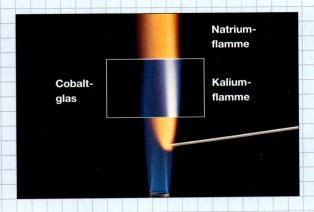

V1: Flammenfärbung

Materialien: Gasbrenner, Magnesiastäbchen, Becherglas (100 ml), Uhrgläser, Cobaltglas, Spektroskop; Lithiumchlorid (Xn), Natriumchlorid, Kaliumchlorid, Strontiumchlorid, Bariumchlorid (T), Salzsäure (verd.).

Durchführung:
1. Tauche das Magnesiastäbchen in das Becherglas mit Salzsäure. Erhitze das Stäbchen dann so lange, bis keine Flammenfärbung mehr zu erkennen ist.
2. Feuchte das Stäbchen noch einmal mit Salzsäure an. Nimm damit etwas Lithiumchlorid vom Uhrglas auf und halte es in die Flamme.
3. Betrachte die Flamme durch ein Spektroskop.
4. Wiederhole den Versuch mit den anderen Salzen. Beobachte die Flamme bei Kaliumchlorid auch mit dem Cobaltglas.

Aufgabe: Notiere deine Beobachtungen.

V2: Reaktion von Magnesium mit Wasser

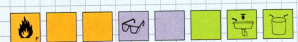

Materialien: Gasbrenner, Schmirgelpapier; 4 Magnesiumstreifen (2 cm; F), Phenolphthalein-Lösung (F).

Durchführung:
1. Reibe zwei der vier Magnesiumstreifen blank.
2. Verteile die Streifen auf vier Reagenzgläser, die jeweils 5 ml Wasser und drei Tropfen Phenolphthalein-Lösung enthalten.
3. Erhitze ein Reagenzglas mit einem blanken Streifen und eines mit einem ungereinigten Streifen.

Aufgabe: Notiere deine Beobachtungen.

Rechenbeispiel

Die Reaktion von Metallen mit Wasser – ein Weg zur Reaktionsgleichung

Bei der Reaktion von Alkalimetallen und Erdalkalimetallen mit Wasser setzen die Metalle Wasserstoff frei. Das Verhältnis n (Metall-Atome) : n (H-Atome) kann in einem Versuch bestimmt werden. Hierzu wird ein Metallstück abgewogen und so in ein Gefäß mit Wasser gelegt, dass es nicht mit Wasser in Berührung kommt. Dann verschließt man das Gefäß und lässt das Metallstück ins Wasser gleiten. Das Volumen des entstehenden Wasserstoffs wird gemessen.

Auswertung: 30 mg Lithium reagieren mit Wasser unter Bildung von 50 ml Wasserstoff.

1. **Stoffmenge an Lithium:**
$m(\text{Li}) = 30 \text{ mg};\quad M(\text{Li}) = 7 \frac{\text{g}}{\text{mol}}$
$n(\text{Li}) = \frac{m(\text{Lithium})}{M(\text{Li})} = \frac{30 \text{ mg}}{7 \frac{\text{g}}{\text{mol}}} = 4{,}3 \text{ mmol}$

2. a) **Stoffmenge an Wasserstoff-Molekülen:**
$V(\text{H}_2) = 50 \text{ ml};\quad V_m(\text{H}_2; 20\,°\text{C}) = 24 \frac{\text{l}}{\text{mol}}$
$n(\text{H}_2) = \frac{V(\text{H}_2)}{V_m(\text{H}_2)} = \frac{50 \text{ ml}}{24 \frac{\text{l}}{\text{mol}}} = 2{,}1 \text{ mmol}$

  b) **Stoffmenge an Wasserstoff-Atomen:**
$n(\text{H}) = 2 \cdot n(\text{H}_2) = 4{,}2 \text{ mmol}$

3. **Ergebnis:**
Die Stoffmengen an Wasserstoff-Atomen und an Lithium-Atomen sind gleich. Jedes Lithium-Atom setzt ein Wasserstoff-Atom aus einem Wasser-Molekül frei. Die Formel von Lithiumhydroxid ist daher LiOH.

$$2\,\text{Li} + 2\,\text{H}_2\text{O} \longrightarrow 2\,\text{LiOH} + \text{H}_2$$
Lithium   Wasser   Lithiumhydroxid   Wasserstoff

A1: a) Bei der Reaktion von 275 mg Barium mit Wasser werden 48 ml Wasserstoff frei. Berechne die Stoffmengen an Barium und Wasserstoff.
b) Stelle das Reaktionsschema und die Reaktionsgleichung für die Reaktion von Barium mit Wasser auf.

Prüfe dein Wissen

Quiz

A1 a) Erkläre die Begriffe des Fensters.
b) Notiere auf der Vorderseite von Karteikarten den Begriff, auf der Rückseite die Erklärung.

A2 Notiere die Formeln folgender Ionen:
Natrium-Ion, Calcium-Ion, Aluminium-Ion, Zink-Ion, Chlorid-Ion, Sulfid-Ion, Nitrid-Ion.

A3 Wie lauten die Verhältnisformeln von Lithiumoxid, Bariumchlorid und Aluminiumsulfid? Begründe mit Hilfe der Regel der Elektroneutralität.

A4 a) Leite aus dem Symbol des Phosphors $^{31}_{15}P$ den Aufbau des Phosphor-Atoms ab.
b) Worin stimmen Phosphor-Atome mit der Bezeichnung $^{31}_{15}P$ und $^{30}_{15}P$ überein? Worin unterscheiden sie sich?

A5 Bestimme für die Atome mit 6, 17 und 34 Protonen
a) die Zahl der Elektronen und Neutronen,
b) die Anzahl der Außenelektronen und die Elektronenschreibweise,
c) die Zahl der besetzten Eletronenschalen.

A6 Gib für die Elemente Aluminium, Calcium, Schwefel und Stickstoff
a) die Anzahl der Außenelektronen,
b) die Formeln der zugehörigen Ionen an.

A7 a) Welche Atome sind im Bild dargestellt?
b) Welche dieser Atome können Ionen bilden? Begründe deine Antwort und gib die Formeln der Ionen an.

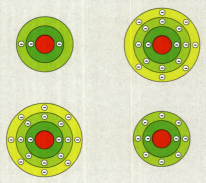

A8 a) Welche Elektronenkonfiguration besitzen die meisten Edelgas-Atome?
b) Was versteht man unter der Edelgasregel?
c) Welche Ionen besitzen die gleiche Elektronenkonfiguration wie das Argon-Atom?

Die wichtigsten Begriffe
- Salze, salzartige Stoffe
- Ion, Kation, Anion
- Elektrolyse
- Atombau
- Kern/Hülle-Modell, Schalenaufbau der Atomhülle
- Elektron, Außenelektron
- Nukleonen: Proton, Neutron
- Edelgaskonfiguration, Edelgasregel
- Elektronenübertragung
- Ionenverbindung, Ionengitter

A9 Was versteht man unter salzartigen Stoffen? Welche besonderen Eigenschaften besitzen Ionenverbindungen?

Know-how

A10 a) Warum bilden die Elemente Magnesium und Fluor nur die Verbindung MgF_2, nicht aber MgF oder MgF_3?
b) Welche Verhältnisformel sollte man für die aus Magnesium und Schwefel gebildete Verbindung erhalten?

A11 Im RUTHERFORDschen Streuversuch werden α-Teilchen auf eine Goldfolie gelenkt, in der 1000 Schichten von Gold-Atomen lückenlos hintereinander liegen. Trotzdem fliegen die meisten α-Teilchen ungehindert hindurch. Was folgert man daraus?

A12 Welche Reaktionen laufen an den Elektroden ab, wenn eine Lösung von Kupferchlorid ($CuCl_2$) elektrolysiert wird? Formuliere die Elektronenübergänge an den Elektroden und die Gesamtreaktion.

A13 Erläutere die Zusammenhänge zwischen dem Atombau und der Anordnung der Elemente im Periodensystem.

A14 Müssen Atome, die die gleiche Atommasse besitzen, zum gleichen Element gehören? Begründe deine Antwort.

Natur – Mensch – Technik

A15 Für den Menschen sind Natrium-Verbindungen ein lebenswichtiger Bestandteil seiner Nahrung. In welcher Form werden Natrium-Verbindungen aufgenommen?

A16 Elektrolysen werden großtechnisch genutzt, um Metallgegenstände wie Bestecke mit einer Edelmetallschicht zu überziehen. Dabei geht man von Rohlingen aus, die aus einem weniger edlen Metall wie z. B. Eisen bestehen. Wie muss man bei einem solchen Verfahren, das als Galvanisieren bezeichnet wird, grundsätzlich vorgehen?

Schätze der Erde – Salze

Basiswissen

1. Salze und salzartige Stoffe

Stoffe, die aus positiv geladenen Metall-Ionen und negativ geladenen Halogen-Ionen bestehen, bezeichnet man als *Salze.* Das wichtigste Salz ist Kochsalz.
Bei anderen Metall/Nichtmetallverbindungen wie Oxiden oder Sulfiden spricht man von *salzartigen Stoffen.*

2. Ionengitter

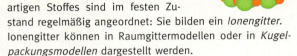

Die positiv und die negativ geladenen Ionen eines Salzes oder eines salzartigen Stoffes sind im festen Zustand regelmäßig angeordnet: Sie bilden ein *Ionengitter.* Ionengitter können in Raumgittermodellen oder in *Kugelpackungsmodellen* dargestellt werden.

3. Ionenverbindungen

Salze und salzartige Stoffe sind Ionenverbindungen. Die Bindungsverhältnisse im Ionengitter bestimmen die Eigenschaften von Ionenverbindungen:
Salze und salzartige Stoffe
- sind hart und spröde; die Kristalle zerbrechen meist in Bruchstücke mit gleicher Kristallform
- besitzen meistens eine hohe Schmelztemperatur und eine hohe Siedetemperatur
- sind oft gut in Wasser löslich
- leiten in Wasser gelöst oder als Schmelze den elektrischen Strom
- sind als kristalline Feststoffe Isolatoren

4. Kern/Hülle-Modell:

- Atome bestehen aus Atomkern und Atomhülle.
- Der Atomkern ist aus Protonen und Neutronen aufgebaut; er enthält praktisch die gesamte Masse des Atoms.
- In der Atomhülle bewegen sich die Elektronen.
- Jedes *Proton* trägt eine positive Ladung.
- Jedes *Elektron* trägt eine negative Ladung.
- Die *Kernladungszahl* gibt die Anzahl der Protonen im Atomkern an. Sie ist charakteristisch für ein Element.
- Die Anzahl der Elektronen in der Atomhülle entspricht ebenfalls der Kernladungszahl: Das Atom als Ganzes ist elektrisch neutral.

Beispiel: Bor-Atom

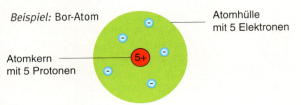

5. Schalenbau der Atomhülle

- Die Atomhülle ist in Energiestufen gegliedert (Energiestufenmodell). Die Energiestufen können räumlich als Schalen veranschaulicht werden (Schalenmodell).
- Die Elektronenschalen werden von innen nach außen mit K, L, M, N, O, P und Q bezeichnet.
- Die K-Schale nimmt maximal 2 Elektronen auf, die L-Schale 8 Elektronen und die M-Schale 18 Elektronen. Äußere Schalen können aber nur 8 Elektronen aufnehmen.
- Die Elektronen der äußeren Schale bezeichnet man als Außenelektronen (Valenzelektronen); sie bestimmen das chemische Verhalten der Elemente.
- In der Elektronenschreibweise werden die Außenelektronen als Striche (für Elektronenpaare) oder als Punkte (für Einzelelektronen) dargestellt.

Beispiel: Phosphor-Atom

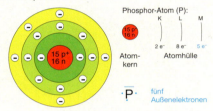

6. Atombau und Periodensystem

Das Periodensystem enthält alle wichtigen Informationen zum Bau der Atome eines Elements:

Periodennummer: Zahl der Elektronenschalen
Gruppennummer: Zahl der Außenelektronen
Ordnungszahl: Zahl der Protonen = Zahl der Elektronen
Massenzahl – Ordnungszahl = Neutronenzahl

Beispiel: Phosphor

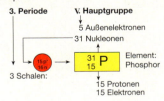

7. Edelgaskonfiguration

Durch Elektronenübertragung zwischen Metall-Atomen und Nichtmetall-Atomen bilden sich positive Ionen und negative Ionen. Die Anzahl der Elektronen stimmt dabei jeweils mit der Anzahl der Elektronen eines Edelgasatoms überein.
Beispiele: Das Mg^{2+}-Ion hat 10 Außenelektronen wie ein Neon-Atom, das Br^--Ion hat 36 Außenelektronen wie ein Krypton-Atom.

8 Vom Atom zum Molekül

Viele nichtmetallische Elemente wie Wasserstoff, Sauerstoff, Stickstoff und Chlor sind gasförmig. Die kleinsten Teilchen sind *zweiatomige Moleküle*. Die Bindung zwischen den Atomen eines Moleküls ist sehr stark, die Anziehungskräfte zwischen den Molekülen sind nur schwach.

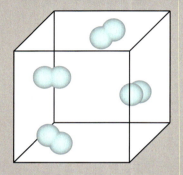

Der amerikanische Chemiker LEWIS stellte 1916 ein Modell vor, mit dem sich die Bildung von Molekülen auf einfache Regeln zurückführen lässt. Im Zentrum des LEWIS-Konzepts steht die Elektronenpaarbindung zwischen den Atomen.

Edelgase wie Helium, Neon und Argon bilden keine Moleküle. Ihre kleinsten Teilchen sind *einzelne Atome,* die sich weder untereinander noch mit Atomen anderer Elemente verbinden.

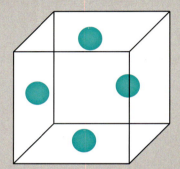

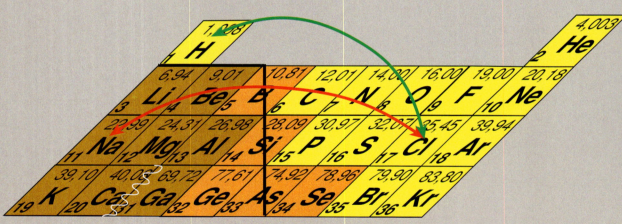

Bei der Reaktion von *Nichtmetallen mit Metallen* entstehen *Ionenverbindungen*. Es sind Feststoffe mit hoher Schmelztemperatur.

Beispiel:
2 Na (s) + Cl$_2$ (g) ⟶ 2 NaCl (s)

Bei der Reaktion von *Nichtmetallen mit anderen Nichtmetallen* entstehen *Molekülverbindungen*. Es sind meist gasförmige oder flüssige Stoffe.

Beispiel:
H$_2$ (g) + Cl$_2$ (g) ⟶ 2 HCl (g)

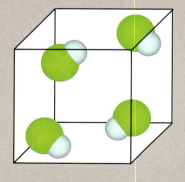

Zentrale Fragen:
- Wie werden Moleküle gebildet und wie erklärt sich ihre Struktur?
- Wie können sich die chemischen Bindungen in Molekülen unterscheiden?

8.1 Was Atome in Molekülen zusammenhält

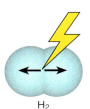

H₂
Die Spaltung der Bindung erfordert viel Energie.

Millionen verschiedener Stoffe bestehen aus Molekülen, also ungeladenen Teilchen, die aus zwei oder mehr Atomen aufgebaut sind. Das einfachste Molekül ist das **Wasserstoff-Molekül (H₂).**
Die beiden Wasserstoff-Atome sind in dem Molekül fest miteinander verbunden. Nur mit sehr großem Energieaufwand lässt sich die **chemische Bindung** spalten. Wenn sich zwei Wasserstoff-Atome zu einem Wasserstoff-Molekül vereinigen, wird die entsprechende **Bindungsenergie** wieder frei.

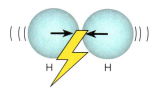

Bei der Bildung der Bindung wird viel Energie frei.

Was die beiden Atome in dem Molekül so fest zusammenhält, ist die Anziehung zwischen den negativ geladenen Elektronen und den beiden positiv geladenen Atomkernen. Aber warum verbinden sich gerade *zwei* Wasserstoff-Atome miteinander?
Um das zu verstehen, hilft ein Vergleich mit den Edelgas-Atomen: Edelgas-Atome besitzen eine Elektronenhülle mit vollständig besetzter Außenschale. Diese Elektronenverteilung, die **Edelgaskonfiguration,** ist besonders günstig. Edelgas-Atome gehen daher kaum Bindungen ein. Andere Nichtmetall-Atome können dagegen eine Edelgaskonfiguration erreichen, indem sie sich mit anderen Atomen verbinden.

K-Schale: **2 e⁻**
Elektronenanordnung des Helium-Atoms

K-Schale: 2 e⁻
L-Schale: 8 e⁻
M-Schale: **8 e⁻**

Elektronenanordnung des Argon-Atoms

Wasserstoff-Molekül. Zur vollständig besetzten K-Schale fehlt dem Wasserstoff-Atom noch ein Elektron. Im Wasserstoff-Molekül besitzen zwei H-Atome insgesamt zwei Elektronen. Es fällt auf, dass jedes H-Atom für sich betrachtet mit den zwei Elektronen eine vollbesetzte K-Schale hat, ähnlich wie die Atome des Edelgases Helium. Bei dieser Zählweise wird allerdings jedes Elektron doppelt gezählt. Man sagt: Im Wasserstoff-Molekül haben die beiden Wasserstoff-Atome ein *gemeinsames Elektronenpaar.* Diese Art der chemischen Bindung wird daher **Elektronenpaarbindung** genannt. Es ist also das gemeinsame Elektronenpaar, das die beiden Wasserstoff-Atome im Wasserstoff-Molekül zusammenhält. Wenn genau zwei Wasserstoff-Atome eine Elektronenpaarbindung eingehen und ein H₂-Molekül bilden, erreichen beide Atome die Edelgaskonfiguration des Heliums.

K-Schale: 1 e⁻
Elektronenanordnung des H-Atoms

Elektronenanordnung des H₂-Moleküls

K-Schale: 2 e⁻
L-Schale: 8 e⁻
M-Schale: 7 e⁻

Elektronenanordnung des Cl-Atoms

Chlor-Molekül. Chlor ist ein Nichtmetall, das aus zweiatomigen Molekülen besteht: Cl₂. Zur vollständig besetzten M-Schale fehlt dem Chlor-Atom noch ein Elektron. Im Chlor-Molekül hat jedes Chlor-Atom durch das gemeinsame Elektronenpaar acht Außenelektronen. Es erreicht so die Edelgaskonfiguration.

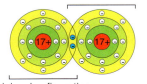

Elektronenanordnung des Cl₂-Moleküls

> In Molekülen sind Atome über gemeinsame Elektronenpaare miteinander verbunden. Diese Art der chemischen Bindung wird als Elektronenpaarbindung bezeichnet.

1 a) Zeichne das Schalenmodell des Fluor-Atoms. Wie viele Elektronen fehlen zur Edelgaskonfiguration?
b) Zeichne das Schalenmodell des Fluor-Moleküls. Markiere das gemeinsame Elektronenpaar. Warum besteht Fluor aus Molekülen?

2 a) Entsteht bei der Reaktion von Wasserstoff mit Chlor eine Molekülverbindung oder eine Ionenverbindung? Begründe deine Entscheidung.
b) Stelle die Elektronenverteilung in dem Chlorwasserstoff-Teilchen dar.

Vom Atom zum Molekül **141**

8.2 LEWIS-Formeln für Moleküle

Der amerikanische Chemiker LEWIS hat Regeln aufgestellt, wie man Moleküle durch Formeln darstellen kann. Für die Konstruktion dieser Molekülformeln oder *LEWIS-Formeln* werden nur die Außenelektronen berücksichtigt.

Beispiel Methan. Methan ist der Hauptbestandteil des Erdgases. Das Methan-Molekül ist sehr einfach aufgebaut: Ein Kohlenstoff-Atom ist mit vier Wasserstoff-Atomen verknüpft. Die Molekülformel ist CH_4.
Das C-Atom hat in der Außenschale *vier* Elektronen. Die vier Punkte im Bild entsprechen diesen vier Elektronen der L-Schale. Die Punkte werden üblicherweise über, unter, links und rechts vom Elementsymbol gesetzt. Die voll besetzte innere Schale (K-Schale) mit zwei Elektronen bleibt unberücksichtigt.
Zur voll besetzten L-Schale – wie beim Neon-Atom – fehlen dem C-Atom noch vier Elektronen. Es bildet daher vier Elektronenpaarbindungen mit vier H-Atomen aus. Jedes H-Atom trägt ein Elektron zu einer Elektronenpaarbindung bei.
Die LEWIS-Formel des Methan-Moleküls ergibt sich, wenn man die beiden Punkte jedes Elektronenpaares durch einen Bindungsstrich ersetzt.

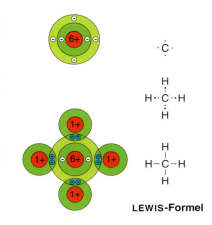

Beispiel Wasser. Das Wasser-Molekül ist aus einem Sauerstoff-Atom und zwei Wasserstoff-Atomen aufgebaut: H_2O.
Das Sauerstoff-Atom hat in der Außenschale sechs Elektronen. Für die ersten vier Elektronen wird ein Punkt über, unter, links und rechts vom Elementsymbol gesetzt. Die Punkte für die beiden restlichen Elektronen bilden mit je einem schon vorhandenen Punkt ein Punktepaar. Die voll besetzte K-Schale bleibt unberücksichtigt.
Zur voll besetzten L-Schale – wie beim Neon-Atom – fehlen dem O-Atom zwei Elektronen. Es bildet daher mit seinen beiden ungepaarten Elektronen zwei Elektronenpaarbindungen zu zwei H-Atomen aus. Jedes H-Atom trägt ein Elektron zur Elektronenpaarbindung bei.
Die LEWIS-Formel des Wasser-Moleküls ergibt sich, wenn man die *bindenden (gemeinsamen)* und die *nicht bindenden (freien)* Elektronenpaare jeweils durch einen Strich ersetzt.

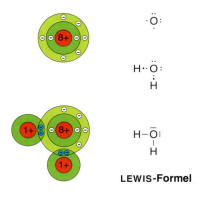

Oktettregel. Die Beispiele zeigen eine Gemeinsamkeit: Für jedes Atom ergibt sich im Molekül die gleiche Anzahl von Außenelektronen wie bei einem Edelgas-Atom. Im Falle des Wasserstoff-Atoms sind es zwei Elektronen wie beim Helium-Atom. Beim Kohlenstoff-Atom und beim Sauerstoff-Atom sind es **acht** Elektronen wie beim Neon-Atom. Die *Oktettregel* (lat. *octo:* acht) hilft bei der Konstruktion von LEWIS-Formeln:
In einem stabilen Molekül muss jedes Atom von vier Elektronenpaaren umgeben sein, nur das H-Atom hat ein Elektronenpaar.

> Der Aufbau von Molekülen lässt sich mit LEWIS-Formeln beschreiben. Dabei muss die Oktettregel beachtet werden.

1 Stelle schrittweise die LEWIS-Formel des Chlorwasserstoff-Moleküls (HCl) auf, kennzeichne freie und bindende Elektronenpaare und erläutere an diesem Beispiel die Oktettregel.

2 Kohlenstoffdioxid-Moleküle (CO_2) enthalten *Mehrfachbindungen*. Stelle Schritt für Schritt die LEWIS-Formel auf und überprüfe die Gültigkeit der Oktettregel.

3 Kochsalz (NaCl) ist eine Ionenverbindung.
a) Welche Teilchen liegen im Kochsalz vor?
b) Erkläre die chemische Bindung im Kochsalz-Gitter.
c) Warum gibt es für Ionenverbindungen keine LEWIS-Formeln?
4 a) Suche dir drei der ganz oben dargestellten Moleküle aus und benenne sie.
b) Gib Vorkommen oder Verwendung der Stoffe an.

Vom Atom zum Molekül

LEWIS-Formeln

Übersicht

Atom	Kohlenstoff	Stickstoff	Sauerstoff	Fluor	Neon
Elektronen-konfiguration	6+	7+	8+	9+	10+
Außenelektronen	4 e⁻	5 e⁻	6 e⁻	7 e⁻	8 e⁻
Punkt-Schreibweise	·Ċ·	·N̈·	·Ö:	·F̈:	:N̈e:

Regeln zum Aufstellen von LEWIS-Formeln

1. Die Elementsymbole werden entsprechend der Verknüpfung der Atome im Molekül angeordnet.

2. Man zeichnet an jedem Elementsymbol die Außenelektronen als Punkte ein. Die Elektronen der inneren Schalen bleiben unberücksichtigt.

3. Die Punkte für die Elektronen stehen über, unter sowie rechts und links neben dem Elementsymbol. Der fünfte bis achte Punkt bildet mit einem schon vorhandenen Punkt ein Punktepaar.

4. Zwischen den Atomen werden nun so viele bindende Elektronenpaare gebildet, dass für alle Atome die Oktettregel erfüllt ist. Dabei sind Einfachbindungen und Mehrfachbindungen möglich.
H-Atome gehen nur Einfachbindungen ein.

5. In der endgültigen LEWIS-Formel werden bindende und nicht bindende Elektronenpaare schließlich durch einen Strich dargestellt.

Molekül	Punkt-Schreibweise	Oktettregel	LEWIS-Formel
Methan	H H·Ċ·H H	H–C–H (Oktett)	H H–C–H H
Ammoniak	H·N̈·H H	H–N–H (Oktett)	H–N̈–H H
Wasser	H·Ö: H	H–O̅I (Oktett)	H–O̅I H
Fluor-wasserstoff	H·F̈:	H–F̅I (Oktett)	H–F̅I
Sauerstoff	Ö::Ö	O̅=O̅ (Oktett)	⟨O=O⟩
Stickstoff	:N::N:	IN≡NI (Oktett)	IN≡NI
Kohlenstoff-dioxid	Ö::C::Ö	O̅=C=O̅ (Oktett)	⟨O=C=O⟩

Vom Atom zum Molekül **143**

8.3 Die räumliche Struktur der Moleküle

Beispiel: Methan-Molekül

Wolkenmodell

Kalottenmodell

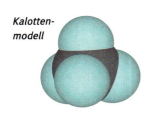

Kugel/Stab-Modell

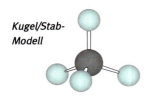

Molekülstruktur

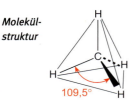

LEWIS-Formel

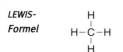

Ein Ziel der Chemie ist es, Eigenschaften und Reaktionen der Stoffe vorhersagen und erklären zu können. Dazu ist es wichtig, die räumliche Struktur der Teilchen zu kennen. Ein einfaches Modell, mit dessen Hilfe sich die Struktur direkt aus der Molekülformel ableiten lässt, ist das **Elektronenpaarabstoßungs-Modell**. Es basiert auf zwei Annahmen:

1. Die Außenelektronen halten sich *paarweise* in bestimmten Bereichen um den Atomkern auf. Man stellt sich das modellhaft wie eine Wolke vor und spricht von einer *Elektronenwolke*.

2. Die negativ geladenen Elektronenpaare stoßen sich gegenseitig ab. Dadurch ergibt sich für jede Elektronenpaarbindung eine bestimmte Richtung und für jedes Molekül eine eindeutige Struktur.

Beispiel Methan: **ein tetraederförmiges Molekül.** Im Methan-Molekül (CH_4) ist das zentrale Kohlenstoff-Atom durch vier Elektronenpaare mit vier Wasserstoff-Atomen verbunden. Die Abstoßung zwischen den vier Elektronenpaaren ist dann am kleinsten, wenn der Abstand zwischen ihnen am größten ist. Sie richten sich deshalb nach den Ecken eines Tetraeders aus. Das Kohlenstoff-Atom bildet das Zentrum des Tetraeders, die Wasserstoff-Atome besetzen die vier Ecken. Der H–C–H-Bindungswinkel beträgt 109,5°.

Beispiel Wasser: **ein gewinkeltes Molekül.** Im Wasser-Molekül (H_2O) ist das zentrale Sauerstoff-Atom von zwei bindenden und zwei nicht bindenden Elektronenpaaren umgeben. Die vier Elektronenpaare richten sich nach den Ecken eines Tetraeders aus. Im Zentrum des Tetraeders befindet sich das Sauerstoff-Atom. An zwei Ecken des Tetraeders sind die Wasserstoff-Atome, die beiden nicht bindenden Elektronenpaare weisen in die noch freien Ecken. Der H–O–H-Bindungswinkel beträgt hier nur 105°. Man nimmt an, dass sich die nicht bindenden Elektronenpaare stärker abstoßen als die bindenden.

Beispiel Kohlenstoffdioxid: **ein lineares Molekül.** Im Kohlenstoffdioxid-Molekül (CO_2) ist das zentrale Kohlenstoff-Atom über zwei Zweifachbindungen mit den beiden Sauerstoff-Atomen verbunden.
Für die Ermittlung der Struktur werden **Mehrfachbindungen** wie Einfachbindungen behandelt. Es ergibt sich eine lineare Struktur mit dem O–C–O-Bindungswinkel von 180°.

Beispiel: Wasser-Molekül

Wolkenmodell

Kalottenmodell

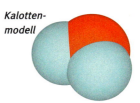

Kugel/Stab-Modell

Molekülstruktur

LEWIS-Formel

H–O̅|
H

3 Lachgas (N_2O) ist ein Stickstoffoxid. Das Gas wird als Narkosemittel verwendet.
a) Gib den chemischen Namen an.
b) Stelle die LEWIS-Formel auf. In dem Molekül kommen zwei Zweifachbindungen vor.
c) Überprüfe die Gültigkeit der Oktettregel.
d) Leite aus der LEWIS-Formel die räumliche Struktur her.

1 a) Beschreibe die Grundannahmen des Elektronenpaarabstoßungs-Modells.
b) Zeichne einen Tetraeder und beschreibe seine Form.
2 a) Stelle die LEWIS-Formel von Ammoniak (NH_3) auf und überprüfe die Gültigkeit der Oktettregel.
b) Leite aus der LEWIS-Formel die räumliche Struktur her.

> Das Elektronenpaarabstoßungs-Modell erklärt die räumliche Struktur von Molekülen durch die Abstoßung von Elektronenpaaren. Bei vier Elektronenpaaren ergibt sich eine Tetraeder-Geometrie.

144 Vom Atom zum Molekül

Das Elektronenpaarabstoßungs-Modell

Übersicht

Verbindung LEWIS-Formel	Elektronenpaare am zentralen Atom	Räumliche Struktur Bindungswinkel	Molekülmodell
Methan $$H-\overset{\displaystyle H}{\underset{\displaystyle H}{C}}-H$$	4 Einfachbindungen	tetraedrisch bindendes Elektronenpaar 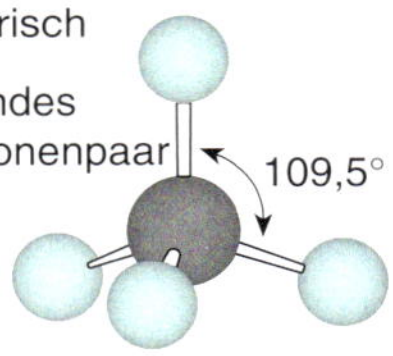 109,5°	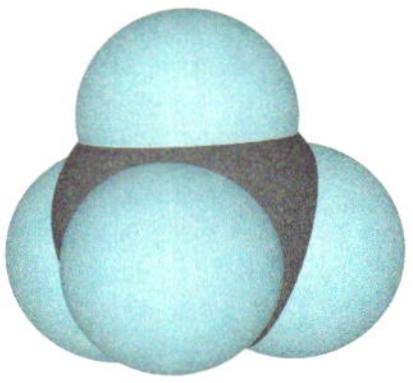
Ammoniak $$H-\overset{}{\underset{\displaystyle H}{\bar{N}}}-H$$	3 Einfachbindungen 1 nicht bindendes Elektronenpaar	pyramidal freies Elektronenpaar 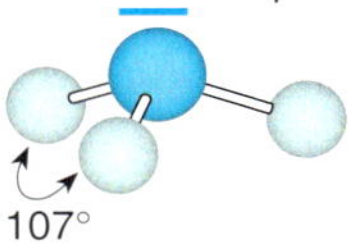 107°	
Wasser $$\overset{\displaystyle \cdot O \cdot}{H \quad H}$$	2 Einfachbindungen 2 nicht bindende Elektronenpaare	gewinkelt 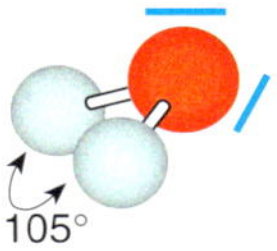 105°	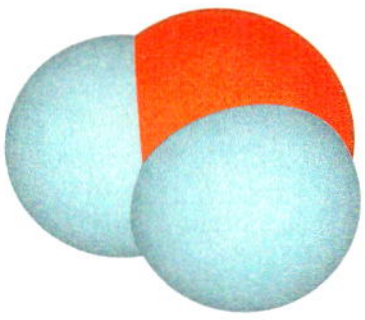
Fluorwasserstoff $$H-\bar{\bar{F}}\vert$$	1 Einfachbindung 3 nicht bindende Elektronenpaare	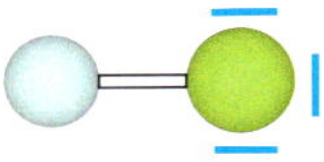	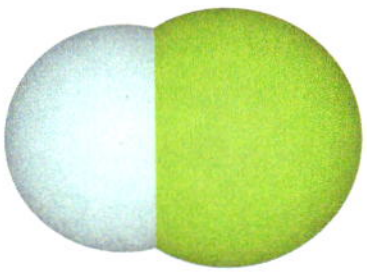
Kohlenstoffdioxid $$\langle O=C=O\rangle$$	2 Zweifachbindungen	linear 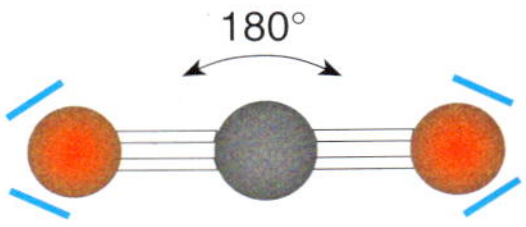 180°	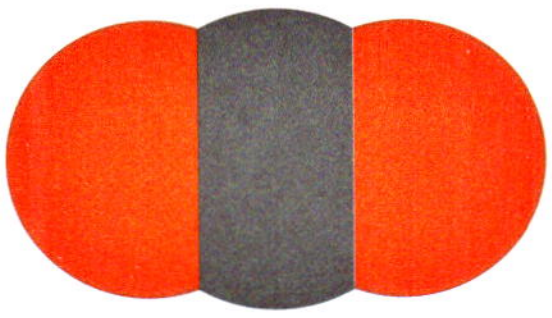
Blausäure $$H-C\equiv N\vert$$	1 Einfachbindung 1 Dreifachbindung	linear 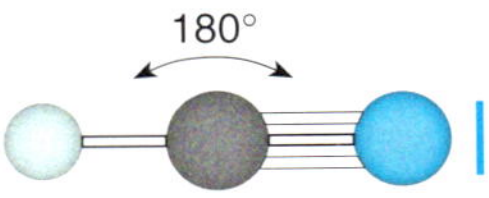 180°	
Formaldehyd $$\overset{\displaystyle H}{\underset{\displaystyle H}{C}}=O\rangle$$	2 Einfachbindungen 1 Zweifachbindung	trigonal 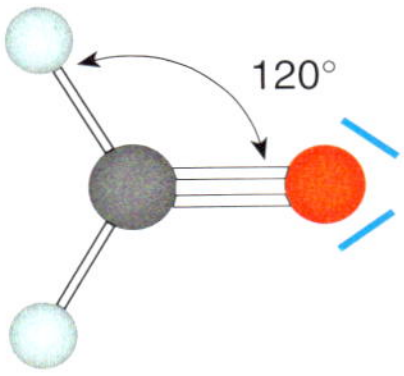 120°	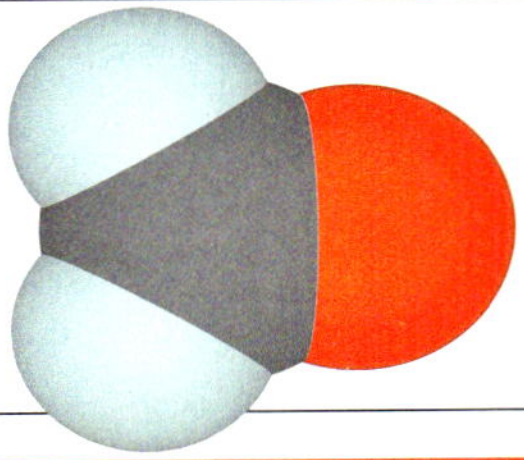

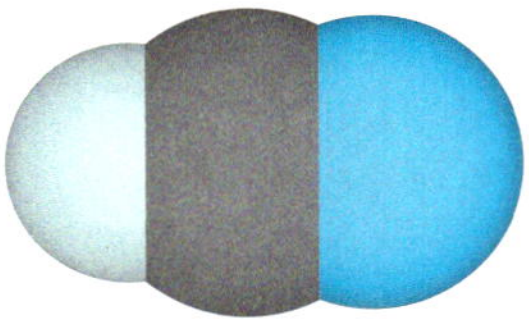

Vom Atom zum Molekül **145**

8.4 Das Wasser-Molekül – neutral oder geladen?

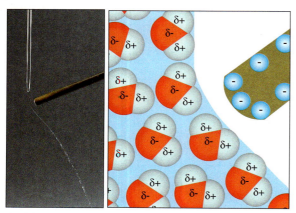

Anziehung eines Wasserstrahls – Experiment und Modell

Ein Kunststoffstab wird mit einem Wolltuch gerieben und so elektrisch aufgeladen. Bringt man den Stab in die Nähe eines feinen Wasserstrahls, wird dieser angezogen. Das Wasser-Molekül ist jedoch insgesamt elektrisch neutral, denn die Anzahl der Protonen im Molekül entspricht der Anzahl der Elektronen.

Dipol-Moleküle. Um die Ablenkung des Wasserstrahls erklären zu können, geht man davon aus, dass die positiven und negativen Ladungen in dem Wasser-Molekül ungleichmäßig verteilt sind. Die acht Protonen des Sauerstoff-Atoms ziehen das gemeinsame Elektronenpaar einer O–H-Bindung viel stärker an als das eine Proton des Wasserstoff-Atoms. Die gleiche Betrachtung gilt für die zweite O–H-Bindung im Wasser-Molekül. Das Sauerstoff-Atom erhält daher einen größeren Anteil der Bindungselektronen als die beiden Wasserstoff-Atome. Die Ladungsverschiebung in der Bindung kennzeichnet man mit den Symbolen für *Teilladungen* δ+ und δ– (delta plus, delta minus). Wie das Elektronenpaarabstoßungs-Modell zeigt, sind Wasser-Moleküle gewinkelt gebaut. Durch die Ladungsverschiebungen in den Bindungen ist eine Seite des Moleküls (das O-Atom) negativ aufgeladen, die Seite, auf der sich die H-Atome befinden, ist entsprechend positiv aufgeladen. Wegen der beiden Pole spricht man von einem **Dipol-Molekül**.

> Dipol-Moleküle sind elektrisch neutrale Moleküle mit polaren Elektronenpaarbindungen, in denen die Ladung nicht symmetrisch verteilt ist.

1 a) Erstelle eine Ladungsbilanz aller positiven und negativen Ladungen im Chlorwasserstoff-Molekül (HCl).
b) Ist das HCl-Molekül ein Dipol-Molekül? Begründe deine Antwort und kennzeichne die Ladungsverschiebungen.

unpolare Elektronenpaarbindung

Im Wasserstoff-Molekül werden die beiden negativ geladenen Elektronen der H–H-Bindung gleich stark von den positiv geladenen Atomkernen angezogen. Man spricht in diesem Fall von einer *unpolaren Elektronenpaarbindung*.

polare Elektronenpaarbindung

In einer O–H-Bindung werden die beiden Elektronen des bindenden Elektronenpaares von den acht Protonen des Sauerstoff-Atomkerns viel stärker angezogen als von dem einen Proton des Wasserstoff-Atomkerns. Es kommt zu einer Ladungsverschiebung. Man bezeichnet diese Bindung als eine *polare Elektronenpaarbindung*.

Dipol-Molekül? Die Struktur entscheidet.

Das Wasser-Molekül hat eine *gewinkelte* Struktur. In diesem Fall verstärken sich die Ladungsverschiebungen der beiden polaren O–H-Bindungen. Das Wasser-Molekül ist daher ein *Dipol-Molekül*.

Das Kohlenstoffdioxid-Molekül hat eine *lineare* Struktur. Die Ladungsverschiebungen der beiden polaren C–O-Bindungen sind deswegen genau entgegengesetzt gerichtet. Ihre Wirkungen heben sich gegenseitig auf. Das Kohlenstoffdioxid-Molekül ist daher *kein* Dipol-Molekül.

2 Reibt man einen Plexiglasstab mit Watte, lädt er sich positiv auf. Was erwartest du, wenn man ihn vor einen Wasserstrahl hält? Fertige eine Skizze an.

146 Vom Atom zum Molekül

Elektronegativität

Theorie

Das Modell der polaren und unpolaren Elektronenpaarbindung ist ein wichtiges Hilfsmittel bei der Erklärung von Eigenschaften und Reaktionen von Stoffen.
Der amerikanische Chemiker PAULING hat bereits 1932 eine Größe eingeführt, mit der sich abschätzen lässt, welches Atom das Bindungselektronenpaar stärker anzieht: die **Elektronegativität**.

Die Elektronegativität ist ein Maß für die Fähigkeit eines Atoms, das gemeinsame Elektronenpaar in einer Bindung anzuziehen. Je stärker die Anziehung ist, desto größer ist der Elektronegativitätswert. Die Skala der Werte reicht von 0,7 beim Caesium-Atom bis 4,0 beim Fluor-Atom. Für Edelgas-Atome gibt es keine Werte, da es nur sehr wenige Edelgas-Verbindungen gibt.

Die Elektronegativität hängt von der *Kernladung* und von der *Größe* der Atome ab:
1. Bei gleichem Abstand des Elektronenpaares von dem positiv geladenen Atomkern nimmt die Anziehung mit der Größe der Kernladung zu.
Innerhalb einer *Periode* des Periodensystems befinden sich die für die Elektronenpaarbindungen verantwortlichen Außenelektronen alle in der gleichen Schale, gleichzeitig nimmt die Kernladung von links nach rechts zu: Die Anziehung nimmt zu, die Elektronegativität steigt.
2. Je weiter das Elektronenpaar vom Atomkern entfernt ist, desto schwächer wird die Anziehung.
Innerhalb einer *Hauptgruppe* des Periodensystems wird zwar die Kernladung in 8er-Schritten größer, die Entfernung der Außenelektronen vom Atomkern wächst aber noch stärker an: Die Anziehung nimmt ab, die Elektronegativität sinkt.

Nach diesen Überlegungen haben Fluor-Atome die größte Elektronegativität. Sie sind sehr klein und haben mit neun Protonen schon eine hohe Kernladung. Auch die Atome der übrigen Halogene haben sehr hohe Elektronegativitätswerte, ebenso Sauerstoff- und Stickstoff-Atome. Die Atome der Alkalimetalle haben dagegen die niedrigsten Elektronegativitätswerte. Sie haben innerhalb einer Periode jeweils die kleinsten Kernladungen.

1 a) Beschreibe und erkläre am Beispiel der 2. Periode den Verlauf der Elektronegativitätswerte.
b) Beschreibe und erkläre am Beispiel der VII. Hauptgruppe den Verlauf der Elektronegativitätswerte.
2 Warum gibt man für Edelgas-Atome keine Elektronegativitätswerte an?
3 Sind die folgenden Elektronenpaarbindungen polar oder unpolar: N–H, C–H, Cl–Cl, H–Cl?
Kennzeichne die Ladungsverschiebungen.

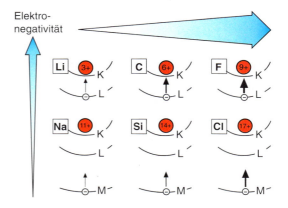

Wer zieht stärker: Abhängigkeit der Elektronegativität eines Atoms von Kernladung und Größe

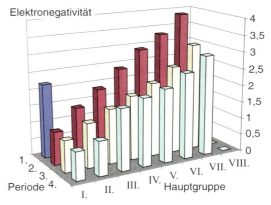

Die Elektronegativität eines Atoms hängt von der Stellung des Elements im Periodensystem ab.

	I	II	III	IV	V	VI	VII	VIII
1	2,1 $_1$H							– – $_2$He
2	1,0 $_3$Li	1,5 $_4$Be	2,0 $_5$B	2,5 $_6$C	3,0 $_7$N	3,5 $_8$O	4,0 $_9$F	– – $_{10}$Ne
3	0,9 $_{11}$Na	1,2 $_{12}$Mg	1,5 $_{13}$Al	1,8 $_{14}$Si	2,1 $_{15}$P	2,5 $_{16}$S	3,0 $_{17}$Cl	– – $_{18}$Ar
4	0,8 $_{19}$K	1,0 $_{20}$Ca	1,6 $_{31}$Ga	1,8 $_{32}$Ge	2,0 $_{33}$As	2,4 $_{34}$Se	2,8 $_{35}$Br	– – $_{36}$Kr
5	0,8 $_{37}$Rb	1,0 $_{38}$Sr	1,7 $_{49}$In	1,8 $_{50}$Sn	1,9 $_{51}$Sb	2,1 $_{52}$Te	2,5 $_{53}$I	– – $_{54}$Xe
6	0,7 $_{55}$Cs	0,9 $_{56}$Ba	1,8 $_{81}$Tl	1,8 $_{82}$Pb	1,9 $_{83}$Bi	2,0 $_{84}$Po	2,2 $_{85}$At	– – $_{86}$Rn

Elektronegativitätswerte nach PAULING

8.5 Die Wasserstoffbrückenbindung – eine Basis des Lebens

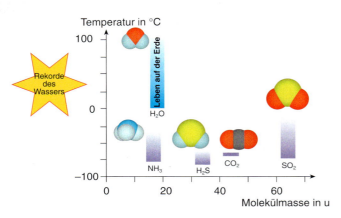

Temperaturbereiche von Flüssigkeiten im Vergleich

Eisgitter mit Hohlräumen

Bei der Vorhersage von Stoffeigenschaften kann man sich in der Chemie durchweg auf drei Faustregeln verlassen:
- Bei chemisch ähnlichen Verbindungen nehmen Schmelztemperatur und Siedetemperatur mit wachsender Molekülgröße zu.
- Die Dichte eines Feststoffes ist größer als die Dichte der Flüssigkeit.
- Die Dichte einer Flüssigkeit nimmt mit steigender Temperatur ab.

Auf Wasser trifft keine dieser Regeln zu:
- Gemessen an Stoffen mit ähnlich kleinen und leichten Molekülen sollte Wasser bei etwa −100 °C schmelzen und schon bei −80 °C sieden. Es gäbe auf der Erde keine Gletscher, Flüsse oder Meere, sondern nur noch Wasserdampf und wahrscheinlich kein Leben.
- Ähnlich wie eine Kerze in geschmolzenem Kerzenwachs sollte Eis in Wasser zum Boden sinken. Gewässer würden dann von unten nach oben zufrieren, die Fische würden allmählich an die Oberfläche gedrückt. Glücklicherweise ist es genau umgekehrt: Eis schwimmt auf dem Wasser.
- Wasser hat seine größte Dichte nicht bei 0 °C, sondern bei 4 °C. Im Winter sammelt sich deshalb Wasser von 4 °C am Grund eines zugefrorenen Sees – das reicht den Fischen zum Überleben.

Ursache für die auffallenden Eigenschaften des Wassers sind schwache Bindungen *zwischen* den Wasser-Molekülen, die *Wasserstoffbrückenbindungen*.

Wasserstoffbrückenbindung. Die besondere Struktur des Wasser-Moleküls ist die Voraussetzung für die Ausbildung von Wasserstoffbrückenbindungen:
1. Die O–H-Bindung ist stark polar.
2. Das Sauerstoff-Atom ist stark elektronegativ und hat zwei freie Elektronenpaare.

Bei einer Wasserstoffbrückenbindung im Wasser befindet sich ein H-Atom zwischen einem O-Atom, an das es durch eine Elektronenpaarbindung gebunden ist, und einem O-Atom eines anderen Wasser-Moleküls, von dem es über ein freies Elektronenpaar angezogen wird. Jedes Wasser-Molekül kann so über seine beiden H-Atome und über die beiden freien Elektronenpaare seines O-Atoms insgesamt vier O–H⋯O-Brücken ausbilden.
Im Eis ergibt sich so ein regelmäßig gebautes Gitter mit Hohlräumen zwischen den Wasser-Molekülen. Mit steigender Temperatur brechen Wasserstoffbrückenbindungen auf, das Eis schmilzt. Frei gewordene Wasser-Moleküle können dann Hohlräume besetzen, die Dichte nimmt daher bis 4 °C zu. Über 4 °C steigt der Anteil frei beweglicher Wasser-Moleküle an: Die Dichte sinkt wieder.

> Wasserstoffbrückenbindungen sind zwischenmolekulare Bindungen. Die Eigenschaften des Wassers werden durch solche O–H⋯O-Brücken bestimmt.

1 a) Beschreibe am Beispiel des Wassers den Zusammenhang zwischen Temperatur, Aggregatzustand und zwischenmolekularen Bindungen.
b) Warum ist Methan bei Raumtemperatur ein Gas?
2 a) Erkläre, wie sich das Kristallgitter von Eis ausbildet.
b) Warum geht ein Eiswürfel in Wasser nicht unter?

Rekorde des Wassers

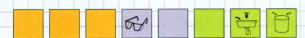

Dichte-Anomalien des Wassers

V1: Dichte-Anomalien

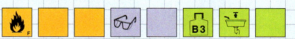

Materialien: 2 Bechergläser (100 ml, hoch), Gasbrenner, Plastikflasche (1,5 l) mit Kragen aus Aluminiumfolie, Thermometer oder Temperaturfühler, Eiswürfel, Kerze.

Durchführung:
Anomalie 1:
1. Lasse einen Eiswürfel in ein Glas Wasser fallen.
2. Schmilz $\frac{4}{5}$ der Kerze in dem zweiten Becherglas. Gib dann den Rest der Kerze in die Schmelze.

Anomalie 2:
1. Fülle die Plastikflasche mit Wasser und kühle sie im Gefrierfach auf 0 °C ab.
2. Fülle den Kragen der Flasche mit Eis, decke es mit einem Tuch ab.
3. Miss *vorsichtig* die Temperaturschichtung im Wasser: über dem Boden, in der Höhe des Eis-Kragens und kurz vor der Öffnung.
   Achtung: Das Wasser darf dabei nicht umgerührt werden.
4. Wiederhole die Messungen nach einer und nach zwei Stunden.

Aufgaben:
a) Notiere und erkläre deine Beobachtungen.
b) Stelle die Temperaturschichtungen grafisch dar.
c) Welcher Anomalie-Typ ist Ursache für die folgenden Phänomene? Begründe jeweils deine Entscheidung.
   – Ein Eisberg schwimmt auf dem Wasser.
   – Ein See friert von oben her zu.
   – Ein Wasserflasche platzt im Gefrierfach.

Praktikum

V2: Wärmespeicher

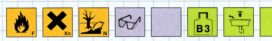

Materialien: Becherglas, Thermometer, Heizplatte; Brennspiritus (F).

Durchführung:
1. Erhitze 100 ml Wasser von Raumtemperatur auf 60 °C und notiere die Aufheizzeit.
2. Wiederhole den Versuch mit 100 ml Brennspiritus (B3).

Aufgaben:
a) Notiere und erkläre deine Beobachtungen.
b) Über einen Sandstrand in der Mittagshitze kann man kaum gehen, während sich das Meer in der Mittagssonne nur geringfügig aufheizt. Woran liegt das?
c) Beschreibe die Wirkung des Golfstroms auf das Klima in Europa.

V3: Mikrowellen heizen Molekülen ein

Materialien: 2 Bechergläser (250 ml, weit), 2 Thermometer, Mikrowellenherd; Heptan (F, Xn, N).

Durchführung:
1. Fülle jeweils 100 ml Wasser und Heptan (B3) in die Bechergläser.
2. Erhitze die beiden Gläser gleichzeitig im Mikrowellenherd. Vergleiche anschließend die Temperaturen.

Aufgaben:
a) Notiere und erkläre deine Beobachtungen.
   Hinweis: Heptan-Moleküle sind unpolar.
b) Warum sagt man, dass Mikrowellen die Speisen von innen her aufheizen?

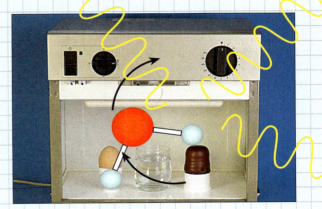

Vom Atom zum Molekül **149**

8.6 Das Salz in der Suppe – eine Betrachtung im Modell

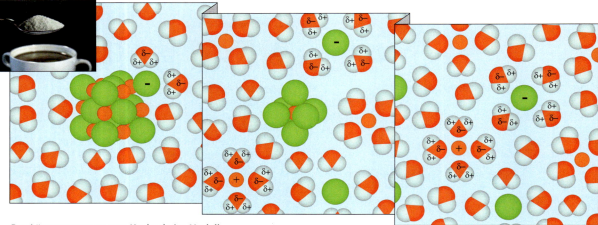

Der Lösungsvorgang von Kochsalz im Modell

Über zu viel oder zu wenig Salz in der Suppe haben sich schon viele Leute Gedanken gemacht. Wer hat aber schon einmal darüber nachgedacht, was eigentlich mit dem Salz geschieht, wenn es plötzlich spurlos, aber nicht geschmacklos in der Suppe verschwindet?

Der **Lösungsvorgang** lässt sich als Wechselspiel der verschiedenen Teilchen beschreiben:
Wasser besteht aus Dipol-Molekülen. Die Wasser-Moleküle sind gewinkelt. Das Sauerstoff-Atom trägt eine negative Teilladung, die Wasserstoff-Atome haben eine positive Teilladung.
Kochsalz ist dagegen eine Ionenverbindung aus Natrium-Ionen (Na$^+$) und Chlorid-Ionen (Cl$^-$). Im Inneren des Kochsalz-Kristalls wird jedes positiv geladene Natrium-Ion von sechs negativ geladenen Chlorid-Ionen auf seinem Gitterplatz gehalten. Umgekehrt ist jedes Chlorid-Ion durch sechs Natrium-Ionen fixiert.
An der Oberfläche des Kristalls sind die Ionen dagegen von weniger entgegengesetzt geladenen Nachbarn umgeben. Daher sitzen Ionen besonders an Ecken und Kanten weniger fest auf ihren Gitterplätzen als solche im Innern des Kristalls.

Abbau des Ionengitters. Die Dipol-Moleküle des Wassers greifen zuerst die Ionen an den Ecken und Kanten des Kristalls an: Aufgrund ihrer Teilladung (δ−) lagern sich dabei die Sauerstoff-Atome der Wasser-Moleküle an die Na$^+$-Ionen an. Die Wasserstoff-Atome mit ihrer positiven Teilladung δ+ treten umgekehrt mit den Cl$^-$-Ionen in Wechselwirkung. So werden die einzelnen Ionen abgespalten und gehen in Lösung.
Der Lösungsvorgang schreitet von außen nach innen voran, bis das Ionengitter völlig abgebaut ist.

Hydratisierung der Ionen. In der Lösung ist jedes freie Ion vollständig von einer Hülle aus Wasser-Molekülen, einer **Hydrathülle,** umgeben. Man sagt: Die Ionen sind *hydratisiert*.

Die Wasser-Moleküle der Hydrathülle haben eine bestimmte Orientierung: Bei den positiv geladenen Natrium-Ionen weisen die negativ geladenen Enden der Dipol-Moleküle nach innen und die positiv geladenen Seiten nach außen. Bei den negativ geladenen Chlorid-Ionen ist es gerade umgekehrt.

> Beim Lösen von Ionenverbindungen in Wasser bilden sich hydratisierte Ionen. Ursache ist der Dipol der Wasser-Moleküle.

1 a) Erkläre am Beispiel des Wasser-Moleküls, was man unter einem Dipol-Molekül versteht.
b) Zeichne ein hydratisiertes Natrium-Ion und ein hydratisiertes Chlorid-Ion. Trage alle Ladungen ein.
2 Beantworte die folgende Frage mit Hilfe des Raumgittermodells von Natriumchlorid auf S. 178:
Wie viele entgegengesetzt geladene Nachbarn besitzt jedes Natrium-Ion im Inneren, auf einer Fläche, an einer Kante des Natriumchlorid-Kristalls?
3 a) Die blauen Kristalle von Kupfersulfat enthalten *Kristallwasser*: CuSO$_4$ · 5 H$_2$O. Was sagt diese Formel aus?
b) Beim Erhitzen bildet sich ein weißes Pulver. Stelle eine Reaktionsgleichung auf.
4 Man gibt 100 g Kochsalz in einen 500-ml-Messkolben und füllt bis zur Markierung mit Wasser auf. Wenn man anschließend schüttelt, bis sich das Salz gelöst hat, sinkt der Wasserstand. Gib eine Erklärung an.
5 Warum sieht man das Salz in der Suppe nicht, schmeckt es aber trotzdem?

Wasser – ein ideales Lösungsmittel

Praktikum

V1: Kalt oder heiß?

Materialien: Becherglas (250 ml), Thermometer; Calciumchlorid wasserfrei (CaCl$_2$; Xi) und mit Kristallwasser (CaCl$_2 \cdot$ 6 H$_2$O; Xi), Eiswürfel.

Durchführung:
1. Fülle ein Reagenzglas etwa 1 cm hoch mit wasserfreiem Calciumchlorid, gib die gleiche Menge an Wasser hinzu, schüttle gut und beobachte die Temperaturänderung.
2. Wiederhole den Versuch mit kristallwasserhaltigem Calciumchlorid.
3. Mische in dem Becherglas etwa im Verhältnis 1 : 3 kristallwasserhaltiges Calciumchlorid mit Eisstückchen und miss die Temperaturänderung.

Aufgaben:
a) Notiere deine Beobachtungen.
b) Der Abbau eines Kristallgitters ist endotherm. Die Hydratisierung von Ionen ist exotherm. Erkläre mit Hilfe dieser Informationen die Temperaturänderungen bei den Versuchen.

V2: Hochprozentiges – chemisch betrachtet

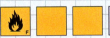

Materialien: Tropfpipette; reiner Alkohol (F), klarer Schnaps, Ouzo.

Durchführung:
1. Fülle ein Reagenzglas etwa 1 cm hoch mit reinem Alkohol und tropfe in vier Schritten jeweils 1 ml Wasser hinzu. Schüttle immer gut.
2. Wiederhole den Versuch mit klarem Schnaps.
3. Wiederhole den Versuch mit Ouzo.

Aufgabe: Notiere und erkläre deine Beobachtungen.
Hinweis: Ouzo enthält als Geschmacksstoff Anisöl.

V3: Löslichkeit

Materialien: Spatel, Pipette; Heptan (F, Xn, N), Zucker, Speiseöl.

Durchführung:
1. Fülle zwei Reagenzgläser zu einem Drittel mit Wasser. Gib in das eine Reagenzglas eine Spatelspitze Zucker und in das andere einige Tropfen Speiseöl. Schüttele dann die Reagenzgläser.
2. Wiederhole die Versuche mit Heptan statt Wasser als Lösungsmittel (B3).
3. Mische im letzten Reagenzglas gleiche Mengen an Wasser und Heptan (B3).

Aufgaben:
a) Notiere und erkläre deine Beobachtungen.
Hinweis: Speiseöl und Heptan sind unpolare Verbindungen.
b) Wie kommt es zu Fettaugen auf der Suppe?

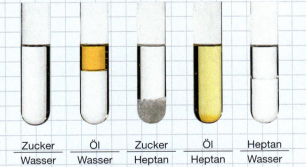

Zucker	Öl	Zucker	Öl	Heptan
Wasser	Wasser	Heptan	Heptan	Wasser

Zucker im Kaffee. Zuckerkristalle bestehen *nicht* aus Ionen, sie sind aus *Zucker-Molekülen* aufgebaut. Die Zucker-Moleküle kann man sich als flache Scheibchen vorstellen. Zwischen den Scheibchen gibt es wie zwischen den Wasser-Molekülen Wasserstoffbrücken. Diese Bindungen sind zwar nicht so stark wie die Anziehungskräfte zwischen den Ionen in Ionenkristallen, sie reichen aber trotzdem aus, die Zucker-Moleküle auf festen Gitterplätzen in einem Kristallgitter zu halten. Zuckerkristalle sind also **Molekülkristalle**.

A1: Beschreibe ähnlich wie beim Salz in der Suppe den Lösungsvorgang von Zucker im Kaffee.

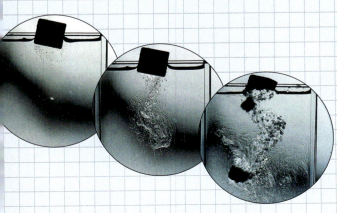

Vom Atom zum Molekül **151**

Praktikum: Kochsalz und Kerzenwachs – ein Vergleich

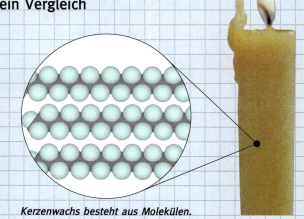

Kochsalz besteht aus Ionen.

Kerzenwachs besteht aus Molekülen.

V1: Eigenschaften von Kochsalz und Kerzenwachs

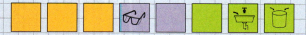

Materialien: Spatel, Gasbrenner, Leitfähigkeitsprüfer; Kochsalz, Kerzenwachs.

Durchführung:

Fingerprobe:
1. Zerreibe ein Salzklümpchen zwischen den Fingern.

Schmelztemperatur:
2. Erhitze in einem Reagenzglas eine kleine Probe des Salzes, bis es schmilzt.

Löslichkeit:
3. Gib eine Spatelspitze des Salzes in ein Reagenzglas, fülle es zu einem Drittel mit Wasser. Schüttle kräftig.

Leitfähigkeit:
4. Prüfe die Leitfähigkeit von Kochsalz und der Lösung des Salzes.

5. Wiederhole alle Versuche mit Kerzenwachs.

Aufgabe: Notiere und erkläre jeweils deine Beobachtungen. Gehe dabei auch auf die Struktur der Teilchen ein.
Hinweis: Kerzenwachs ist ein Gemisch aus Kohlenwasserstoffen. Die Kohlenwasserstoff-Moleküle sind unpolar. Sie bestehen aus Ketten von Kohlenstoff-Atomen. Die restlichen Bindungen sind mit Wasserstoff-Atomen besetzt. Molekülausschnitt:

```
    H H H H H H H H
···-C-C-C-C-C-C-C-C-···
    H H H H H H H H
```

A1: Erstelle jeweils einen Steckbrief für Ionenverbindungen und für Molekülverbindungen.

A2: Moleküle oder Ionen: CH_4, CaF_2, H_2O, CsI, HI, $MgCl_2$, Na_2S, PCl_3, $RbBr$ und $SiCl_4$?

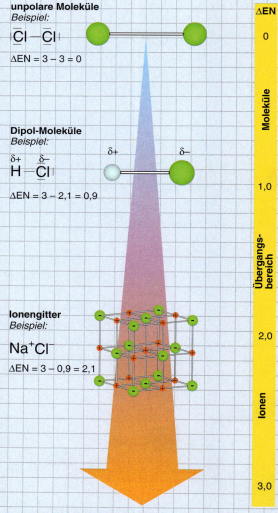

Molekül oder Ion? Der Unterschied in der Elektronegativität der Bindungspartner (ΔEN) liefert die Antwort.

Vom Atom zum Molekül

Chemische Bindungen im Vergleich

Theorie

Metallbindung. Natrium-Kristalle sind aus dicht gepackten, positiv geladenen Natrium-Ionen aufgebaut. Jedes Natrium-Atom hat acht Nachbaratome. Die negativ geladenen Außenelektronen bilden ein frei bewegliches *Elektronengas*. Metalle leiten den elektrischen Strom sehr gut, haben eine hohe Wärmeleitfähigkeit und sind plastisch verformbar.

Übergang zwischen Metallbindung und Elektronenpaarbindung. Silicium-Kristalle (Si) haben Diamant-Struktur, leiten aber als Halbleiter im Gegensatz zum Diamanten geringfügig den elektrischen Strom. Die Leitfähigkeit steigt mit zunehmender Temperatur.

Elektronenpaarbindung. Chlor-Gas besteht aus Cl_2-Molekülen. Die beiden Chlor-Atome im Molekül sind durch eine Elektronenpaarbindung fest miteinander verbunden. Zwischen den Molekülen liegen nur schwache Bindungen vor. Deshalb siedet Chlor bereits bei −34 °C. Festes Chlor erhält man erst bei Temperaturen unter −101 °C.

Übergang zwischen Metallbindung und Ionenbindung. Im Natriumsilicid (NaSi) liegt weder eine reine Metallbindung noch eine reine Ionenbindung vor. Natriumphosphid (Na_3P) dagegen ist bereits ionisch aufgebaut.

Übergang zwischen Elektronenpaarbindung und Ionenbindung ($\Delta EN \approx 1{,}5$). $AlCl_3$-Kristalle sind aus Ionen aufgebaut. Unter Druck lässt sich Aluminiumchlorid schmelzen. Die Schmelze besteht aus Molekülen und leitet den elektrischen Strom nicht. Bei Normaldruck sublimiert Aluminiumchlorid bei 180 °C, dabei bilden sich Al_2Cl_6-Moleküle.

Ionenbindung. NaCl-Kristalle sind aus Ionen aufgebaut. Jedes Na^+-Ion hat sechs Cl^--Ionen als nächste Nachbarn und jedes Cl^--Ion hat sechs Na^+-Ionen als nächste Nachbarn. Natriumchlorid-Kristalle leiten den elektrischen Strom nicht.

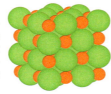

Natriumchlorid ist wasserlöslich. Beim Lösen in Wasser werden die Ionen hydratisiert. Sowohl die Lösung als auch die Schmelze von Natriumchlorid enthält frei bewegliche Ionen, beide leiten daher den elektrischen Strom.

Vom Atom zum Molekül

Prüfe dein Wissen

Quiz

A1 a) Erkläre die Begriffe des Fensters.
b) Notiere auf der Vorderseite von Karteikarten den Begriff, auf der Rückseite die Erklärung.

Die wichtigsten Begriffe
- Elektronenpaarbindung
- Oktettregel
- LEWIS-Formel
- Elektronenpaarabstoßungs-Modell
- Elektronegativität
- polare und unpolare Elektronenpaarbindung
- Dipol-Molekül
- Wasserstoffbrückenbindung
- Hydratisierung

A2 a) Zeichne das Schalenmodell des N^{3-}-Ions. Gib auch die Punkt-Schreibweise an.
b) Beschreibe die Elektronenkonfiguration des Ions.

A3 a) Wie viele Elektronenpaarbindungen geht das Stickstoff-Atom in Molekülen ein?

b) Stelle die LEWIS-Formel von Blausäure (HCN) auf und überprüfe die Gültigkeit der Oktettregel.
c) Warum ist das Molekül linear gebaut?

A4 a) Welche der folgenden LEWIS-Formeln sind korrekt? Korrigiere gegebenenfalls.
$|\overline{O}=C=\overline{O}|$ $|C\equiv O|$ $H-\overline{\overline{S}}-H$ $H-N-H$
                                                                                                      $|$
                                                                                                      H
b) Gib Namen und Vorkommen der Verbindungen an.

A5 Zeichne die Schalenmodelle von Ne, Na^+ und O^{2-}. Was fällt dir auf?

A6 Aus welchen Teilchen sind folgende Stoffe aufgebaut: Kochsalz, Zucker, Speiseöl, Eisen, Eisenoxid, Wasser, Eis, Sauerstoff, Neon?

A7 Warum haben Molekülverbindungen niedrigere Siedetemperaturen als Ionenverbindungen?

Know-how

A8 a) Welche der folgenden Elementkombinationen ergeben Ionenverbindungen, welche Molekülverbindungen: Schwefel/Sauerstoff, Natrium/Brom, Magnesium/Sauerstoff, Kohlenstoff/Wasserstoff, Stickstoff/Wasserstoff?
b) Benenne die Verbindungen.

A9 a) Stelle die LEWIS-Formel von Schwefeldioxid auf.

b) Überprüfe die Gültigkeit der Oktettregel.
c) Begründe mit dem Elektronenpaarabstoßungs-Modell die gewinkelte Struktur des Moleküls.
d) Liegt ein Dipol-Molekül vor? Kennzeichne Ladungsverschiebungen.
e) Schwefeldioxid löst sich sehr gut in Wasser. Dieser Prozess ist ein wichtiger Schritt bei der Entstehung von saurem Regen. Begründe die gute Löslichkeit.

A10 a) Trage in einem Diagramm die Siedetemperaturen der Wasserstoffverbindungen der VI. Hauptgruppe gegen die Molekülmasse auf (H_2S: –62 °C, H_2Se: –41 °C, H_2Te: –2 °C). Welche Siedetemperatur hätte Wasser, wenn es sich in diese Reihe einordnen würde?
b) Weshalb hat Wasser eine höhere Siedetemperatur?

Natur – Mensch – Technik

A11 Die Ozonschicht schützt uns vor der gefährlichen UV-Strahlung der Sonne. Über der Antarktis wird die Ozonschicht immer dünner.
a) Ozon ist chemisch gesehen ein naher Verwandter des Sauerstoffs. Seine Moleküle bestehen aus drei Sauerstoff-Atomen. Gib die LEWIS-Formel an.
b) Überprüfe die Gültigkeit der Oktettregel.
c) Begründe die gewinkelte Struktur des Moleküls mit dem Elektronenpaarabstoßungs-Modell.

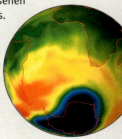

A12 Ein Hauptbestandteil der schädlichen Autoabgase ist Stickstoffdioxid. Seine Gefährlichkeit beruht auf der großen Reaktivität seiner Moleküle.
a) Stelle die LEWIS-Formel des Moleküls auf.
b) Überprüfe die Gültigkeit der Oktettregel.
c) Begründe die besondere Reaktivität der Moleküle.
Hinweis: Teilchen mit ungepaartem Elektron bezeichnet man als **Radikale**.

A13 Alljährlich kommt es zu Katastrophen durch Öltankerunfälle. Erdöl ist ein Gemisch aus unpolaren Kohlenwasserstoff-Verbindungen. Es bildet einen dünnen Ölteppich auf der Wasseroberfläche. Warum löst sich das Öl nicht im Wasser?

154 Vom Atom zum Molekül

Vom Atom zum Molekül

Basiswissen

Kalotten-modell

1. Elektronenpaarbindung

Moleküle bestehen aus *Nichtmetall-Atomen*, die durch *gemeinsame Elektronenpaare* miteinander verbunden sind. Diese Art der Bindung heißt *Elektronenpaarbindung*.

Kalottenmodell

Schalen-modell

2. Oktettregel

Die Atome in den Molekülen erreichen durch gemeinsame Elektronenpaare eine *Edelgaskonfiguration*. Sie besitzen dann insgesamt **acht** Elektronen in der Außenschale (Wasserstoff-Atom: zwei Elektronen). Die bindenden Elektronenpaare zählen bei jedem Bindungspartner mit.

Schalenmodell

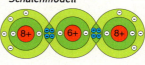

Punkt-Schreibweise

3. LEWIS-Formel

In den LEWIS-Formeln für Moleküle werden *bindende* und *nicht bindende* Elektronenpaare durch Striche gekennzeichnet. Wenn die Oktettregel erfüllt ist, sind die Atome von vier Elektronenpaaren umgeben. Neben *Einfachbindungen* sind auch *Mehrfachbindungen* zwischen den Atomen möglich.
Für Ionenverbindungen gibt es **keine** LEWIS-Formeln!

Punkt-Schreibweise

LEWIS-Formel

LEWIS-Formel

⟨O=C=O⟩

4. Elektronenpaarabstoßungs-Modell

Mit dem Elektronenpaarabstoßungs-Modell lässt sich die räumliche Struktur von Molekülen aus der LEWIS-Formel herleiten. Nach der Oktettregel sind die Atome im Molekül von vier Elektronenpaaren umgeben, die sich gegenseitig abstoßen. Vielfach ergibt sich eine *Tetraeder-Geometrie*. Mehrfachbindungen werden in der Art der Abstoßung der Elektronenpaare wie Einfachbindungen behandelt.

lineare Geometrie

Tetraeder-Geometrie

Kugel/Stab-Modell

Kugel/Stab-Modell

Elektronegativität

2,1 3,5

5. Elektronegativität und polare Bindung

Atome verschiedener Elemente ziehen das gemeinsame Elektronenpaar einer Bindung unterschiedlich stark an. Sie unterscheiden sich in ihrer **Elektronegativität**. Solche Bindungen sind *polar*. Elektronenpaarbindungen zwischen gleichartigen Atomen sind *unpolar*.

Elektronegativität

2,5 3,5

polare Bindung

δ+ δ−
H–O

polare Bindung

δ+ δ−
C=O

Dipol-Molekül

6. Dipol-Molekül

In Dipol-Molekülen ist die elektrische Ladung nicht symmetrisch verteilt: Auf einer Seite besteht ein kleiner Überschuss an positiver Ladung (δ+), auf der anderen Seite ein gleichgroßer Überschuss an negativer Ladung (δ−).

kein Dipol-Molekül

δ− δ+ δ−
⟨O=C=O⟩

Wasserstoff-brücken

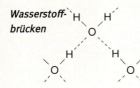

7. Wasserstoffbrückenbindung

Zwischen Wasser-Molekülen liegen zwischenmolekulare Bindungen vor. Sie bestehen aus O–H···O-Brücken.

9 Schätze der Erde – Nichtmetalle und ihre Verbindungen

Erdöl und Erdgas zählen zu den wichtigsten Rohstoffen unserer industrialisierten Gesellschaft. Sie haben derzeit einen wesentlichen Anteil am Gesamtenergieverbrauch.

Erdöl ist jedoch zu kostbar, um es nur zu verbrennen, denn es ist auch die stoffliche Basis für eine Vielzahl von Zwischenprodukten und Endprodukten der chemischen Industrie. Angefangen vom Jogurtbecher über synthetische Textilfasern und Cremes bis hin zu Farben und Arzneimitteln lassen sich heute die unterschiedlichsten Produkte mit Hilfe gezielter chemischer Reaktionen und entsprechenden technischen Verfahren produzieren.

Die gewonnenen Stoffe besitzen besondere, oft einzigartige Eigenschaften. Von großem Vorteil ist beispielsweise die Haltbarkeit. Verpackungen aus Kunststoff können Lebensmittel lange Zeit ohne Beeinträchtigungen in der Qualität erhalten. Danach jedoch wandelt sich der Vorteil in einen Nachteil: Als Abfall verrotten diese Stoffe auf der Deponie nur sehr langsam und lassen unsere Müllberge anwachsen. Heute gewinnt eine andere Sicht an Bedeutung: Die Abfallstoffe werden zunehmend als Wertstoffe verstanden, die wiederverwendet werden können. Es ist eine Herausforderung der Chemie dafür nach Lösungen im Stoffkreislauf der Natur zu suchen.

Zentrale Fragen:
- Wie sind Kohle, Erdöl und Erdgas entstanden?
- Wie werden diese fossilen Energieträger gefördert und genutzt?
- Wie kann man das Auftreten unterschiedlicher Modifikationen bei den Elementen Kohlenstoff und Schwefel erklären?
- Wie lässt sich Benzin durch Wasserstoff ersetzen?

9.1 Entstehung von Kohle, Erdöl und Erdgas

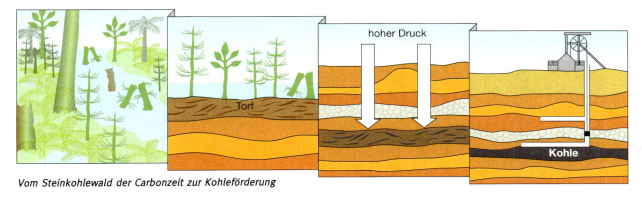

Vom Steinkohlewald der Carbonzeit zur Kohleförderung

Naturkundemuseen zeigen versteinerte Abdrücke und Teile von Pflanzen und Tieren aus Urzeiten. Weil man diese Versteinerungen häufig bei Ausgrabungen findet, bezeichnet man sie als *Fossilien* (lat. *fossa:* Graben). Auch Kohle, Erdöl und Erdgas sind aus abgestorbenen Lebewesen entstanden. Deshalb spricht man auch von *fossilen Energieträgern*.

Kohle. Vor rund 300 Millionen Jahren bedeckten tropische Sumpfwälder große Landstriche unserer Erde. Bäume stürzten um und sanken in den sumpfigen Untergrund. Unter Luftabschluss wurde daraus zunächst *Torf*. Erdbewegungen verlagerten diese Schichten in die Tiefe, Wasser und Wind schichteten Sand und Ton darüber. Heute findet man das ehemalige Pflanzenmaterial bis zu 1000 m tief als *Steinkohle* oder weniger tief als *Braunkohle*.
Die Umwandlung von Holz in Kohle erfolgte im Laufe mehrerer Millionen Jahre unter hohem Druck und bei hohen Temperaturen. Dabei stieg der Kohlenstoffanteil von 55 % beim Torf auf über 70 % bei der Braunkohle und bis auf 85 % bei der Steinkohle. Anthrazit weist sogar einen Kohlenstoffanteil von 92 % auf. Steinkohle wird meist bergmännisch im Unter-Tage-Betrieb gewonnen, Braunkohle wird mit riesigen Baggern im Tagebau abgebaut.

Erdöl und Erdgas. Vor 200 Millionen Jahren bildeten sich in tropischen Meeren riesige Planktonmengen. Diese Kleinlebewesen sanken nach dem Absterben auf den Meeresgrund, wo sie unter Luftabschluss zersetzt wurden. Dadurch entstand eine Faulschlammschicht mit einem hohen Anteil an Kohlenwasserstoffen.
Durch Bewegungen der Erdkruste gelangte der mit Sand und Ton abgedeckte Faulschlamm in die Tiefe. Dort bildeten sich unter hohem Druck und bei hohen Temperaturen Erdöl und Erdgas. Sie verdrängten das Wasser aus den Poren des darüber liegenden Gesteins und stiegen auf. Unter undurchlässigen Schichten bildeten sich große Lagerstätten.

Kohle, Erdöl und Erdgas entstanden unter Luftabschluss und hohem Druck aus abgestorbenen Lebewesen. Man bezeichnet sie als fossile Energieträger.

1 Wie sind Kohle, Erdöl und Erdgas entstanden?
2 Warum steigt der Kohlenstoffanteil, wenn aus Holz Torf, Braunkohle und schließlich Steinkohle entsteht?
3 Informiere dich in einem Atlas über das weltweite Vorkommen von Erdgas und Erdöl. Stelle eine Liste der Länder und Fördermengen auf.

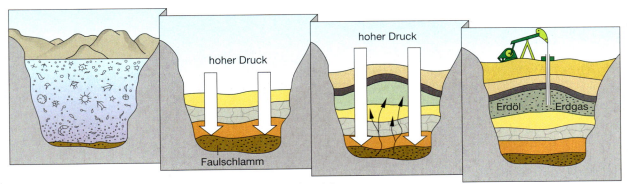

Aus 200 Millionen Jahre alten Meeresablagerungen bildete sich Erdöl.

Schätze der Erde – Nichtmetalle und ihre Verbindungen **157**

9.2 Kohle – ein Dauerbrenner

Braunkohle-Tagebau

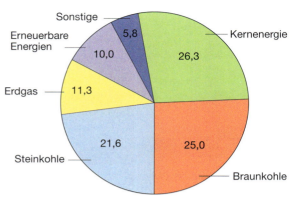
Anteile der Energieträger an der Erzeugung elektrischer Energie in Deutschland in Prozent (2005)

Kohle ist der einzige Energieträger, von dem es in Deutschland größere Lagerstätten gibt. Zur Energieerzeugung wird Kohle verbrannt. Aus Kohle können aber auch wertvolle Chemikalien gewonnen werden.

Braunkohle. Die Förderung von Braunkohle erfolgt in Tagebaugruben bis zu einer Tiefe von 500 Metern. Ein einziger Schaufelradbagger mit 220 m Länge und 96 m Höhe baut täglich bis zu 240 000 t Kohle ab. Um Transportkosten zu sparen, wird die Braunkohle zu 85 % in ortsnahen Kraftwerken zur Stromerzeugung und teilweise auch zur Fernwärmeerzeugung genutzt.

Der großflächige Tagebau führt zu starken Umweltveränderungen. So wurden und werden ganze Dörfer verlegt und Bäche umgeleitet, wenn der Boden eine reiche Ausbeute an Kohle verspricht. Durch kostspielige Rekultivierungsmaßnahmen wird die Landschaft nach dem Kohleabbau in Ackerflächen oder Erholungsgebiete umgewandelt. In der Lausitz entsteht so gegenwärtig durch Flutung ehemaliger Braunkohlegruben eine neue Seenlandschaft.

Steinkohle. Im Gegensatz zur Braunkohle wird Steinkohle unter Tage in einer Tiefe von 1000 m und mehr abgebaut. Der größte Teil wird in Kraftwerken zur Energieerzeugung eingesetzt. Daneben wird Steinkohle in Kokereien zu *Koks* umgewandelt. Bei dieser Verkokung wird zerkleinerte Steinkohle etwa 20 Stunden lang in schmalen Kammeröfen unter Luftabschluss auf bis zu 1 200 °C erhitzt. Dabei entweichen flüchtige Bestandteile, die anschließend kondensiert werden. Man erhält Steinkohlenteer, Benzol, Ammoniak und Kokereigas. Diese Stoffe werden überwiegend als Chemierohstoffe verwendet. Zurück bleibt fester Koks, der größtenteils als Reduktionsmittel zur Gewinnung von Eisen im Hochofen genutzt wird.

Einheimische Kohle wird in den letzten Jahren immer weniger abgebaut, denn Kohle aus dem Ausland ist wesentlich preiswerter.

Energieträger in Deutschland. Braunkohle und Steinkohle sind die wichtigsten Rohstoffe für die Stromerzeugung in Deutschland: Etwa die Hälfte unserer elektrischen Energie wird auf der Basis von Kohle gewonnen, gut ein Viertel stammt gegenwärtig noch aus Kernkraft. Regenerative Energien haben nur einen Anteil von etwa 10 %.

Betrachtet man den *Gesamtenergieverbrauch* in Deutschland, so ergibt sich ein anderes Bild. Da für Heizzwecke und die Produktion von Kraftstoffen fast ausschließlich Erdgas und Erdöl als Energieträger eingesetzt werden, liegt deren Anteil am Gesamtenergieverbrauch bei fast 60 %.

In Zukunft wird der Anteil des Erdöls etwas zurückgehen, der des Erdgases aber steigen, da Erdgas Kernenergie bei der Stromerzeugung ersetzen soll. Der Anteil der Kohle als Energieträger wird künftig bei knapp 25 % liegen. Der Anteil der regenerativen Energien an der deutschen Energieversorgung wird weiterhin stark von wirtschaftlichen und technischen Entwicklungen, aber auch von politischen Entscheidungen abhängen.

> Braunkohle und Steinkohle sind in Deutschland wichtige Energieträger für die Erzeugung von elektrischer Energie in Kraftwerken.

1 Welche Stoffe entstehen bei der Verkokung der Kohle?
2 Wie hoch ist gegenwärtig der Anteil der Kohle an der Erzeugung elektrischer Energie in Deutschland?

9.3 Gewinnung von Erdöl und Erdgas

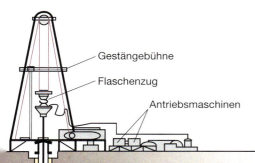

Gestängebühne
Flaschenzug
Antriebsmaschinen

Förderplattform in der Nordsee

Die Lagerstätten von Erdöl und Erdgas sind weit über die Erde verteilt. Um Öl und Gas führende Schichten in einer Tiefe von mehreren Kilometern aufzuspüren, werden seismografische Untersuchungen durchgeführt. Hierzu bohrt man Löcher von etwa 10 m Tiefe und löst dort eine Sprengung aus. Die Erschütterungswellen, die vom Explosionsherd ausgehen, pflanzen sich durch das Gestein fort und werden an Schichtgrenzen reflektiert. Sie kommen mit unterschiedlicher Verzögerung an die Oberfläche zurück. Die Auswertung der Signale liefert ein Bild vom Aufbau des Untergrunds. Fachleute lesen in diesen Bildern wie in einem Buch und sagen voraus, wo Erdöl oder Erdgas zu vermuten ist.

Erdölförderung. Zuerst werden Probebohrungen durchgeführt und Gesteinsproben aus großer Tiefe heraufgeholt. Wenn schließlich Öl aus einem dieser so genannten Bohrkerne tropft, besteht Hoffnung auf ein ergiebiges Erdöllager. Mit einem einzigen Bohrloch kann man aber kein Erdölfeld erschließen. Darum wächst bald ein ganzer Wald von Bohrtürmen. Eines Tages ist es so weit, Erdöl sprudelt an die Oberfläche. Die Bohrtürme werden abgebaut, und Pumpen, die das „flüssige Gold" Tag und Nacht heraufholen, nehmen ihren Platz ein.

Der Druck, der das Öl anfänglich wie von selbst heraufbringt, lässt mit der Zeit nach, und auch die Pumpen können schließlich kaum noch etwas nach oben befördern. Nun wird Wasser in das Gestein gepresst, um das Öl aus den Poren auszutreiben. Aber selbst mit den besten Methoden lassen sich meist nicht mehr als 30 % des tatsächlich vorhandenen Öls gewinnen.

Über Pipelines gelangt das Erdöl zu Aufbereitungsanlagen oder zu Häfen, wo es in Tankern gepumpt und über die Meere transportiert wird.

Zementmantel
Bohrgestänge
Bohrmeißel

Erdgas aus der Nordsee. In den letzten Jahrzehnten wurden riesige Erdgasfelder in der Nordsee erschlossen. Mächtige Plattformen stehen mit bis zu 300 m hohen Stelzen auf dem Meeresgrund.

Über unterseeische Pipelines strömt das Gas zu den Verarbeitungsstellen an der Küste. Hier reinigt man es zunächst von Feuchtigkeit und Staub. Außerdem wird Schwefelwasserstoff-Gas entfernt, aus dem sich bei der Verbrennung umweltschädliches Schwefeldioxid-Gas bilden würde.
Um den vermehrten Bedarf in den Wintermonaten decken zu können, wird ein großer Teil des im Sommer geförderten Erdgases gespeichert. In Norddeutschland werden die Erdgas-Vorräte unter einem Druck von bis zu 8 MPa (80 bar) in Salzstöcken gelagert, nachdem dort das Salz herausgelöst wurde.

Etwa 30 % unseres Erdgases stammt aus der Nordsee, 37 % werden aus Russland importiert.
Erdgas besteht hauptsächlich aus Methan. Es besitzt als Brennstoff Vorteile gegenüber Kohle und Erdöl: Bei der Verbrennung entstehen weniger Schadstoffe und man braucht keine kostspieligen Tanks.

> Erdöllager und Erdgaslager werden durch Bohrungen erschlossen. Erdgas ist als Brennstoff umweltverträglicher als Erdöl.

1 Informiere dich im Internet über folgende Themen:
a) Wie lange reichen die Erdöl-Reserven?
b) Welche Staaten fördern Erdgas in der Nordsee?
c) Welche Umweltprobleme können sich ergeben, wenn Erdöl aus dem Meer gefördert wird?

9.4 Kohlekraftwerke

Die Wirkung einer Dampfturbine ist umso besser, je niedriger der Druck auf der Ausströmungsseite ist. Der Wasserdampf wird deshalb nach Durchströmen der Turbine durch **Wärmetauscher** abgekühlt. Der Dampf kondensiert und fließt als Wasser zum Dampfkessel zurück und wird erneut verdampft.

Das im Wärmetauscher erwärmte **Kühlwasser** fließt in den **Kühlturm** und wird dort versprüht. Dabei steigen Nebelwolken aus dem Kühlturm auf. Ein erheblicher Teil der ursprünglich erzeugten Wärme wird auf diese Weise ungenutzt in der Umgebung verteilt. Auch mit den gereinigten Abgasen, die durch den hohen Schornstein in die Luft entweichen, geht Wärme an die Umwelt verloren.

Da Kohle auch nichtbrennbare Stoffe enthält, entsteht in der Feuerungsanlage ein fester, körniger Rückstand. Diese **Schlacke** wird auf eine Deponie gebracht oder beim Straßenbau verwendet.

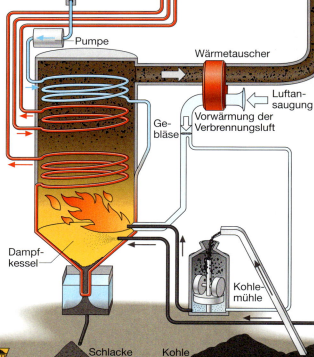

Im **Kohlekraftwerk** wird die bei der Verbrennung von Kohle frei werdende Wärme für den Antrieb von Turbinen genutzt und schließlich in *elektrische Energie* umgewandelt.

Zunächst wird fein gemahlene Kohle in den Verbrennungsofen des Kraftwerkes geblasen. Beim Verbrennen der Kohle entstehen **Rauchgase** mit einer Temperatur von bis zu 1200 °C. Sie lassen Wasser verdampfen und erhitzen den Dampf auf über 500 °C. Er steht dann unter so hohem Druck, dass er die **Turbinen** antreiben kann.
Die Drehung der Turbinen wird durch eine Welle auf einen Generator übertragen. Er erzeugt die elektrische Energie. Sie fließt zum **Transformator.** Hier wird die Spannung auf 380 000 Volt erhöht. Hochspannungsleitungen bringen die elektrische Energie in die Nähe der Wohnorte. In so genannten Umspannwerken wird dann die Spannung auf den im Haushalt üblichen Wert von 230 Volt abgesenkt.

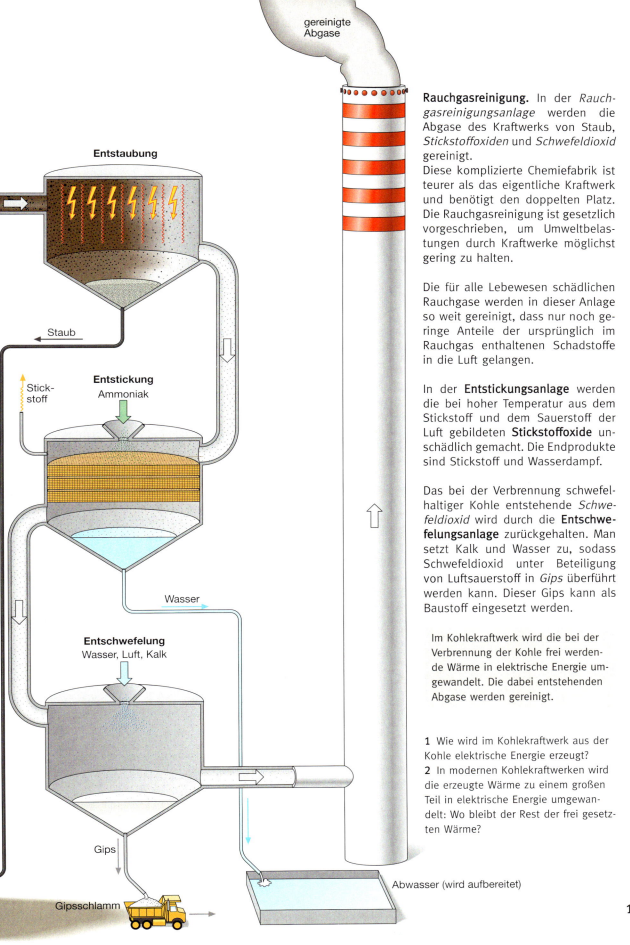

Rauchgasreinigung. In der *Rauchgasreinigungsanlage* werden die Abgase des Kraftwerks von Staub, *Stickstoffoxiden* und *Schwefeldioxid* gereinigt.
Diese komplizierte Chemiefabrik ist teurer als das eigentliche Kraftwerk und benötigt den doppelten Platz. Die Rauchgasreinigung ist gesetzlich vorgeschrieben, um Umweltbelastungen durch Kraftwerke möglichst gering zu halten.

Die für alle Lebewesen schädlichen Rauchgase werden in dieser Anlage so weit gereinigt, dass nur noch geringe Anteile der ursprünglich im Rauchgas enthaltenen Schadstoffe in die Luft gelangen.

In der **Entstickungsanlage** werden die bei hoher Temperatur aus dem Stickstoff und dem Sauerstoff der Luft gebildeten **Stickstoffoxide** unschädlich gemacht. Die Endprodukte sind Stickstoff und Wasserdampf.

Das bei der Verbrennung schwefelhaltiger Kohle entstehende *Schwefeldioxid* wird durch die **Entschwefelungsanlage** zurückgehalten. Man setzt Kalk und Wasser zu, sodass Schwefeldioxid unter Beteiligung von Luftsauerstoff in *Gips* überführt werden kann. Dieser Gips kann als Baustoff eingesetzt werden.

Im Kohlekraftwerk wird die bei der Verbrennung der Kohle frei werdende Wärme in elektrische Energie umgewandelt. Die dabei entstehenden Abgase werden gereinigt.

1 Wie wird im Kohlekraftwerk aus der Kohle elektrische Energie erzeugt?
2 In modernen Kohlekraftwerken wird die erzeugte Wärme zu einem großen Teil in elektrische Energie umgewandelt: Wo bleibt der Rest der frei gesetzten Wärme?

9.5 Kohlenstoff in drei Formen

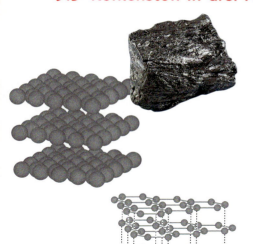

Graphit – schwarzer Kohlenstoff

Kohle, Erdöl und Erdgas sind unsere wichtigsten Energieträger. Chemisch handelt es sich dabei um Kohlenstoff-Verbindungen. In elementarem Zustand bietet Kohlenstoff eine Überraschung: Aus Kohlenstoff-Atomen können unterschiedliche Elementsubstanzen aufgebaut werden.

Graphit. Erhitzt man eine Probe des schwarz glänzenden, relativ weichen Graphits an der Luft, so verbrennt sie. Als einziges Verbrennungsprodukt entsteht Kohlenstoffdioxid (CO_2). Graphit-Kristalle bestehen demnach nur aus Kohlenstoff-Atomen.
Obwohl Atome unsichtbar klein sind, ist es den Chemikern gelungen, sich ein Bild von der Anordnung der Kohlenstoff-Atome im Graphit zu machen. Die Anordnung lässt sich in Modellen darstellen. Man erkennt, dass die Kohlenstoff-Atome im Graphit in einzelnen Schichten angeordnet sind. Innerhalb einer Schicht ist jedes Kohlenstoff-Atom über Elektronenpaarbindungen mit drei Nachbaratomen verbunden.

Diamant. Wertvoller Schmuck enthält oft Diamanten. Diese sehr harten, durchsichtigen und stark lichtbrechenden Kristalle verbrennen wie Graphit zu Kohlenstoffdioxid. Diamant ist also ebenfalls aus Kohlenstoff-Atomen aufgebaut.
In einem Modell des Diamanten erkennt man, dass die Kohlenstoff-Atome dichter angeordnet sind als im Graphit. Wegen dieser kompakten Anordnung ist die Dichte von Diamant größer als die Dichte von Graphit. Im Falle des Diamanten ist jedes Kohlenstoff-Atom von vier weiteren Kohlenstoff-Atomen umgeben und durch jeweils ein gemeinsames Elektronenpaar mit ihnen verknüpft.

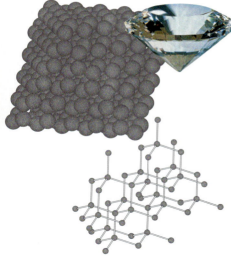

Diamant – funkelnder Kohlenstoff

Modifikationen. Da sowohl Diamant als auch Graphit nur aus Kohlenstoff-Atomen aufgebaut sind, handelt es sich um zwei verschiedene *Erscheinungsformen* oder *Modifikationen* des Elements Kohlenstoff. Die Unterschiede in den Eigenschaften von Graphit und Diamant hängen also nicht von der Art der Atome ab; sie sind vielmehr auf die unterschiedliche Anordnung der Kohlenstoff-Atome zurückzuführen.

Fullerene. Seit 1985 kennt man weitere Modifikationen des Kohlenstoffs: die Fullerene. Hierbei bilden die Kohlenstoff-Atome große hohlkugelartige Moleküle. Die Molekülformel des zuerst entdeckten Fullerens ist C_{60}. 60 Kohlenstoff-Atome bilden hier ein Molekül, das in seiner Form an einen Fußball erinnert.

> Graphit, Diamant und Fullerene sind verschiedene Modifikationen des Elements Kohlenstoff. Die unterschiedlichen Eigenschaften der Modifikationen sind auf die unterschiedliche Anordnung der C-Atome zurückzuführen.

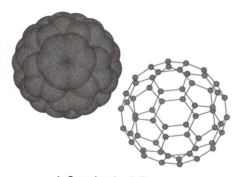

Aufbau des C_{60}-Fullerens

1 Notiere Gemeinsamkeiten und Unterschiede von Graphit und Diamant.
2 Erkläre die unterschiedliche Härte von Graphit und Diamant mit Hilfe der Gittermodelle.
3 Bleistiftminen enthalten kein Blei, sondern Graphit.
a) Erkläre diese Verwendung von Graphit an Hand des Gittermodells.
b) Forsche nach, wie der irreführende Name zu Stande gekommen ist.
4 Bei der Suche nach Anwendungen für Fullerene denkt man auch daran, sie als Transportmittel für kleinere Moleküle einzusetzen. Wie kann man sich den Transport vorstellen? Welche Probleme wären zu lösen?

Schätze der Erde – Nichtmetalle und ihre Verbindungen

Vom Bleistift zum Graphitstift

Exkurs

Schon Ende des 14. Jahrhunderts stellte man Papier her. Man schrieb damals mit einem Silbergriffel. Er bestand aus einer silberglänzenden Blei/Zinn-Legierung.

1564 wurde in England ein Mineral entdeckt, mit dem sich besonders gut schreiben ließ. Wegen seines metallischen Glanzes hielt man es für ein Bleimineral. Man zersägte die Mineralblöcke in schmale Stäbchen und leimte sie in Holzleisten ein – der erste *Bleistift* war geboren! 200 Jahre später zeigte der schwedische Chemiker SCHEELE, dass es sich bei dem Mineral nicht um eine Bleiverbindung, sondern um Graphit handelt. Der Name Bleistift war indessen so verbreitet, dass er bis heute nicht durch den Namen *Graphitstift* verdrängt wurde.

Heute mischt man zur Herstellung von Bleistiften Graphitpulver mit Ton, formt runde Minen und brennt sie bei 1200 °C. Danach werden die porösen Minen in heißes Wachs getaucht, das in die Poren der Mine dringt. Je größer der Anteil an Ton gewählt wird, desto härter schreibt der Graphitstift. Ein Anteil von nur 25 % Ton ergibt eine weiche Mine; eine harte Mine enthält bis zu 75 % Ton.

Die Härtegrade werden mit den Buchstaben H und B angegeben: H steht für *hard*, B für *black*, also für eine schwarze Mine mit hohem Anteil an Graphit. Die Abstufungen reichen von 8 B (sehr weich) bis 7 H (sehr hart); HB bezeichnet eine gängige mittelharte Mine.

Vom Graphit zum Diamant

Exkurs

Graphit und Diamant sind aus Kohlenstoff-Atomen aufgebaut. Es sollte deshalb möglich sein, aus billigem Graphit wertvolle Diamanten herzustellen.

In der Tat ist lediglich die Anordnung der Atome zu ändern. Da Diamant eine größere Dicht hat als Graphit, sind die Atome im Diamanten enger gepackt. Graphit müsste als unter hohem Druck erhitzt werden, damit die Atome die dichtere Anordnung einnehmen. Bei dem extremen Druck von 150 000 bar und einer Temperatur von etwa 2000 °C gelingt dies auch: Aus Graphit werden auf diese Weise Industrie-Diamanten gewonnen.

Wegen des großen Aufwands bei der Herstellung sind aber auch Industrie-Diamanten nicht gerade billig. Verwendet werden sie vor allem für Bohrköpfe – sowohl bei der Suche nach Erdöl als auch beim Zahnarzt. Als Schmuck-Diamanten sind die Kristalle leider zu klein.

Spitze eines Zahnarztbohrers

Der größte Diamant

Exkurs

Der größte Rohdiamant, der je gefunden wurde, wog 621,2 g (3106 Karat). König Edward der VII. von England beauftragt den Amsterdamer Schleifer ASSCHEN mit der Bearbeitung dieses Edelsteins, der unter dem Namen *Cullinan* bekannt wurde. Beim Spalten des Steins erhielt man 105 Bruchstücke. Die neun größten wurden geschliffen und in Schmuckstücke eingearbeitet: *Cullinan I* ziert das englische Königszepter, *Cullinan II* die englische Königskrone.

Diamanten entstanden in Erdtiefen bis 200 km bei einer Temperatur von etwa 1100 °C; der Druck war dabei mehr als 60 000 Mal so groß wie der normale Luftdruck. Die ältesten Diamanten sind mehr als drei Milliarden Jahre alt. Mit dem glutflüssigen Muttergestein gelangten sie erst vor 90 Millionen Jahren in die Nähe der Erdoberfläche.

Als Schmuckstein wurden Diamanten schon vor mehr als 2500 Jahren in Indien verwendet. Da sie wegen ihrer Härte nicht bearbeitet werden konnten, wurden Diamantkristalle besonders geschätzt, bei denen die natürliche Oktaederform gut ausgebildet war. Erst um 1330 entdeckte man die Möglichkeit, Diamanten zu schleifen: Man streute immer wieder etwas Diamantstaub auf die Schleifscheibe. Der Glanz des Edelsteines erhöhte sich mit einer größeren Zahl von Schliffflächen. Der heute übliche Brillantschliff mit 57 Facetten soll im 17. Jahrhundert entdeckt worden sein.

Schätze der Erde – Nichtmetalle und ihre Verbindungen

9.6 Schwefel – ein wichtiger Rohstoff der Chemie

Presslufft → ← Schwefel
← Wasser (165 °C)

Verladen von Schwefel aus der Erdgasaufbereitung

Schwefel gehört zu den häufigsten Elementen der Erdkruste. Elementaren Schwefel findet man in den Gesteinen von Vulkanen. Auch heute noch kann man beobachten, wie sich Schwefel aus den vulkanischen Gasen abscheidet.

Eigenschaften. Schwefel ist bei Raumtemperatur ein gelbes, kristallines, sprödes, geruchloses Nichtmetall. Beim Erhitzen zeigen sich einige ungewöhnliche Eigenschaften: Schwefel schmilzt bei 115 °C zu einer dünnflüssigen gelben Flüssigkeit. Die Schmelze färbt sich beim weiteren Erwärmen orange bis rotbraun und wird immer zähflüssiger, bis sie bei etwa 180 °C zäh wie Honig ist. Bei 300 °C wird sie noch dunkler aber wieder dünnflüssig. Bei 445 °C siedet Schwefel und bildet ein dunkelbraunes Gas.

Molekülbau. Das Verhalten des Schwefels beim Erhitzen lässt sich auf Änderungen im Bau der Moleküle zurückführen. Im festen Schwefel liegen ringförmige S_8-Moleküle vor. Diese Ringe öffnen sich beim Erhitzen zu Ketten mit ungepaarten Elektronen an den Enden. Diese Moleküle reagieren dann zu größeren Ringen und langen Ketten. Da die großen Moleküle nicht so leicht beweglich sind und sich ineinander verhaken, wird die Schmelze immer zähflüssiger. Bei noch höherer Temperatur zerbrechen diese Ketten und der Schwefel wird wieder dünnflüssig. Gasförmiger Schwefel enthält neben S_8-Molekülen auch kleinere Moleküle. Beim Abkühlen des Gases entsteht feinpulvriger Schwefel (Schwefelblume), der wieder aus S_8-Molekülen besteht.

Schwefelgewinnung. Schwefel kann leicht aus schwefelhaltigem Gestein ausgeschmolzen werden. Im *FRASCH-Verfahren* wird dazu Wasser unter Druck auf 165 °C erhitzt und in die unterirdischen Schwefellager geleitet. Der aus dem Gestein herausgeschmolzene Schwefel wird dann durch Pressluft nach oben gefördert.

Der größte Teil des in der Industrie benötigten Schwefels entsteht bei der Aufbereitung von Erdgas und Erdöl. Erdgas enthält meist einen gewissen Anteil an **Schwefelwasserstoff** (H_2S). Dieses giftige, nach faulen Eiern riechende Gas entsteht auch bei der *Entschwefelung* von Erdölprodukten. In so genannten *CLAUS-Öfen* reagiert es bei 500 °C mit Luft zu Schwefel und Wasser; dabei dient Aluminiumoxid als Katalysator.

Verwendung. Schwefel wird vor allem zur Herstellung von Schwefelsäure verwendet. Als Element ist er wegen seiner leichten Brennbarkeit ein Bestandteil von Feuerwerkskörpern. Außerdem wird er für die Gewinnung von Gummi aus Kautschuk benötigt.

> Schwefel ist ein gelbes, sprödes, kristallines Nichtmetall, das zur Schwefelsäure-Herstellung verwendet wird. Fester Schwefel besteht aus ringförmigen S_8-Molekülen.

1 Beschreibe und erkläre die ungewöhnlichen Veränderungen des Schwefels beim Erhitzen.
2 a) Gib die Reaktionsgleichung für die Bildung von Schwefel aus vulkanischen Gasen (H_2S, SO_2) an.
b) Gib die Reaktionsgleichung für die Gewinnung von Schwefel im CLAUS-Verfahren an.
3 Informiere dich, in welchen Ländern Schwefel gefördert wird.

flüssiger Schwefel   fester Schw

164 Schätze der Erde – Nichtmetalle und ihre Verbindungen

Schwefel – ein Element mit außergewöhnlichen Eigenschaften

Exkurs

Das Element Schwefel bildet bei normaler Temperatur einen spröden gelben Stoff. Er löst sich nicht in Wasser, wohl aber in den Lösungsmitteln Kohlenstoffdisulfid (CS$_2$) und Toluol. Schwefel schmilzt bei 115 °C und siedet bei 445 °C.

Ähnlich wie beim Kohlenstoff gibt es auch beim Schwefel verschiedene Stoffe, die nur aus Schwefel-Atomen bestehen. In den Eigenschaften gibt es aber längst nicht so große Unterschiede wie zwischen Diamant und Graphit.

α- und β-Schwefel. In der Natur tritt jedoch nur eine Form des Schwefels auf. Man bezeichnet sie als α-Schwefel oder auch als *rhombischen* Schwefel. Gut ausgebildete Kristalle ähneln kleinen Doppelpyramiden. Solche Kristalle entstehen auch, wenn man eine Lösung von Schwefel auf ein Uhrglas gießt und das Lösungsmittel verdunsten lässt.

Aus einer heißen Lösung von Schwefel in Toluol und aus einer Schwefelschmelze bilden sich dagegen nadelförmige Kristalle. Man spricht von β-Schwefel oder auch von *monoklinem* Schwefel.

In den Lösungen und auch in den beiden kristallinen Formen des Schwefels liegen kronenartige Moleküle aus jeweils acht Schwefel-Atomen vor. In den Kristallen des α-Schwefels sind diese Moleküle weniger dicht gepackt als im β-Schwefel. Monokliner Schwefel hat deshalb eine geringere Dichte (1,96 $\frac{g}{cm^3}$) als rhombischer Schwefel (2,07 $\frac{g}{cm^3}$).

Das S$_8$-Molekül. Im S$_8$-Molekül ist jedes Schwefel-Atom über Einfachbindungen mit den Nachbaratomen verknüpft. Außerdem gehören zu jedem Atom noch zwei freie Elektronenpaare. Die Oktettregel ist also erfüllt. Die Bindungswinkel stimmen fast mit dem Tetraederwinkel überein.

Die Schwefelschmelze. Erwärmt man festen Schwefel, so bildet sich bei 115 °C eine hellgelbe, dünnflüssige Schmelze. Wie der feste Schwefel besteht auch sie aus S$_8$-Molekülen.
Erhitzt man die Schmelze weiter, so färbt sie sich rotbraun und wird bei 160 °C plötzlich sehr zähflüssig. Bei dieser Temperatur bricht ein Teil der S$_8$-Ringe auf und verbindet sich zu langen Kettenmolekülen. Oberhalb von 250 °C zerbrechen die Schwefelketten in kleinere Stücke. Aus diesem Grund wird die Schmelze dann wieder dünnflüssig.

Gießt man siedenden Schwefel in kaltes Wasser, so erhält man gummiartig dehnbaren Schwefel; man nennt ihn auch *plastischen* Schwefel. Ebenso wie der zähflüssige Schwefel enthält er lange Kettenmoleküle. Bereits innerhalb eines Tages wandelt sich plastischer Schwefel in ein sprödes Produkt um. Es besteht aus vielen kleinen Kristallen des α-Schwefels.

Unterhalb von 95 °C wandelt sich auch β-Schwefel in α-Schwefel um: Die zunächst glasklaren Nadeln werden allmählich trübe. Sie sind dann aus winzigen rhombischen Kristallen zusammengesetzt.

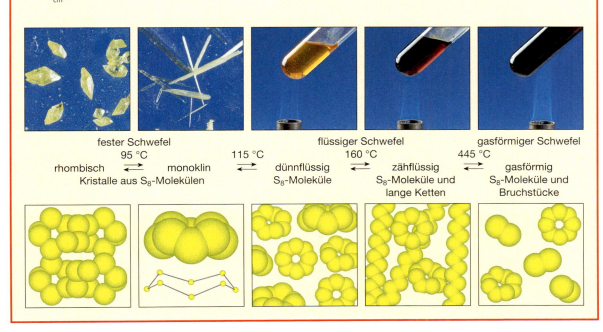

fester Schwefel		flüssiger Schwefel		gasförmiger Schwefel
95 °C	115 °C	160 °C	445 °C	
rhombisch ⇌ monoklin	⇌ dünnflüssig	⇌ zähflüssig	⇌ gasförmig	
Kristalle aus S$_8$-Molekülen	S$_8$-Moleküle	S$_8$-Moleküle und lange Ketten	S$_8$-Moleküle und Bruchstücke	

Schätze der Erde – Nichtmetalle und ihre Verbindungen

Exkurs

Oxide des Schwefels

Entzündet man Schwefel an der Luft, so entsteht ein stechend riechendes, farbloses Gas. Man nennt es **Schwefeldioxid**, da es aus SO_2-Molekülen besteht. Neben Schwefeldioxid bildet sich *Schwefeltrioxid* (SO_3), das sich als feiner weißer Nebel bemerkbar macht. Beide Schwefeloxide lösen sich gut in Wasser; die Lösungen enthalten Schweflige Säure (H_2SO_3) und Schwefelsäure (H_2SO_4).

Schwefeldioxid entsteht auch bei der Verbrennung von Kohle oder Erdölprodukten, denn diese fossilen Brennstoffe enthalten Schwefelverbindungen. Früher gelangte deshalb mit dem Abgasen von Kraftwerken viel Schwefeldioxid in die Atmosphäre. Als wichtigste Ursache für den sauren Regen trug Schwefeldioxid erheblich zur Versauerung der Böden und zur Zerstörung historischer Bausubstanz bei.

Inzwischen werden weitgehend entschwefelte Kraftstoffe eingesetzt. Die Abgase von Kohlekraftwerken werden durch Anlagen zur Rauchgasentschwefelung geleitet. Eine nützliche Rolle spielt Schwefeldioxid als Konservierungsstoff in der Lebensmittelindustrie. Vor allem Trockenfrüchte, Fruchtsäfte und Wein werden „geschwefelt". Die Kurzbezeichnung E 220 steht für Schwefeldioxid, die E-Nummern 221 bis 228 weisen auf Verbindungen hin, die leicht Schwefeldioxid abspalten.

Schäden durch sauren Regen – Sandsteinfigur aus dem Jahr 1702 aufgenommen 1908 (links) und 1969

Exkurs

Schwarzpulver

Wer das Pulver erfunden hat, wird wohl auf ewig umstritten bleiben. Dass der Freiburger Mönch Berthold SCHWARZ um 1300 bei alchemistischen Versuchen in einem Mörser als Erster das gefährliche Pulver zufällig zur Explosion brachte, wird heute allgemein bezweifelt.

Schon zu Beginn unserer Zeitrechnung kannten die Chinesen Schwarzpulver. Sie setzten es zunächst vor allem für Feuerwerkskörper ein. Auch in Europa findet man bereits im 13. Jahrhundert in der Literatur Hinweise auf Brandsätze, die Kohlepulver, Pech, Schwefel und Petroleum enthielten. Auch Salpeter wird als Bestandteil von explosiven Mischungen erwähnt.
Möglicherweise gelangte die Rezeptur für Schwarzpulver aber auch aus China über Indien nach Europa.

Schwarzpulver ist ein Gemisch aus etwa 75 % Kaliumnitrat, 10 % Schwefel und 15 % Kohlenstoff. Bis in das 19. Jahrhundert hatte Schwarzpulver große Bedeutung als Treibmittel für Geschosse aus Kanonen und Gewehren, ehe es durch rauchloses Schießpulver ersetzt wurde.

Schwarzpulver reagiert sehr heftig, wenn man es zündet. In einer stark exothermen Reaktion oxidiert Kaliumnitrat Kohlenstoff und Schwefel. Dabei bilden sich neben festen Salzen gasförmige Stoffe wie Stickstoff und Kohlenstoffdioxid. Die heißen Gase nehmen etwa das 3000-fache Volumen des festen Pulvers ein. In einer verschlossenen Papphülse wird der Druck dadurch so groß, dass sie mit einem lauten Knall zerplatzt.

Da die Explosionskraft von Schwarzpulver im Vergleich zu modernen Sprengstoffen relativ gering ist, wird es heute fast nur noch in Feuerwerkskörpern eingesetzt.

Saurer Regen

Exkurs

Kohle, Benzin und Heizöl enthalten immer auch etwas Schwefel. Werden diese Energieträger in Kraftwerken, in Heizungsanlagen oder Automotoren verbrannt, entsteht als Nebenprodukt *Schwefeldioxid*. Über das Abgas gelangt Schwefeldioxid in die Luft. Mit dem Wasser und dem Sauerstoff aus der feuchten Luft wird aus Schwefeldioxid schließlich *Schwefelsäure*; Regen kann deshalb relativ stark sauer sein. Neben Schwefelsäure spielt auch Salpetersäure eine wesentliche Rolle beim sauren Regen: Bei hohen Verbrennungstemperaturen wird ein kleiner Teil des Stickstoffs aus der Luft mit Sauerstoff umgesetzt. Die dadurch gebildeten *Stickstoffoxide* werden wiederum an feuchter Luft in *Salpetersäure* überführt.

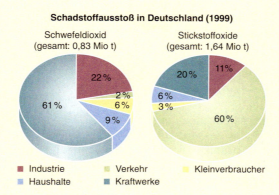

Schadstoffausstoß in Deutschland (1999)

Auf welche Weise der saure Regen die Bäume schädigt, ist noch nicht genau erforscht. Man nimmt an, dass er eine Veränderung im Boden bewirkt. Diese Veränderung bewirkt zum einen eine Schädigung der Pflanzenwurzeln, sie führt aber auch dazu, dass wichtige Mineralien aus dem Boden ausgewaschen werden und der Baum sie nicht so mehr aufnehmen kann.

Waldschäden. Vor etwa 30 Jahren kam es in einigen Bergregionen zu schweren Waldschäden. Ganze Wälder starben ab. Als Hauptursache gilt der saure Regen; wahrscheinlich spielte aber auch der erhöhte Ozongehalt der Luft eine Rolle bei diesem Waldsterben. Der Zustand des Waldes wird seit dieser Zeit genau beobachtet. Jedes Jahr erscheint ein *Waldzustandsbericht*.

Zerstörung von Bauwerken. Nicht nur Bäume werden geschädigt, auch Hausfassaden, Betonbrücken und Kunstdenkmäler werden durch sauren Regen angegriffen und zersetzt. Besonders davon betroffen sind viele alte Baudenkmäler. Die Schäden durch den sauren Regen verursachen Kosten in Höhe von mehreren Milliarden Euro pro Jahr.

Maßnahmen gegen sauren Regen. Die Belastung der Umwelt durch Stickstoffoxide wird hauptsächlich durch den Kraftfahrzeugverkehr verursacht, Schwefeldioxid stammt vor allem aus Kraftwerken. Durch den Einbau von Katalysatoren in Kraftfahrzeugen und durch den Einbau von Entschwefelungsanlagen in Kraftwerken konnte bei uns die Bildung des sauren Regens in den letzten Jahren stark verringert werden.

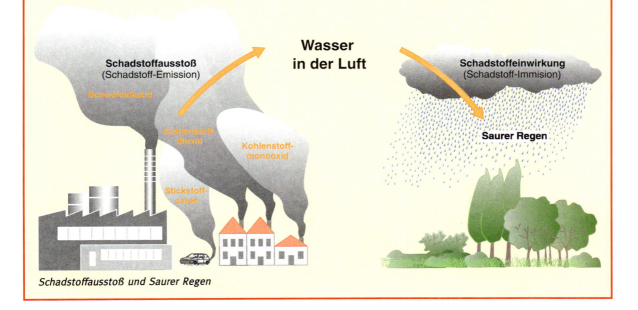

Schadstoffausstoß und Saurer Regen

Schätze der Erde – Nichtmetalle und ihre Verbindungen **167**

9.8 Silicium – das Element der Elektronik

Silicium ist nach Sauerstoff das häufigste Element der Erdkruste, da es als Silicat oder als Quarz in den meisten Gesteinen enthalten ist. Elementares Silicium hat heute große wirtschaftliche Bedeutung, denn man benötigt es für die Herstellung von elektronischen Geräten. Zur Produktion von Mikrochips und Solarzellen ist Silicium von höchster Reinheit erforderlich.

Reduktion. Ausgangsstoff für die Produktion von Silicium ist Quarzsand (SiO_2). Zunächst wird der Quarzsand mit Kohlenstoff in Reaktionsöfen zu *elementarem Silicium* reduziert. Für diese stark endotherme Reaktion ist eine Temperatur von 2100 °C erforderlich.

SiO_2 (s) + 2 C (s) $\longrightarrow$ Si (s) + 2 CO (g); endotherm

Das Rohsilicium lässt sich nicht in der Elektronik-Industrie verwenden, da es noch rund 2 % Verunreinigungen wie Eisen, Aluminium, Calcium und Magnesium enthält.

Reinigung. Im zweiten Produktionsschritt bläst man das fein gemahlene Rohsilicium in einen Reaktionsofen. Es reagiert dort bei 600 °C mit Chlorwasserstoff zu *Trichlorsilan* ($SiHCl_3$):

Si (s) + 3 HCl (g) $\longrightarrow$ $SiHCl_3$ (g) + H_2 (g); exotherm

Trichlorsilan hat eine Siedetemperatur von nur 31 °C und kann deshalb in Destillationsanlagen leicht von allen Verunreinigungen getrennt werden.

Das hochreine Trichlorsilan wird anschließend wieder zerlegt. Dazu mischt man dem gasförmigen Trichlorsilan Wasserstoff zu. Das Gasgemisch strömt an 1100 °C heißen Silicium-Stäben vorbei. Dabei bilden sich *reinstes Silicium* und Chlorwasserstoff. Diese Reaktion ist also die Umkehrung der Bildung von Trichlorsilan. Das Silicium setzt sich auf den Stäben ab, die dadurch immer dicker werden.
Das Silicium erreicht so eine Reinheit von 99,9999999 %: Auf eine Milliarde Silicium-Atome kommt gerade noch 1 Fremdatom!

Herstellung von Einkristallen. Das abgeschiedene Reinstsilicium besteht aus vielen kleinen Kristallen. Für die Chip-Produktion benötigt man aber große Silicium-Kristalle.
Damit sich solche *Einkristalle* bilden, wird das Silicium bei 1440 °C geschmolzen. Dann taucht man einen kleinen Impfkristall ein, der an einem Stab befestigt ist. Der Impfkristall wird unter ständigem Drehen langsam aus der Silicium-Schmelze herausgezogen. An ihm erstarrt weiteres Silicium zu einem Kristall von bis zu 20 cm Durchmesser und 70 kg Gewicht.

Aus den stabförmigen Kristallen lassen sich rund 1000 Scheiben von 1 Millimeter Dicke schneiden, die so genannten *Wafer*. Ein Wafer reicht für bis zu 100 Chips. Auch Solarzellen lassen sich auf diese Weise gewinnen.

Aus Quarz wird durch Reduktion mittels Kohlenstoff und anschließende mehrmalige Reinigung Reinstsilicium hergestellt. Daraus werden Chips für die Elektronik-Industrie produziert.

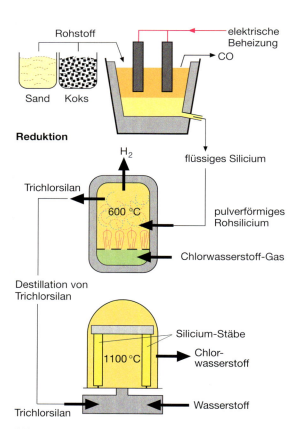

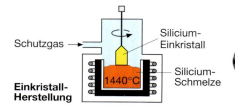

1 Unterscheide zwischen Rohsilicium und Reinstsilicium.

168 Schätze der Erde – Nichtmetalle und ihre Verbindungen

Glas – ein technisches Silicat

Exkurs

Mehrere günstige Eigenschaften machen Glas zu einem verbreiteten Werkstoff: Glas ist durchsichtig, sehr hart, druckfest und chemisch sehr beständig. Da geschmolzenes Glas zähflüssig ist, lässt es sich in beliebige Formen bringen. Seine Eigenschaften können durch Zusatzstoffe gezielt verändert werden.

Quarzglas. Das chemisch einfachste Glas ist Quarzglas. Es ist ein teures Spezialglas, das erst bei 1700 °C weich wird. Quarzglas zerspringt selbst dann nicht, wenn man es rot glühend in Wasser taucht. Um dieses Glas herzustellen, wird *Quarz* (SiO_2) geschmolzen und dann wieder abgekühlt.
Quarz besteht aus miteinander verknüpften SiO_4-Tetraedern. Beim Schmelzen brechen Si–O-Bindungen auf und beim Abkühlen werden wieder neue Bindungen geknüpft. Die SiO_4-Tetraeder sind dann aber nicht mehr so regelmäßig verknüpft wie in einem Kristallgitter. Die Struktur entspricht eher der Anordnung in der Schmelze. Man bezeichnet diese Struktur als *amorph*. Glas hat deshalb keine feste Schmelztemperatur, sondern erweicht über einen größeren Temperaturbereich.

Kalknatronglas. Fensterglas und Gebrauchsgläser bestehen aus Kalknatronglas. Es beginnt bereits bei 700 °C zu fließen. *Quarzsand* (SiO_2), *Soda* (Na_2CO_3) und gemahlener *Kalkstein* ($CaCO_3$) werden gemischt und langsam auf etwa 1300 °C erhitzt. Dabei entweicht Kohlenstoffdioxid und es bildet sich eine Schmelze.
Anders als im Quarzglas können in Kalknatrongläsern nicht alle Silicium-Atome über Sauerstoff-Atome miteinander verbunden werden. Zahlreiche SiO_4-Tetraeder weisen an einer Ecke ein Sauerstoff-Atom mit einer negativen Ladung auf. Ausgeglichen werden die negativen Ladungen durch eingelagerte Natrium-Ionen und Calcium-Ionen.

Die weitere Verarbeitung der zähflüssigen Schmelze erfolgt bei 900 °C. Um Hohlkörper wie Flaschen herzustellen, bläst man einen dicken Glastropfen in einer Form auf. Für einfache Gebrauchsgegenstände wie Gläser und Schüsseln wird die Glasschmelze in die gewünschte Form gepresst. Fensterglas wird als breite Glasbahn aus der Schmelze gezogen. Bei der Herstellung dieser Gläser wird bis zu 70 % Altglas eingesetzt. Dadurch wird die Schmelztemperatur herabgesetzt und Rohstoffvorräte werden geschont.

Auch in der Natur kommen Mineralien vor, in denen die SiO_4-Tetraeder nicht vollständig miteinander verknüpft sind und die deshalb noch Alkali-Ionen und Erdalkali-Ionen zum Ladungsausgleich enthalten. Diese **Silicate** sind kristalline Stoffe. Sie bestehen aus *regelmäßig* in Schichten oder in Ketten verknüpften SiO_4-Tetraedern und unterscheiden sich in Struktur und Eigenschaften von Gläsern.

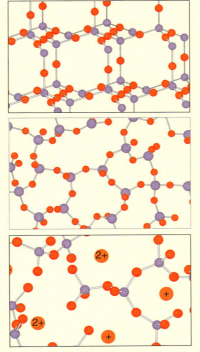

SiO_4-Tetraeder in a) Quarz, b) Quarzglas, c) Kalknatronglas

1 Was ist Quarzglas? Welche besonderen Eigenschaften besitzt dieses Glas?
2 Aus welchen Rohstoffen wird Gebrauchsglas hergestellt?
3 Vergleiche den Aufbau von Kalknatronglas und Quarzglas.
4 Warum ist es sinnvoll Altglas zu sammeln?
5 Welche Vorteile und welche Nachteile hat Glas als Verpackungsmaterial?

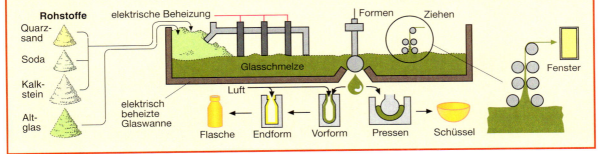

Schätze der Erde – Nichtmetalle und ihre Verbindungen

9.9 Autos fahren mit Wasserstoff

Benzin und Dieselkraftstoff werden aus Erdöl gewonnen. Die Vorräte dieses fossilen Energieträgers sind aber begrenzt. Außerdem entstehen beim Verbrennen von Benzin und Diesel Luftschadstoffe, welche die Umwelt gefährden. Gefragt sind alternative, umweltfreundliche Energieträger. So sollen in wenigen Jahren Autos auf den Markt kommen, die mit *Wasserstoff* angetrieben werden. Schon heute testen die Autohersteller Prototypen unter Alltagsbedingungen auf den Straßen. Das Besondere an diesen Kraftfahrzeugen ist, dass sie praktisch keine Schadstoffe erzeugen, denn sie setzen Wasserstoff mit Luftsauerstoff zu Wasser um und gewinnen dabei elektrische Energie für den Antrieb:

$$2\ H_2\ (g) + O_2\ (g) \longrightarrow 2\ H_2O\ (g);$$
elektrische Energie wird frei

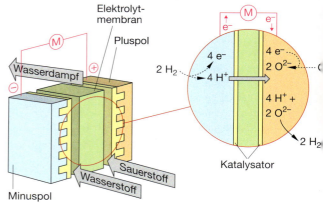

Aufbau einer Brennstoffzelle

Die Reaktion verläuft in einer **Brennstoffzelle**. Eine Brennstoffzelle kehrt damit die Elektrolyse des Wassers um: An einer Elektrode, die mit einem Katalysator beschichtet ist, werden Wasserstoff-Moleküle zunächst in Wasserstoff-Atome gespalten, die dann ihr Elektron abgeben. Die so gebildeten Wasserstoff-Ionen (H^+) durchdringen eine Membran, die als Elektrolyt dient. Sie gelangen an eine zweite Elektrode, die ebenfalls mit einem Katalysator beschichtet ist, aber von Luft umspült wird. Sauerstoff-Moleküle nehmen dort Elektronen auf und werden zu Oxid-Ionen (O^{2-}). Zusammen mit den Wasserstoff-Ionen bilden sie das Endprodukt Wasserdampf.

Woher kommt der Wasserstoff? In der Industrie erprobt man verschiedene Verfahren, um den für die Brennstoffzelle benötigten Wasserstoff im Auto bereit zu stellen. Die ersten Versuchsfahrzeuge führten *Wasserstoff in Druckgasflaschen* mit. Das ist mit erheblichen Nachteilen verbunden: Ein großer Teil des Laderaums wird blockiert und wegen des hohen Gewichts der Stahlbehälter steigt der Kraftstoffverbrauch.

Seit einigen Jahren arbeitet man an der Entwicklung so genannter *Reformer*. Das sind praktisch kleine chemische Fabriken, die Wasserstoff direkt im Fahrzeug produzieren. Als Ausgangsstoff wird vor allem das preisgünstige **Methanol** (CH_3OH) verwendet:

$$CH_3OH\ (l) \xrightarrow{250\ °C,\ Katalysator} 2\ H_2\ (g) + CO\ (g)$$

Das gleichzeitig gebildete Kohlenstoffmonooxid stört in der Brennstoffzelle. Es wird daher mit Hilfe einer Membran vom Wasserstoff abgetrennt und katalytisch mit Wasserdampf zu Kohlenstoffdioxid oxidiert. Dabei bildet sich weiterer Wasserstoff.

Statt von Methanol kann man auch von bestimmten *Kohlenwasserstoff-Gemischen* ausgehen, um Wasserstoff frei zu setzen. Die bisher bekannten Katalysatoren arbeiten allerdings erst bei 800 °C:

$$C_6H_{14}\ (l) + 3\ O_2\ (g) \xrightarrow{800\ °C,\ Katalysator} 6\ CO\ (g) + 7\ H_2\ (g)$$

Auch bei diesem Verfahren muss das Kohlenstoffmonooxid entfernt werden.

Unabhängig von der Entscheidung über die Wasserstoffquelle könnten Fahrer eines Wasserstoff-Autos weiterhin eine Tankstelle ansteuern: Entweder tankt man Methanol oder ein geeignetes Spezialbenzin. Das bestehende Tankstellennetz könnte so noch für Jahrzehnte als Kraftstoffverteiler dienen.

> Wasserstoff gilt als Kraftstoff für die Fahrzeuge der Zukunft. Er liefert in Brennstoffzellen elektrischen Strom. Konverter setzen aus Methanol oder Kohlenwasserstoffen Wasserstoff frei.

1 Erläutere die Funktionsweise einer Brennstoffzelle.
2 Warum ist Wasserstoff der ideale Kraftstoff für Pkws, Busse und Lastwagen?
3 Durch welche Verfahren kann Wasserstoff aus Methanol oder Kohlenwasserstoffen gewonnen werden?
4 Warum hat die Raumfahrt besonders zur Entwicklung von Brennstoffzellen beigetragen?
5 Es gibt schon Autos, die mit Wasserstoff fahren. Erkundige dich im Internet bei Fahrzeugherstellern nach dieser Technologie. Welche Kraftstoffe werden verwendet?

170 Schätze der Erde – Nichtmetalle und ihre Verbindungen

Prüfe dein Wissen

Quiz

A1 a) Erkläre die Begriffe des Fensters.
b) Notiere auf der Vorderseite von Karteikarten den Begriff, auf der Rückseite die Erklärung.

A2 a) Wie sind Kohle, Erdöl und Erdgas entstanden?
b) Worin unterscheiden sich Braunkohle und Steinkohle?

A3 Unterscheide zwischen Graphit, Diamant und Fulleren.

A4 Nenne die wichtigsten Eigenschaften des elementaren Schwefels.

A5 Nenne Namen und Formeln der Oxide des Schwefels.

A6 Erläutere, wie aus Quarz Reinstsilicium hergestellt wird.

Know-how

A7 In den Medien wird häufig von Energieerzeugern und Energieverbrauchern gesprochen. Warum sind diese Begriffe im Grunde nicht richtig?

A8 Beim Erwärmen von Schwefel ändert dieser wiederholt seine Farbe. Begründe, warum trotzdem keine chemische Reaktion abläuft.

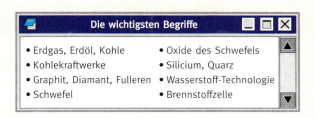

Die wichtigsten Begriffe
- Erdgas, Erdöl, Kohle
- Kohlekraftwerke
- Graphit, Diamant, Fulleren
- Schwefel
- Oxide des Schwefels
- Silicium, Quarz
- Wasserstoff-Technologie
- Brennstoffzelle

Natur – Mensch – Technik

A9 Wie haben die Urmenschen Feuer entzündet? Vergleiche den Vorgang mit dem Entzünden eines Streichholzes.

A10 Wie erkundet man Lagerstätten von Erdöl und Erdgas?

A11 Beim Löschen von brennenden Erdölbohrlöchern setzt man Sprengstoff ein. Die bei der Sprengung erzeugte Druckwelle löscht den Brand. Wie ist der Vorgang zu erklären?

A12 Auf den Straßen und auf Teststrecken der Autofirmen fahren Pkws, die mit Brennstoffzellen ausgerüstet sind.
a) Welche Aufgabe erfüllen Brennstoffzellen?
b) Wie funktioniert eine Brennstoffzelle?
c) Beschreibe verschiedene Möglichkeiten, den Wasserstoff für die Brennstoffzelle im Auto bereit zu stellen.
d) Warum sind diese Pkws als besonders umweltfreundlich anzusehen?

Basiswissen

1. Erdgas, Erdöl und Kohle

Erdgas, Erdöl und Kohle sind fossile Energieträger. Sie entstanden durch Umwandlungsprozesse aus organischem Material.
Hauptbestandteil von Erdgas ist Methan (CH_4). Erdöl besteht überwiegend aus flüssigen und festen Kohlenwasserstoffen. Kohle enthält bis zu 85 % Kohlenstoff.
Bei der Nutzung dieser fossilen Brennstoffe werden große Mengen an Kohlenstoffdioxid gebildet. Dadurch wird der *Treibhauseffekt* der Atmosphäre verstärkt.
Die Vorräte an Erdgas, Erdöl und Kohle sind begrenzt. Deshalb werden zunehmend *alternative Energieträger* genutzt.

2. Kohlenstoff

Graphit, Diamant und Fulleren sind verschiedene *Modifikationen des Kohlenstoffs*. Die unterschiedlichen Eigenschaften von Graphit, Diamant und Fullerenen sind auf die unterschiedliche Anordnung der Kohlenstoff-Atome zurückzuführen.

3. Schwefel

Schwefel ist ein gelbes, sprödes, kristallines Nichtmetall. Er wird für die Gummiproduktion sowie zur Herstellung von Schwefelsäure verwendet. Bei der Reaktion mit Sauerstoff entstehen Schwefeldioxid (SO_2) und Schwefeltrioxid (SO_3).

4. Silicium

Silicium, das nach Sauerstoff häufigste Element der Erdkruste, ist in Form von Quarz (SiO_2) und Silicat am Aufbau der meisten Gesteine beteiligt. Quarz ist der Ausgangsstoff für die Herstellung von Reinstsilicium für die Elektronik-Industrie.

5. Wasserstoff-Technologie

Wasserstoff reagiert in *Brennstoffzellen* mit Sauerstoff zu Wasser. Die Reaktionsenergie wird als elektrische Energie frei. In Kraftfahrzeugen wird der hierfür benötigte Wasserstoff aus Methanol oder Kohlenwasserstoffen gewonnen.

Schätze der Erde – Nichtmetalle und ihre Verbindungen

Gefahrenhinweise und Sicherheitsratschläge für gefährliche Stoffe

Gefahrenhinweise (R-Sätze)

Diese Hinweise geben in einer ausführlicheren Weise als die Gefahrensymbole Auskunft über die Art der Gefahr.

R 1 In trockenem Zustand explosionsgefährlich
R 2 Durch Schlag, Reibung, Feuer oder andere Zündquellen explosionsgefährlich
R 3 Durch Schlag, Reibung, Feuer oder andere Zündquellen besonders explosionsgefährlich
R 4 Bildet hochempfindliche explosionsgefährliche Metallverbindungen
R 5 Beim Erwärmen explosionsfähig
R 6 Mit und ohne Luft explosionsfähig
R 7 Kann Brand verursachen
R 8 Feuergefahr bei Berührung mit brennbaren Stoffen
R 9 Explosionsgefahr bei Mischung mit brennbaren Stoffen
R 10 Entzündlich
R 11 Leichtentzündlich
R 12 Hochentzündlich
R 14 Reagiert heftig mit Wasser
R 15 Reagiert mit Wasser unter Bildung hoch entzündlicher Gase
R 16 Explosionsgefährlich in Mischung mit brandfördernden Stoffen
R 17 Selbstentzündlich an der Luft
R 18 Bei Gebrauch Bildung explosionsfähiger / leicht entzündlicher Dampf-Luftgemische möglich
R 19 Kann explosionsfähige Peroxide bilden
R 20 Gesundheitsschädlich beim Einatmen
R 21 Gesundheitsschädlich bei Berührung mit der Haut
R 22 Gesundheitsschädlich beim Verschlucken
R 23 Giftig beim Einatmen
R 24 Giftig bei Berührung mit der Haut
R 25 Giftig beim Verschlucken
R 26 Sehr giftig beim Einatmen
R 27 Sehr giftig bei Berührung mit der Haut
R 28 Sehr giftig beim Verschlucken
R 29 Entwickelt bei Berührung mit Wasser giftige Gase
R 30 Kann bei Gebrauch leicht entzündlich werden
R 31 Entwickelt bei Berührung mit Säure giftige Gase
R 32 Entwickelt bei Berührung mit Säure sehr giftige Gase
R 33 Gefahr kumulativer Wirkung

R 34 Verursacht Verätzungen
R 35 Verursacht schwere Verätzungen
R 36 Reizt die Augen
R 37 Reizt die Atmungsorgane
R 38 Reizt die Haut
R 39 Ernste Gefahr irreversiblen Schadens
R 40 Irreversibler Schaden möglich
R 41 Gefahr ernster Augenschäden
R 42 Sensibilisierung durch Einatmen möglich
R 43 Sensibilisierung durch Hautkontakt möglich
R 44 Explosionsgefahr bei Erhitzen unter Einschluss
R 45 Kann Krebs erzeugen
R 46 Kann vererbbare Schäden verursachen
R 48 Gefahr ernster Gesundheitsschäden bei längerer Exposition
R 49 Kann Krebs erzeugen beim Einatmen
R 50 Sehr giftig für Wasserorganismen
R 51 Giftig für Wasserorganismen
R 52 Schädlich für Wasserorganismen
R 53 Kann in Gewässern längerfristig schädliche Wirkungen haben
R 54 Giftig für Pflanzen
R 55 Giftig für Tiere
R 56 Giftig für Bodenorganismen
R 57 Giftig für Bienen
R 58 Kann längerfristig schädliche Wirkungen auf die Umwelt haben
R 59 Gefährlich für die Ozonschicht
R 60 Kann die Fortpflanzungsfähigkeit beeinträchtigen
R 61 Kann das Kind im Mutterleib schädigen
R 62 Kann möglicherweise die Fortpflanzungsfähigkeit beeinträchtigen
R 63 Kann das Kind im Mutterleib möglicherweise schädigen
R 64 Kann Säuglinge über die Muttermilch schädigen
R 65 Gesundheitsschädlich: Kann beim Verschlucken Lungenschäden verursachen
R 66 Wiederholter Kontakt kann zu spröder oder rissiger Haut führen
R 67 Dämpfe können Schläfrigkeit oder Benommenheit verursachen

Sicherheitsratschläge (S-Sätze)

Hier werden Empfehlungen gegeben, wie Gesundheitsgefahren beim Umgang mit gefährlichen Stoffen abgewehrt werden können.

S 1 Unter Verschluss aufbewahren

S 2 Darf nicht in die Hände von Kindern gelangen

S 3 Kühl aufbewahren

S 4 Von Wohnplätzen fernhalten

S 5 Unter ... aufbewahren (geeignete Flüssigkeit vom Hersteller anzugeben)

S 6 Unter ... aufbewahren (inertes Gas vom Hersteller anzugeben)

S 7 Behälter dicht geschlossen halten

S 8 Behälter trocken halten

S 9 Behälter an einem gut gelüfteten Ort aufbewahren

S 12 Behälter nicht gasdicht verschließen

S 13 Von Nahrungsmitteln, Getränken und Futtermitteln fernhalten

S 14 Von ... fernhalten (inkompatible Substanzen sind vom Hersteller anzugeben)

S 15 Vor Hitze schützen

S 16 Von Zündquellen fernhalten – Nicht rauchen

S 17 Von brennbaren Stoffen fernhalten

S 18 Behälter mit Vorsicht öffnen und handhaben

S 20 Bei der Arbeit nicht essen und trinken

S 21 Bei der Arbeit nicht rauchen

S 22 Staub nicht einatmen

S 23 Gas/Rauch/Dampf/Aerosol nicht einatmen (geeignete Bezeichnung(en) vom Hersteller anzugeben)

S 24 Berührung mit der Haut vermeiden

S 25 Berührung mit den Augen vermeiden

S 26 Bei Berührung mit den Augen sofort gründlich mit Wasser abspülen und Arzt konsultieren

S 27 Beschmutzte, getränkte Kleidung sofort ausziehen

S 28 Bei Berührung mit der Haut sofort abwaschen mit viel ... (vom Hersteller anzugeben)

S 29 Nicht in die Kanalisation gelangen lassen

S 30 Niemals Wasser hinzugießen

S 33 Maßnahmen gegen elektrostatische Aufladung treffen

S 35 Abfälle und Behälter müssen in gesicherter Weise beseitigt werden

S 36 Bei der Arbeit geeignete Schutzkleidung tragen

S 37 Geeignete Schutzhandschuhe tragen

S 38 Bei unzureichender Belüftung Atemschutzgerät anlegen

S 39 Schutzbrille/Gesichtsschutz tragen

S 40 Fußboden und verunreinigte Gegenstände mit ... reinigen (Material vom Hersteller anzugeben)

S 41 Explosions- und Brandgase nicht einatmen

S 42 Bei Räuchern/Versprühen geeignetes Atemschutzgerät anlegen (geeignete Bezeichnung(en) vom Hersteller anzugeben)

S 43 Zum Löschen ... (vom Hersteller anzugeben) verwenden (wenn Wasser die Gefahr erhöht, anfügen: „Kein Wasser verwenden")

S 45 Bei Unfall oder Unwohlsein sofort Arzt hinzuziehen (wenn möglich dieses Etikett vorzeigen)

S 46 Bei Verschlucken sofort ärztlichen Rat einholen und Verpackung oder Etikett vorzeigen

S 47 Nicht bei Temperaturen über ... °C aufbewahren (vom Hersteller anzugeben)

S 48 Feucht halten mit ... (geeignetes Mittel vom Hersteller anzugeben)

S 49 Nur im Originalbehälter aufbewahren

S 50 Nicht mischen mit ... (vom Hersteller anzugeben)

S 51 Nur in gut gelüfteten Bereichen verwenden

S 52 Nicht großflächig für Wohn- und Aufenthaltsräume verwenden

S 53 Exposition vermeiden – vor Gebrauch besondere Anweisungen einholen

S 56 Diesen Stoff und seinen Behälter der Problemfallentsorgung zuführen

S 57 Zur Vermeidung einer Kontamination der Umwelt geeigneten Behälter verwenden

S 59 Information zur Wiederverwendung beim Hersteller/Lieferanten erfragen

S 60 Dieser Stoff und sein Behälter sind als gefährlicher Abfall zu entsorgen

S 61 Freisetzung in die Umwelt vermeiden. Besondere Anweisungen einholen / Sicherheitsdatenblatt zu Rate ziehen

S 62 Bei Verschlucken kein Erbrechen herbeiführen. Sofort ärztlichen Rat einholen und Verpackung oder dieses Etikett vorzeigen

S 63 Bei Unfall durch Einatmen: Verunfallten an die frische Luft bringen und ruhig stellen

S 64 Bei Verschlucken Mund mit Wasser ausspülen (nur wenn Verunfallter bei Bewusstsein ist)

Stoffliste

Stoff	Gefahrensymbole, Sicherheits-symbole, Entsorgungssymbole	Ratschläge R/S-Sätze
Aluminiumpulver		R: 15–17 S: 7/8–43
Ammoniak-Lösung $w \geq 25\,\%$		R: 34–50 S: 26–36/37/39–45–61
Ammoniak-Lösung $10\,\% \leq w < 25\,\%$		R: 34 S: 26
Ammoniak-Lösung $5\,\% \leq w < 10\,\%$		R: 36/37/38 S: 26
Bariumchlorid		R: 20–25 S: 45
Brennspiritus (96 % Ethanol)		R: 11 S: 7–16
Calciumchlorid		R: 36 S: 22–24
Eisenpulver, -wolle (Stahlwolle)		R: S:
Essigsäure $w \geq 25\,\%$		R: 35 S: 23–26–45
Essigsäure $10\,\% \leq w < 25\,\%$		R: 36/38 S: 23–26–45
Ethanol		R: 11 S: 7–16
Erdgas		R: 12 S: 9–16–33
Heptan		R: 11–38–50/53–65–67 S: 9–16–29–33–60–61–62
Iod		R: 20/21–50 S: 23–25–61
Kaliumiodid		R: S:
Kaliumnitrat		R: 8 S: 16–41
Kaliumpermanganat		R: 8–22–50/53 S: 60–61
Kalkwasser		R: S:
Kupferoxid		R: S:
Kupfersulfat		R: 22–36/38–50/53 S: 22–60–61
Kupferblech, -pulver		R: S:
Lithiumchlorid		R: 22–36/38 S:
Magnesium		R: 11–15–17 S: 7/8–43 X

Stoff	Gefahrensymbole, Sicherheits-symbole, Entsorgungssymbole	Ratschläge R/S-Sätze
Mangandioxid (Braunstein)		R: 20/22 S: 25
Natriumcarbonat (Soda)		R: 36 S: 22–26
Natriumchlorid		R: S:
Natriumhydrogen-carbonat (Natron)		R: S:
Natriumhydrogen-sulfat		R: S:
Natriumhydrogen-sulfit-Lösung ($w = 39\,\%$)		R: 22–31 S: 25–46
Natriumhydroxid		R: 35 S: 26–37/39–45
Paraffin		R: S:
Phenolphthalein-Lösung (alkohol.)		R: 11 S: 7–16
Salpetersäure $w \geq 70\,\%$		R: 8–35 S: 23–26–36–45
Salpetersäure $5\,\% \leq w < 70\,\%$		R: 35 S: 23–26–27
Salpetersäure $1\,\% \leq w < 5\,\%$		R: 36/37/38 S:
Salzsäure $w \geq 25\,\%$		R: 34–37 S: 26–45
Salzsäure $10\,\% \leq w < 25\,\%$		R: 36/37/38 S: 28
Schwefel		R: S:
Seifenlösung (alkohol.)		R: S:
Silbernitrat-Lösung ($w = 1\,\%$)		R: S:
Stearinsäure		R: S:
Strontiumchlorid		R: S:
Wasserstoffperoxid ($w = 3\,\%$)		R: S:
Zinkpulver		R: 15–17 S: 7/8–43
Zinn		R: S:
Zitronensäure		R: S:

X: spezielle Entsorgungsreaktion

Die chemischen Elemente

Name	Symbol	OZ	Atommasse in u	Dichte[1] in $\frac{g}{cm^3}$ (Gase: $\frac{g}{l}$)	Schmelztemperatur in °C	Siedetemperatur in °C
Actinium	Ac	89	(227)	10,1	1050	–
Aluminium	Al	13	26,9815	2,70	660	≈ 2300
Americium	Am	95	(243)	11,7	827	2610
Antimon (Stibium)	Sb	51	121,75	6,68	630	1640
Argon	Ar	18	39,948	*1,784*	–189	–186
Arsen	As	33	74,9216	5,73	817p	633s
Barium	Ba	56	137,34	3,7	717	1640
Beryllium	Be	4	9,0122	1,86	1278	2970
Bismut	Bi	83	208,980	9,80	271	1560
Blei (Plumbum)	Pb	82	207,2	11,4	327	1750
Bor	B	5	10,81	2,34	≈ 2000	≈ 2500
Brom	Br	35	79,904	3,14	–7	58
Cadmium	Cd	48	112,40	8,64	321	767
Caesium	Cs	55	132,905	1,90	29	690
Calcium	Ca	20	40,08	1,55	845	1440
Cer	Ce	58	140,12	6,8	800	3600
Chlor	Cl	17	35,453	*3,214*	–102	–34
Chrom	Cr	24	51,996	7,19	≈ 1900	≈ 2500
Cobalt	Co	27	58,9332	8,83	1490	3100
Dysprosium	Dy	66	162,50	8,54	1407	≈ 2600
Eisen (Ferrum)	Fe	26	55,847	7,86	1535	2750
Erbium	Er	68	167,26	9,05	1497	2900
Europium	Eu	63	151,96	5,26	826	1439
Fluor	F	9	18,9984	*1,70*	–220	–188
Gadolinium	Gd	64	157,25	7,90	1312	≈ 3000
Gallium	Ga	31	69,72	6,0	30	2340
Germanium	Ge	32	72,59	5,36	960	≈ 2700
Gold (Aurum)	Au	79	196,967	19,3	1063	2700
Hafnium	Hf	72	178,49	13,3	2220	> 3000
Helium	He	2	4,0026	*0,178*	–272p	–269
Holmium	Ho	67	164,930	8,80	1461	≈ 2600
Indium	In	49	114,82	7,31	156	2072
Iod	I	53	126,9044	4,94	114	184
Iridium	Ir	77	192,2	22,69	2466	> 4428
Kalium	K	19	39,102	0,86	64	760
Kohlenstoff (Carboneum)	C	6	12,0115	2)	≈ 3700s	
Krypton	Kr	36	83,80	*3,708*	–157	–153
Kupfer (Cuprum)	Cu	29	63,546	8,93	1083	2350
Lanthan	La	57	138,91	6,1	920	4515
Lithium	Li	3	6,941	0,53	180	1335
Lutetium	Lu	71	174,97	9,84	1652	3327
Magnesium	Mg	12	24,305	1,74	650	1105
Mangan	Mn	25	54,9380	7,3	1220	2150
Molybdän	Mo	42	95,94	10,2	2620	≈ 5000
Natrium	Na	11	22,9898	0,97	98	883
Neodym	Nd	60	144,24	7,0	1024	3300
Neon	Ne	10	20,179	*0,90*	–249	–246

Name	Symbol	OZ	Atommasse in u	Dichte[1] in $\frac{g}{cm^3}$ (Gase: $\frac{g}{l}$)	Schmelztemperatur in °C	Siedetemperatur in °C
Neptunium	Np	93	(237)	19,5	–	–
Nickel	Ni	28	58,70	8,90	1453	≈ 2800
Niob	Nb	41	92,906	8,5	2468	≈ 3700
Osmium	Os	76	190,2	22,5	≈ 2600	≈ 5500
Palladium	Pd	46	106,4	12,0	1555	3380
Phosphor	P	15	30,9738	3)	44[4]	285[4]
Platin	Pt	78	195,09	21,45	1770	3300
Plutonium	Pu	94	(244)	19,7	640	3200
Polonium	Po	84	(209)	9,32	254	962
Praseodym	Pr	59	140,907	6,7	935	≈ 3300
Quecksilber (Hydrargyrum)	Hg	80	200,59	13,55	–39	357
Radium	Ra	88	226,05	≈ 6	≈ 700	1140
Radon	Rn	86	(222)	*9,96*	–71	–62
Rhenium	Re	75	186,2	20,9	3170	≈ 5900
Rhodium	Rh	45	102,905	12,4	1966	4500
Rubidium	Rb	37	85,47	1,53	39	690
Ruthenium	Ru	44	101,07	12,4	2400	≈ 4500
Samarium	Sm	62	150,35	7,5	1072	≈ 1900
Sauerstoff (Oxygenium)	O	8	15,9994	*1,429*	–219	–183
Scandium	Sc	21	44,956	3,0	1540	2730
Schwefel (Sulfur)	S	16	32,06	2,0	119	444
Selen	Se	34	78,96	4,8	220	688
Silber (Argentum)	Ag	47	107,870	10,5	960	2150
Silicium	Si	14	28,086	2,4	1410	2630
Stickstoff (Nitrogenium)	N	7	14,0067	*1,251*	–210	–196
Strontium	Sr	38	87,62	2,6	757	1365
Tantal	Ta	73	180,948	16,7	2990	> 5000
Technetium*	Tc	43	(97)	11,5	2140	–
Tellur	Te	52	127,60	6,2	450	990
Terbium	Tb	65	158,924	8,3	1350	≈ 2800
Thallium	Tl	81	204,37	11,85	303	1457
Thorium	Th	90	232,038	11,7	≈ 1800	≈ 3600
Thulium	Tm	69	168,934	9,33	1545	1727
Titan	Ti	22	47,90	4,51	≈ 1700	3260
Uran	U	92	238,029	19,1	1133	≈ 3600
Vanadium	V	23	50,9414	6,1	≈ 1800	> 3000
Wasserstoff (Hydrogenium)	H	1	1,00797	*0,0899*	–259	–253
Wolfram	W	74	183,85	19,30	3410	5400
Xenon	Xe	54	131,30	*5,89*	–112	–108
Ytterbium	Yb	70	173,04	6,5	8,25	1427
Yttrium	Y	39	88,905	4,5	1490	2927
Zink	Zn	30	65,38	7,2	420	910
Zinn (Stannum)	Sn	50	118,69	7,3	232	≈ 2400
Zirconium	Zr	40	91,22	6,5	1860	≈ 3600

* künstlich gewonnenes Element,   OZ Ordnungszahl,   (243) Eine eingeklammerte Zahl gibt die Nukleonenzahl des langlebigsten Isotops des Elements an.
– Werte sind nicht bekannt,   ≈ Wert sehr ungenau,   p unter Druck,   s sublimiert,   1) Bei gasförmigen Elementen wird die Dichte *kursiv* gedruckt angegeben.
Sie gilt für 0 °C und 1013 hPa.   2) Graphit: 2,25, Diamant: 3,51,   3) weißer P: 1,83, roter P: 2,2,   4) weißer P

Größen und ihre Einheiten

Größe		Einheit		
Name	Zeichen	Name	Zeichen	Beziehungen
Masse	m	Kilogramm	kg	1 kg = 1000 g 1 g = 1000 mg
Volumen	V	Kubikmeter	m^3	$1\ m^3 = 1000\ dm^3$ $1\ dm^3 = 1\ l$
		Liter	l	1 l = 1000 ml $1\ ml = 1\ cm^3$
Dichte	ϱ	$\dfrac{Kilogramm}{Kubikmeter}$	$\dfrac{kg}{m^3}$	$1\ \dfrac{g}{cm^3} = 1000\ \dfrac{kg}{m^3}$
		$\dfrac{Gramm}{Liter}$	$\dfrac{g}{l}$	$1\ \dfrac{g}{l} = 0{,}001\ \dfrac{g}{m^3}$
Druck	p	Pascal	Pa	$1\ Pa = 1\ \dfrac{N}{m^2}$ 100 Pa = 1 hPa
		Bar	bar	1 bar = 100 000 Pa 1 mbar = 100 Pa
Energie	E	Joule	J	$1\ J = 1\ N \cdot m = 1\ \dfrac{kg \cdot m^2}{s^2}$
Elektrizitätsmenge	Q	Coulomb	C	$1\ C = 1\ A \cdot s$
Anzahl	N			
Stoffmenge	n	Mol	mol	1 mol enthält $6{,}022 \cdot 10^{23}$ Teilchen
molare Masse	M	$\dfrac{Gramm}{Mol}$	$\dfrac{g}{mol}$	
Stoffmengenkonzentration	c	$\dfrac{Mol}{Liter}$	$\dfrac{mol}{l}$	
Temperatur	ϑ	Grad Celsius	°C	
	T	Kelvin	K	0 °C = 273,15 K

Umrechnungsfaktoren

Energie	J	cal	eV
1 J	1	0,2390	$6{,}242 \cdot 10^{18}$
1 cal	4,184	1	$2{,}612 \cdot 10^{19}$
1 eV	$1{,}602 \cdot 10^{-19}$	$3{,}829 \cdot 10^{-20}$	1
$1\ J = 1\ N \cdot m = 1\ W \cdot s = 1\ V \cdot A \cdot s$			

Druck	Pa	atm	mm Hg	bar
1 Pa	1	$9{,}869 \cdot 10^{-6}$	$7{,}501 \cdot 10^{-3}$	10^{-5}
1 atm	$1{,}013 \cdot 10^5$	1	760,0	1,013
1 mm Hg (Torr)	133,3	$1{,}316 \cdot 10^{-3}$	1	$1{,}333 \cdot 10^{-3}$
1 bar	10^5	0,9869	750,1	1
100 Pa = 1 hPa; 1 mbar = 1 hPa; 1 mm Hg = 1 Torr; $1\ Pa = 1\ \dfrac{N}{m^2}$				

Konstanten

Atomare Masseneinheit		u	$1{,}660 \cdot 10^{-27}$ kg
AVOGADRO-Konstante		N_A	$6{,}022 \cdot 10^{23}\ \dfrac{1}{mol}$
Molares Volumen eines idealen Gases **(bei 1013 hPa und 20 °C)**		V_m	$24{,}056\ \dfrac{l}{mol}$
Ladung eines Elektrons		e	$1{,}602 \cdot 10^{-19}$ C
Masse eines Elektrons		m_e	$9{,}109 \cdot 10^{-31}$ kg
Masse eines Protons		m_p	$1{,}673 \cdot 10^{-27}$ kg
Masse eines Neutrons		m_n	$1{,}675 \cdot 10^{-27}$ kg
FARADAY-Konstante		F	$96\,485\ \dfrac{C}{mol}$

Gehaltsangaben für Mischungen und Lösungen (nach DIN 1310)

Masse einer Stoffportion: m_i — Massenkonzentration: $\beta_i = \dfrac{m_i}{V}$

Volumen einer Stoffportion: V_i — Volumenkonzentration: $\sigma_i = \dfrac{V_i}{V}$

Stoffmenge einer Stoffportion: n_i — Stoffmengenkonzentration: $c_i = \dfrac{n_i}{V}$

Teilchenzahl einer Stoffportion: N_i — Teilchenkonzentration: $C_i = \dfrac{N_i}{V}$

(V: Gesamtvolumen **nach** dem Mischen)

Massenanteil (früher: Gewichtsprozent): $w_i = \dfrac{m_i}{m}$

Gesamtmasse $m = m_1 + m_2 + \dots$

Volumenanteil (früher: Volumenprozent): $\varphi_i = \dfrac{V_i}{V_0}$

Gesamtvolumen $V_0 = V_1 + V_2 + \dots$ (**vor** dem Mischen)

Stoffmengenanteil: $x_i = \dfrac{n_i}{n}$

Gesamtstoffmenge $n = n_1 + n_2 + \dots$

Teilchenzahlanteil: $X_i = \dfrac{N_i}{N}$

Gesamtteilchenanzahl $N = N_1 + N_2 + \dots$

Das Wort Gehalt wird als Oberbegriff bei der qualitativen Beschreibung verwendet. *Beispiel:* Der Wassergehalt einer Probe.

Dezimale Teile/Vielfache

Potenz	Vorsilbe	Symbol	Potenz	Vorsilbe	Symbol
10^{-1}	Dezi	d	10	Deka	da
10^{-2}	Zenti	c	10^2	Hekto	h
10^{-3}	Milli	m	10^3	Kilo	k
10^{-6}	Mikro	μ	10^6	Mega	M
10^{-9}	Nano	n	10^9	Giga	G
10^{-12}	Piko	p	10^{12}	Tera	T
10^{-15}	Femto	f			
10^{-18}	Atto	a			

Griechisches Alphabet

Buchstabe klein	Buchstabe groß	Name	Buchstabe klein	Buchstabe groß	Name
α	A	alpha	ν	N	nü
β	B	beta	ξ	Ξ	xi
γ	Γ	gamma	o	O	omikron
δ	Δ	delta	π	Π	pi
ε	E	epsilon	ϱ	P	rho
ζ	Z	zeta	σ	Σ	sigma
η	H	eta	τ	T	tau
ϑ	Θ	theta	φ	Φ	phi
ι	I	jota	υ	Υ	ypsilon
κ	K	kappa	χ	X	chi
λ	Λ	lambda	ψ	Ψ	psi
μ	M	mü	ω	Ω	omega

Griechische Zahlwörter

$^1/_2$	hemi		
1	mono	11	undeca
2	di	12	dodeca
3	tri	13	trideca
4	tetra	14	tetradeca
5	penta	15	pentadeca
6	hexa	16	hexadeca
7	hepta	17	heptadeca
8	octa	18	octadeca
9	nona	19	enneadeca
10	deca	20	eicosa

Eigenschaften von Gasen

Name	Dichte bei 20 °C (1013 hPa) in $\frac{g}{l}$	Schmelz- temperatur in °C bei 1013 hPa	Siede- temperatur in °C bei 1013 hPa	Löslichkeit bei 25 °C in 1 l Wasser in l
Wasserstoff (H_2)	0,084	−259	−253	0,019
Stickstoff (N_2)	1,17	−210	−196	0,015
Sauerstoff (O_2)	1,33	−219	−183	0,028
Fluor (F_2)	1,58	−220	−188	−
Chlor (Cl_2)	2,95	−101	−35	2,2
Helium (He)	0,17	−270	−269	0,09
Neon (Ne)	0,84	−249	−246	0,016
Argon (Ar)	1,66	−189	−186	0,032
Krypton (Kr)	3,48	−57	−152	0,071
Luft	1,20	−	−	0,0063* 0,012**
Ammoniak (NH_3)	0,71	−78	−33	680
Chlorwasserstoff (HCl)	1,52	−114	−85	466
Schwefelwasserstoff (H_2S)	1,42	−83	−62	2,41
Schwefeldioxid (SO_2)	2,67	−73	−10	35
Kohlenstoffmonooxid (CO)	1,17	−205	−190	0,023
Kohlenstoffdioxid (CO_2)	1,83	−78 (sublimiert)		0,80
Methan (CH_4)	0,67	−183	−162	0,032
Ethan (C_2H_6)	1,25	−183	−89	0,043
Propan (C_3H_8)	1,84	−188	−42	0,06
Butan (C_4H_{10})	2,47	−138	−1	0,14
Ethen (C_2H_4)	1,17	−169	−104	0,13
Ethin (C_2H_2)	1,06	−81	−84	0,95

* von Sauerstoff aus der Luft
** von Stickstoff aus der Luft

Gewinde und Farbkennzeichnung von Stahlflaschen für Gase

Gas	Gewinde	alte Farb- kennzeich- nung	neue Farbkennzeichnung („N") Flaschenschulter	Flaschenmantel
Sauerstoff	rechts	blau	weiß	blau oder grau
Stickstoff	rechts	dunkel- grün	schwarz	grau, schwarz oder dunkel- grün
Druckluft	rechts	grau	leuchtend grün	grau
Argon	rechts	grau	dunkelgrün	grau oder dunkelgrün
Helium	rechts	grau	braun	grau
Kohlen- stoffdioxid	rechts	grau	grau	grau
Wasserstoff	links	rot	rot	rot
Acetylen	Spezial- gewinde	gelb	kastanienbraun	kastanien- braun, schwarz oder gelb

Reagenzlösungen

Chlorwasser (Xn): Destilliertes Wasser durch Einleiten von Chlor sättigen; in brauner Flasche aufbewahren.

Bromwasser (T, Xi): 10 Tropfen Brom in 250 ml destilliertem Wasser lösen.

Iodwasser: Einige Blättchen Iod in destilliertem Wasser kurz aufkochen.

Iod/Kaliumiodid-Lösung: 2 g Kaliumiodid in wenig Wasser vollständig lösen und 1 g Iod zugeben. Nach dem Lösen auf 300 ml auffüllen und in brauner Flasche aufbewahren.

FEHLING-Lösung I: 7 g Kupfersulfat ($CuSO_4 \cdot 5\,H_2O$) in 100 ml Wasser lösen.

FEHLING-Lösung II (C): 35 g Kaliumnatriumtartrat (Seignette-Salz) und 10 g Natriumhydroxid in 100 ml Wasser lösen.

Kalkwasser: 1 g Calciumoxid in 500 ml destilliertem Wasser schütteln und filtrieren (0,02 $\frac{mol}{l}$).

Silbernitrat-Lösung: 17 g Silbernitrat auf 1 Liter auffüllen (0,1 $\frac{mol}{l}$).

Bariumchlorid-Lösung (Xn): 24,4 g Bariumchlorid ($BaCl_2 \cdot 2\,H_2O$) auf 1 Liter auffüllen (0,1 $\frac{mol}{l}$).

Bleiacetat-Lösung (T): 9,5 g Bleiacetat ($Pb(CH_3COO)_2 \cdot 3\,H_2O$) auf 250 ml auffüllen (0,1 $\frac{mol}{l}$).

Indikatorlösungen:
Bromthymolblau: 0,1 g in 100 ml 20%igem Ethanol.
Methylrot (F): 0,2 g in 100 ml 90%igem Ethanol.
Phenolphthalein (F): 0,1 g in 100 ml 70%igem Ethanol.
Universalindikator für pH 2–10 (F): 300 mg Dimethylgelb, 200 mg Methylrot, 400 mg Bromthymolblau, 500 mg Thymolblau und 100 mg Phenolphthalein in 500 ml 90%igem Ethanol.
Farbstufen: pH ≤ 2: rot   pH 8: grün
pH 4: orange   pH 10: blau
pH 6: gelb

BAEYER-Reagenz: 10%ige Sodalösung mit einer verdünnten Kalium- permanganat-Lösung versetzen, bis die Lösung kräftig violett gefärbt ist.

TOLLENS-Reagenz (ammoniakalische Silbernitrat-Lösung): Silbernitrat- Lösung (0,1 mol · l^{-1}) mit etwa einem Zehntel des Volumens verdünnter Natronlauge versetzen. Anschließend unter Schütteln Ammoniak-Lösung (25 %) zutropfen, bis sich der Silberoxid-Niederschlag gerade wieder löst. Die Reagenz-Lösung wird jeweils frisch zubereitet. Sie darf nicht aufbe- wahrt werden, da sich Silberazid bilden könnte (Explosionsgefahr). Reste der Reagenz-Lösung ansäuern und über den Behälter B2 entsorgen.

SCHIFF-Reagenz (fuchsinschweflige Säure): 0,25 g Fuchsin in 1 Liter Wasser lösen (Rotfärbung); unter ständigem Rühren schweflige Säure (oder angesäuerte Lösung von $Na_2S_2O_5$) zutropfen, bis Entfärbung eintritt.

Saure und alkalische Lösungen

Lösung	gelöster Stoff	*	verdünnt Massen- anteil	Dichte bei 20 °C	konzentriert Massen- anteil	Dichte bei 20 °C
Salzsäure	HCl (g)	2	7 %	1,033	36 %	1,179
Schwefelsäure	H_2SO_4 (l)	1	9 %	1,059	98 %	1,836
Salpetersäure	HNO_3 (l)	2	12 %	1,066	68 %	1,391
Phosphorsäure	H_3PO_4 (s)	1	10 %	1,05	85 %	1,71
Essigsäure	CH_3COOH (l)	2	12 %	1,015	99 %	1,052
Natronlauge	NaOH (s)	2	8 %	1,087	30 %	1,328
Kalilauge	KOH (s)	2	11 %	1,100	27 %	1,256
Kalkwasser	$Ca(OH)_2$ (s)		0,16 %**	1,001**		** Angaben für ge-
Barytwasser	$Ba(OH)_2$ (s)		3,4 %**	1,04**		sättigte Lösungen
Ammoniak- Lösung	NH_3 (g)	2	3 %	0,981	25%	0,907

* Stoffmengenkonzentration in $\frac{mol}{l}$

Kleines Lexikon der Chemie

Absorption: Aufnahme von Energie aus elektromagnetischer Strahlung (Licht, Röntgenstrahlung, Mikrowellen).

Adsorption: Anlagerung von Teilchen an die Oberfläche eines porösen Feststoffs wie Aktivkohle.

Aggregatzustand: gibt an, ob ein Stoff fest, flüssig oder gasförmig vorliegt. Symbole:
s (fest), l (flüssig), g (gasförmig).

α-Strahlung: radioaktive Strahlung; sie besteht aus Helium-Atomkernen, also He^{2+}-Ionen.

Akkumulator: wieder aufladbare Batterie; häufig verwendet: Blei-Akkumulatoren in Autos.

Aktivierungsenergie: die Energie, die man benötigt, um eine Reaktion in Gang zu setzen.

Alkalimetalle: Elemente der I. Hauptgruppe des Periodensystems; bilden einfach geladene Kationen.

Amalgame: Quecksilber-Legierungen; in der Zahnmedizin für Zahnfüllungen verwendet.

Analyse: Zerlegung einer Verbindung in die Elemente. (→ Synthese)

Anion: negativ geladenes Ion.

Anode: positive *Elektrode*.

Anregungsenergie: siehe Aktivierungsenergie.

Atombindung: siehe Elektronenpaarbindung.

Atome: Grundbausteine der Materie; es gibt ebenso viele Atomarten, wie es Elemente gibt; eine Atomart ist gekennzeichnet durch die Anzahl der Protonen im Atomkern.

Atomhülle: Aufenthaltsbereich der Elektronen; sie bewegen sich in bestimmten Schalen um den Atomkern. (→ Kern/Hülle-Modell)

Atomkern: Massezentrum des Atoms; besteht aus positiv geladenen Protonen und elektrisch neutralen Neutronen.

Atommasse: Masse eines Atoms; sie wird in der atomaren Masseneinheit 1 u angegeben;
$1 u = 1,66 \cdot 10^{-24}$ g

Außenelektronen (Valenzelektronen): Elektronen der äußeren Schale eines Atoms; sie bestimmen die chemischen Eigenschaften des jeweiligen Elements.

β-Strahlung: radioaktive Strahlung; sie besteht aus Elektronen.

Bindungsenergie: Energie, die man aufwenden muss, um eine Elektronenpaarbindung zu spalten.

Brennstoffzelle: elektrochemische Stromquelle, bei der Wasserstoff (am Minuspol) und Sauerstoff oder Luft (am Pluspol) kontinuierlich zugeführt werden und zu Wasser reagieren.

chemische Reaktion: eine Umwandlung von Stoffen, bei der aus den Ausgangsstoffen neue Stoffe gebildet werden; dabei werden die Atome umgruppiert. Chemische Reaktionen sind stets von einem Energieumsatz begleitet.

Chromatografie: Verfahren zur Trennung kleiner Mengen von Stoffgemischen mittels eines Trägermaterials (Papier, poröser Stoff auf einer Platte oder als Säulenfüllung) und eines Lösungsmittels bzw. Gases.

Destillation: Trennverfahren für Flüssigkeitsgemische; die Trennung erfolgt aufgrund unterschiedlicher Siedetemperaturen.

Diffusion: auf der Teilchenbewegung beruhende selbstständige Durchmischung gasförmiger und gelöster Stoffe.

Dipol: Molekül mit polaren Elektronenpaarbindungen, bei dem die Ladungen nicht symmetrisch verteilt sind.

Edelgase: Elemente der VIII. Hauptgruppe des Periodensystems; Edelgase sind besonders reaktionsträge.

Edelgaskonfiguration: energetisch besonders stabile Elektronenverteilung: Die äußere Schale ist wie bei den Edelgasen mit 8 Elektronen besetzt (beim Helium 2 Elektronen). (→ Oktettregel)

Elektrolyse: Zerlegung einer chemischen Verbindung mit Hilfe elektrischer Energie.

Elektronegativität: Maß für die Fähigkeit eines Atoms Bindungselektronen anzuziehen.

Elektronen: Träger der kleinsten negativen elektrischen Ladung; nahezu masselose Bausteine der Atome, die sich in der Atomhülle aufhalten.

Elektronenpaarbindung (Atombindung): Bindungstyp in Molekülen; der Zusammenhalt der Atome wird durch gemeinsame Elektronenpaare bewirkt. (→ Oktettregel)

Element: Reinstoff, der mit chemischen Mitteln nicht weiter zerlegt werden kann. Jedem Element entspricht eine bestimmte Atomart.

Emulsion: heterogenes Gemisch aus nicht ineinander löslichen Flüssigkeiten.

endotherme Reaktion: Reaktion, bei der aus der Umgebung Wärme aufgenommen wird.

Energieumsatz: Kennzeichen chemischer Reaktionen. Bei exothermen Reaktionen wird Energie frei; Reaktionen, die nur unter Energieaufwand ablaufen, heißen endotherm.

Erdalkalimetalle: Elemente der II. Hauptgruppe des Periodensystems; bilden zweifach geladene Kationen.

Erze: Mineralien mit hohem Metallgehalt; meist Oxide oder Sulfide; werden zur Gewinnung von Metallen eingesetzt.

exotherme Reaktion: Reaktion, bei der Wärme frei wird.

Extrahieren: Trennverfahren, bei dem lösliche Stoffe aus einem Gemisch herausgelöst werden.

Formeln: *Verhältnisformeln* geben das Atomanzahlverhältnis einer Verbindung an; *Molekülformeln* geben die zahlenmäßige Zusammensetzung eines Moleküls an; *Strukturformeln* geben die Anordnung der Atome in einem Molekül an.

Gitter: siehe Kristallgitter

Halogene: Elemente der VII. Hauptgruppe des Periodensystems; bilden einfach geladene Anionen.

heterogene Gemische: uneinheitliche Gemische, bei denen man, manchmal auch nur mit dem Mikroskop, die einzelnen Bestandteile erkennen kann; einheitliche Gemische bezeichnet man als **homogene Gemische.**

178 Kleines Lexikon der Chemie

Hydratation: Bildung einer Hülle von Wasser-Molekülen *(Hydrathülle)* um ein Molekül oder Ion während des Lösungsvorgangs.

Indikator: ein Farbstoff, der durch seine Farbe anzeigt, ob eine saure, eine neutrale oder eine alkalische Lösung vorliegt.
(→ pH-Skala)

Ionen: geladene Atome oder positiv bzw. negativ geladene Teilchen.

Ionenbindung: Bindungstyp in Ionenverbindungen; der Zusammenhalt wird durch die elektrostatischen Kräfte der entgegengesetzt geladenen Ionen bedingt. Daraus ergibt sich die dreidimensionale Struktur eines **Ionengitters.**

Ionenverbindungen: salzartige Stoffe; besitzen eine relativ hohe Schmelz- und Siedetemperatur und leiten in Schmelze und Lösung den elektrischen Strom.

Isotope: Atome eines Elements mit gleicher Protonen-Anzahl, aber unterschiedlicher Neutronen-Anzahl.

Katalysator: ein Stoff, der die Geschwindigkeit einer Reaktion erhöht und unverändert aus der Reaktion hervorgeht.

Kathode: negative *Elektrode.*

Kation: positiv geladenes Ion.

Kern/Hülle-Modell: Atommodell, das auf RUTHERFORD zurückgeht; danach bestehen Atome aus einem kleinen, positiv geladenen *Atomkern,* der praktisch die gesamte Masse des Atoms enthält, und der *Atomhülle,* in der sich die negativ geladenen Elektronen bewegen.

Kristall: ein von ebenen Flächen regelmäßig begrenzter Körper.

Kristallgitter: Bei kristallinen Stoffen zeigen die Bausteine einen regelmäßigen Aufbau, sie bilden ein Kristallgitter oder kurz ein Gitter. Die Gitterbausteine können Atome, Moleküle oder Ionen sein.

Legierung: ein homogenes Gemisch aus zwei oder mehreren Metallen, das in der Schmelze hergestellt wird.

LEWIS-Formel: Strukturformel, in der *bindende* und *freie* (nicht bindende) Elektronenpaare angegeben sind.

Lösung: ein homogenes flüssiges Gemisch aus zwei oder mehreren Stoffen.

Massenzahl: gibt die Anzahl der Nukleonen im Atomkern an.

Modell: eine zu einem bestimmten Zweck gemachte vereinfachte Darstellung.
Modelle dienen häufig der Veranschaulichung besonders kleiner, besonders großer oder besonders komplizierter Gegenstände oder Sachverhalte.

Modifikationen: Erscheinungsformen eines Elements. Sie sind aus den gleichen Atomen aufgebaut, unterscheiden sich aber in der Anordnung der Atome. *Beispiel:* Diamant und Graphit sind Modifikationen des Kohlenstoffs.

Moleküle: Atomverbände mit definierter Zusammensetzung.

Molekülformel: siehe Formel.

Molekülmasse: ergibt sich durch Addition der jeweiligen Atommassen.

Nebel: heterogenes Gemisch, bei dem eine Flüssigkeit in einem Gas verteilt ist.

Neutron: elektrisch neutraler Baustein des Atomkerns ($m \approx 1$ u).

Normbedingungen: häufig gewählte Bedingungen für die Angabe von Gasvolumina: $\vartheta = 0$ °C, $p = 1013$ hPa.

Nukleonen: Bausteine des Atomkerns: *Protonen* und *Neutronen.*

Oktettregel: Regel, nach der die Ausbildung von Elektronenpaarbindungen so erfolgt, dass die beteiligten Atome auf der äußeren Schale die Edelgaskonfiguration von 8 Elektronen erreichen.

Ordnungszahl: entspricht der *Kernladungszahl,* gibt die Anzahl der Protonen im Atomkern an.

Oxidation: Reaktion, bei der ein Stoff mit Sauerstoff zu einem Oxid reagiert.

Ozonschicht: Teil der Stratosphäre; liegt etwa in 30 km Höhe; dort absorbieren Ozon-Moleküle den größten Teil der UV-Strahlung der Sonne.

Periodensystem: tabellarische Anordnung der einzelnen Elemente; untereinander stehende Elemente bilden eine *Gruppe,* nebeneinander stehende eine *Periode.* Die Elemente sind nach ähnlichen Eigenschaften und dem Bau der Atome angeordnet.

polare Elektronenpaarbindung: durch unterschiedliche Elektronegativität der Bindungspartner verursachte ungleichmäßige Ladungsverteilung entlang der Bindungsachse.

Proton: positiv geladenes Teilchen im Atomkern ($m \approx 1$ u).

Radioaktivität: Eigenschaft bestimmter Stoffe in andere Elemente zu zerfallen und dabei α-, β- oder γ-Strahlung auszusenden.

Rauch: heterogenes Gemisch, bei dem ein Feststoff in einem Gas verteilt ist.

Reaktionsgleichung: Darstellung einer chemischen Reaktion mit Hilfe von Formeln.
Bei Verwendung der Stoffnamen anstelle der Formeln spricht man von einem **Reaktionsschema.**

Recycling: Wiederverwertung von bereits gebrauchten Stoffen oder Gegenständen.

Salze: siehe Ionenverbindungen.

saurer Regen: Regen, der durch aus Luftschadstoffen (SO_2, NO_2) gebildete Säuren sauer reagiert (pH-Wert $\leq 4,5$).

Schalenmodell: Modellvorstellung über den Aufbau der Atomhülle; die Elektronen bewegen sich in definierten Schalen, denen jeweils ein bestimmtes Energieniveau zugeordnet werden kann.

Sedimentieren: Trennverfahren für *Suspensionen;* der Feststoff setzt sich aufgrund der höheren Dichte ab.

Stahl: Eisen-Legierung mit geringem Kohlenstoffanteil.

Suspension: heterogenes Gemisch eines Feststoffs in einer Flüssigkeit.

Synthese: Aufbau einer Verbindung aus den Elementen. (→ Analyse)

Verbindung: Reinstoff, der durch chemische Reaktionen in Elemente zerlegt werden kann.

Kleines Lexikon der Chemie **179**

Stichwortverzeichnis

A

Abgase 65
Abwasserreinigung 92, 105
Aggregatzustände 21, 44
Aktivierungsenergie 37
Alchemie 8
Alkalimetalle 85
Aluminium 72
Aluminium-Legierungen 76
Amalgam 76
Analyse 38
Anionen 124
Anode 125
Argon 51 f.
Atmen 56
Atmosphäre 54
atomare Masseneinheit 45
Atombau 122 ff., 139
Atome 40
Atomhülle 122
Atomkern 122
Atommasse 45
Atommodell 40, 122 f.,
   126 ff.
Außenelektronen 128, 142
AVOGADRO 112
AVOGADRO-Konstante 108

B

Balkendiagramm 17
Batterien 19
BERZELIUS 42, 121, 125
Bindungsenergie 141
biologische Reinigung 92
Blei 73
Bleistift 163
BLUME 62
BOHR 121, 126
Brandbekämpfung 60
Brände 60
Braunkohle 157, 158
brennbare Stoffe 27
Brennspiritus 27
Brennstoffzelle 103, 170
Brom 118, 134
Bronze 75
BUNSEN 136

C

Calcium 85
Chemikalien 19
chemische Bindungen
   153
chemische Energie 36
chemische Formeln 47
chemische Reaktion 28, 41,
   47

Chlor 118
Chromatographieren 23

D

DALTON 40, 42, 43, 121
DALTONS Atommodell 40, 47
DEMOKRIT 40
Destillieren 23
Diagramme 17
Diamant 162 f.
diamantartige Stoffe 20
Dichte 20
Dichte-Anomalien 94 f.,
   149
Dipol-Molekül 146, 155
DÖBEREINER 121
DÖBEREINERS Feuerzeug 102

E

Edelgase 52 f.
Edelgaskonfiguration 141
Edelgasregel 129
Edelmetalle 73
Edelstahl 82
Eindampfen 22
Eisen 72, 75
Eisengewinnung 80
Eisgitter 148
Elektroden 125
Elektrolyse 125
Elektrolyte 125
Elektronegativität 147, 155
Elektronen 122
Elektronengas 153
Elektronenpaarabstoßungs-
   Modell 144 f., 155
Elektronenpaarbindung
   141, 153, 155
Elektronenübertragung 129
Elementarladung 122
Elementarteilchen 123
Elemente 38
Elementfamilie 120
Elementgruppe 85
Elementsymbole 42, 47
Emission 62, 67
endotherme Reaktion 29
Energiediagramm 36, 47
Energieträger 25, 158
Energieumsatz 29
Energieumwandlung 25
Entschwefelung 65, 161
Entsorgungskonzept 11
Entstaubung 65
Entstickung 65, 161
Erdalkalimetalle 85
Erdgas 157, 159, 171

Erdgasförderung 159
Erdöl 157, 159, 171
Erdölförderung 159
Erhaltung der Energie 36
Erhaltung der Masse 28,
   41
Erze 75
Essig 99
Euromünzen 71
exotherme Reaktion 29
Experiment 9
Extrahieren 23

F

Feuerlöscher 60
Filtrieren 22
Flambieren 27
Flammenfärbung 85, 136
flüchtige Stoffe 20
Fluor 118, 134
Fluorit 132
Formeln 43
Formeln salzartiger Stoffe
   130
fossile Energieträger 157
FRASCH-Verfahren 164
Frischen 82
Fullerene 162

G

Gasbrenner 12
Gase 179
Gefahrensymbole 10
gefährliche Stoffe 19
gemeinsames Elektronen-
   paar 141
gesättigte Lösung 97
Gesetz der konstanten
   Massenverhältnisse 41
Gesetz von AVOGADRO 112
Gesetz von der Erhaltung
   der Masse 41
Gittermodelle 131
Glas 169
Glimmspanprobe 58
Gold 20
Gold-Legierungen 76
Graphit 162 f.
Grenzwerte 62
Grundwasser 90

H

Halogene 118, 134
Härte 20
Haushaltschemikalien 19
Helium 52, 53
Hochofen 80, 87

HOFMANNsche Wasser-
   Zersetzungsapparat 107
Hydrathülle 150

I

Immission 62, 67
Internet-Recherche 18
Inversion 67
Iod 118, 134
Ionen 124, 129
Ionenbindung 131, 153
Ionengitter 139, 150
Ionenladung 124
Ionenverbindungen 139
Ionenwanderung 125
Ionisierungsenergie 127

K

Kalknatronglas 169
Kältemittel 50
Karies 136
Kartuschenbrenner 13
Katalysator 37, 170
Kathode 125
Kationen 124
Kern/Hülle-Modell 122, 139
Kernladungszahl 123
KIRCHHOFF 136
Kläranlagen 92
Knallgas 101 f.
Knallgasprobe 101
Kochsalz 20, 117
Kohle 157, 171
Kohlekraftwerke 160
Kohlenstoff 171
Kohlenstoffdioxid 64
Kohlenstoffkreislauf 55
Kohlenstoffmonooxid 64,
   81
konstante Massen-
   verhältnisse 41
Korund 132
Kreisdiagramm 17
Krypton 52
Kupfer 73, 75
Kupfersulfat-Hydrat 29
Kurve 17

L

Labortagebuch 9
LAUE 131
LAVOISIER 121
Legierungen 76, 87
Leichtmetalle 71
Leitfähigkeit 20
LEUKIPP 40
LEWIS 140

180 Stichwortverzeichnis

LEWIS-Formel 142 f., 155
LINDE-Verfahren 51
Lithium 85
Löslichkeit 20, 97, 99
Lösungen 96, 99, 105
Lösungsmittel 27, 96 ff.
Lösungsvorgang 150
Luft 49, 69
Luftfeuchtigkeit 49
Luftqualität 62
Luftschadstoffe 64 f., 69
Luftschiff 102
Luftverflüssigung 51
Luftverschmutzung 66

M
Magnesium 85
Magneteisenstein 80
MAK-Wert 67
Massenberechnungen 110
Massenverhältnis 107
Massenzahl 123, 128
MENDELEJEW 121
Messing 76
Metallbindung 153
Metalle 20, 71
Metallgewinnung 75
Methan 142, 144
Methanol 170
MEYER 121
MIK-Wert 67
Mineralien 75
Modifikationen 162, 165
Mol 108
molare Masse 108
molares Volumen 112
Molekülbau 141 ff.
Moleküle 43, 141
Molekülformeln 43, 47

N
Nachweisreaktionen für
– Anionen 135
– Kohlenstoffdioxid 69
– Sauerstoff 69
Natrium 84
Natriumchlorid 118
Naturwissenschaften 8
Neon 52
Neutron 123
Nukleonen 123

O
Oberflächenspannung 95
Oberflächenwasser 90
Oktettregel 142, 155
Ordnungszahl 120

Oxidation 31, 87
Oxidationsmittel 79
Oxide 31
Ozon 64
Ozonschicht 54, 64

P
PAULING 147
Periodensystem der
    Elemente 38, 120 ff., 128,
    147
physiologische Kochsalz-
    Lösung 117
polare Bindung 155
polare Elektronenpaar-
    bindung 146
Proton 123
Pyrit 132

Q
Quarzglas 169

R
Radioaktivität 122
Rauchgase 160
Rauchgasreinigung 65, 161
Reaktionsbedingungen 57
Reaktionsgleichung 44, 47
Reaktionsgleichungen 110
Reaktionsschema 29
Reaktionsverlauf 57
Recherchieren 18
Redoxreaktion 78, 81, 87
Redoxreihe der Metalle 79,
    87
Reduktion 78, 87
Reduktionsmittel 79, 101
Roheisen 81, 82
Rosten 32, 56
Roteisenstein 80
Rubin 132
RUTHERFORD 122

S
salzartige Stoffe 20, 130 ff.
Salze 116 ff., 130, 131
Salzgewinnung 133
Saphir 132
Sauerstoff 31, 49, 50
Sauerstoffaufblas-Verfahren
    82
Säulendiagramm 17
saurer Regen 32, 65, 166,
    167
Schalenmodell 126, 127
SCHEELE 163
Schmelzen 21

Schmelztemperatur 20
Schneidbrenner 51
Schutzgas 50
Schwarzpulver 166
Schwefel 164, 165, 171
Schwefeldioxid 64, 161,
    166
Schwefelwasserstoff 164
Schweißen 51, 100
Schwermetalle 71
Sedimentieren 22
Sekundenkleber 19
Selbstreinigung 93
Sicherheitshinweise 10
Sicherheitsleiste 10
Sicherheitszündhölzer 30
Sieden 21
Siedetemperatur 20
Silber 73
Silicate 169
Silicium 168, 171
Smog 67
Sommersmog 64
Spektrallinien 136
Spektrallinien 52
Spektrum 136
Spraydosen 27
Spurengase 64
Stahl 76, 82, 87
Steinkohle 157 f.
Steinsalz 133
Stickstoff 49 f.
Stickstoffoxide 64, 161
Stoffänderungen 8
Stoffe 8
Stoffgruppen 20
Stoffmenge 108
Stratosphäre 54, 64
Streichhölzer 30
Streusalz 117
Streuversuch 122
Sublimieren 21
Synthese 38

T
Tankstellen 27
Tauchen 62
Taucherkrankheit 53, 62
Teilchenanzahl 108
Teilchenmodell 21
Thermit-Verfahren 79
Tiefenrausch 53, 62
Titan 72
Titan-Legierungen 76
Treibhauseffekt 55
Trennverfahren 22
Trinkwasser 90, 99

Trinkwassergewinnung 105
Trinkwasserversorgung 91
Troposphäre 54

U
Überall-Zündhölzer 30

V
Valenzelektronen 128
Verbindung 38, 41
Verbrennung 25, 31, 47, 69
Verhältnisformel 42, 47,
    107, 119, 130
Versuchsprotokoll 16
Volumenverhältnis 107, 112

W
Wafer 168
Waldschäden 167
Wärmebeutel 33
Wasser 88 ff., 100, 105,
    148
Wasser als Lösungsmittel
    96 f.
Wasserkreislauf 89
Wasser-Molekül 142, 146
Wassernutzung 89
Wasserstoff 100 ff., 105,
    170
Wasserstoffbrückenbindung
    148, 155
Wasserstoff-Technologie
    103, 171
Wortgleichung 29, 44

X
Xenon 52

Z
ZEPPELIN 102
Zerteilungsgrad 57
Zink 72
Zinnober 132

Stichwortverzeichnis **181**

Bildquellenverzeichnis

Umschlag-Hintergrund: IFA-Bilderteam, Ottobrunn; Umschlag-Vordergrund: BASF AG, Ludwigshafen; Vorsatz: IFA-Bilderteam, Ottobrunn; 6.1: Heuer, Hannover; 6.2–4: Fabian, Hannover; 6.5: SanDisk, Schweden; 6.6: Fabian, Hannover; 6.7: Reinhard Tierfoto, Heiligkreuzsteinach; 6.8: Fabian, Hannover; 7.1: Jose Luis Pelaez, Inc./Corbis, Düsseldorf; 7.2+3: Fabian, Hannover; 7.5: Simon Fraser/SPL/Focus plus, Hamburg; 7.6: Studio Schmidt-Lohmann, Hannover; 7.7: Wellinghorst, Quakenbrück; 7.8: Fabian, Hannover; 8.1: AKG, Berlin; 8.2: Bayer AG, Leverkusen; 17.1: Menz, Hannover; 19.3: Aral AG & Co. KG, Bochum; 20.1: Solvay Deutschland GmbH, Hannover; 20.2: AKG, Berlin; 23.2: Andreas Berger, Hannover; 24.1: Tönnies, Laatzen; 25.1C: Küppersbusch GmbH, Gelsenkirchen; 25.1D: Buderus Heiztechnik GmbH, Wetzlar; Wolfgang Volz, Düsseldorf; 27.1: Aral AG & Co. KG, Bochum; 27.2+3: Tönnies, Laatzen; 27.4: Ritschel / Mauritius, Mittenwald; 27.5–7: Tönnies, Laatzen; 30.1: Simper, Wennigsen; 30.2: Karl Gottfried Vock/Okapia/picture-alliance, Frankfurt; 30.3+4: Tönnies, Laatzen; 32.1: Simper, Wennigsen; 32.2: Westfälisches Amt für Denkmalpflege (über Landschaftsverband Westfalen-Lippe), Münster; 33.1: Heuer, Hannover; 33.2+3: Fabian, Hannover; 40.1: Gesellschaft Deutscher Chemiker, Frankfurt; 48.1: NASA/Astrofoto, Sörth; 50.1: Bayer AG, Leverkusen; 50.2: Westfalen AG, Münster; 51.1: Gebrüder Lödige Maschinenbau GmbH, Paderborn; 51.2: Westfalen AG, Münster; 53.1: TPC/IFA-Bilderteam, Ottobrunn; 53.2: Deutscher Wetterdienst, Offenbach; 53.3: Messer Griesheim GmbH, Krefeld; 53.4: Dr. George Gornacz/Science Photo Library/Focus, Hamburg; 54.2: NASA; 57.2: Dirk Fischer/Freiwillige Feuerwehr, Klein-Krotzenburg; 58.2: Schroedel Archiv; 60.1–4: Gloria-Werke, Wadersloh; 61.2: Feuerwehr Hannover; 62.1: Stadtentwicklung Berlin; 62.3: Neptun Shop, Muttenz; 69.4: Schroedel Archiv; 70.1: Stiller/Berlin-Motive; 71.1: Corbis, Düsseldorf; 72.1: Haendler & Natermann GmbH, Hann. Münden; 72.2: Fabian, Hannover; 72.3: Salzgitter AG, Salzgitter; 72.4: Dr. L. Reinbacher, Kempten; 73.1: Simper, Wennigsen; 73.3: Varta AG, Hannover; 73.4: Degussa Metals Catalysts Cerdec AG, Hanau; 76.1: Miele Cie. GmbH & Co., Gütersloh; 76.2: b & m sinphonic, Geretsried; 76.3: K. Fröhlich, Sarstedt; 76.4: Mauck, Hannover; 76.5: Audi AG (über Aluminium-Zentrale e. V.), Ingolstadt; 76.6: Rodenstock, München; 79.2: Mann/DB AG, Berlin; 81.1+2, 82.1a+2: Salzgitter AG, Salzgitter; 88.1: NASA; 91.1: Raab Karcher Energieservice GmbH, Münster; 93.3: Erftverband (Christoffels), Bergheim; 94.1a: Imagine Fotoagentur, Hamburg; 95.1a: Bilderberg, Hamburg; 95.2: Wetzel, Freiburg; 95.5: NAS/Eisenbeiss / Okapia, Frankfurt; 99.1: Simper, Wennigsen; 99.2: Menz, Hannover; 100.3: Deutsches Museum, München; 101.2: Westfalen AG, Münster; 102.2: Associated Press GmbH, Frankfurt; 102.3: NASA; 106.1: NASA; 108.1: Heuer, Hannover; 111.1: Fels-Werke GmbH, Goslar; 112.1: NASA; 116.1: akg-images/Erich Lessing/picture-alliance, Berlin; 117.1: aha Abfallwirtschaft Region Hannover; 117.2: Solvay Deutschland GmbH, Hannover; 117.3: Spinnrad GmbH, Gelsenkirchen; 123.1: Deutsches Museum, München; 130.1: Robel, Bad Dürkheim; 131.1: Simper, Wennigsen; 132.1–6: Hessisches Landesmuseum, Darmstadt; 136.2a+b: K. Fröhlich, Sarstedt; 144.1: Dr. Jänisch, Frankfurt; 144.2: Dr. Jänisch, Frankfurt; 149.1b: Imagine Fotoagentur, Hamburg; 150.1: Heuer, Hannover; 151.2: Heuer, Hannover; 152.1a: Heuer, Hannover; 154.5: ESA, Darmstadt; 156.1: Lowell Georgia/Corbis, Düsseldorf; 158.1: RWE AG, Essen; 159.1: Mobil Erdgas-Erdöl GmbH, Hamburg; 162.2: Superbild Bildagentur, Unterhaching / München; 163.1: Institut für Wissenschaftliche Fotografie Kage, Lauterstein; 164.2: Mobil Erdgas-Erdöl GmbH, Hamburg; 165.1+2: Fabian, Hannover; 166.1: Westfälisches Amt für Denkmalpflege/Landschaftsverband Westfalen-Lippe; 166.2: Deutsches Museum, München; 170.2: Daimler-Chrysler AG, Stuttgart; 177.1: Westfalen AG, Münster

Es war uns leider nicht bei allen Abbildungen möglich, den Inhaber der Rechte ausfindig zu machen. Berechtigte Ansprüche werden selbstverständlich im Rahmen der üblichen Vereinbarungen abgegolten.